教育部人文社会科学重点研究基地
重庆工商大学长江上游经济研究中心

西部地区农业科技协同创新机制研究

Research on Collaborative Innovation Mechanism of Agricultural Technology in China's Western Region

王　燕/著

本书由以下项目共同资助：

1. 国家社会科学基金项目“西部地区农业科技协同创新机制研究”（编号：13BJY117）

2. 教育部人文社会科学重点研究基地重庆工商大学长江上游经济研究中心“三峡库区百万移民安稳致富国家战略”服务国家特殊需求博士人才培养项目

3. 重庆市人文社会科学重点研究基地产业经济研究院项目

4. 重庆工商大学“创新型国家建设与‘一带一路’绿色发展”创新团队项目（编号：CJSYTD201705）

科学出版社

北　京

内 容 简 介

本书是国家社会科学基金一般项目“西部地区农业科技协同创新机制研究”（编号：13BJY117）一次性通过专家匿名评审结题的最终研究成果（结题证书号：20183908）。本书按照“对比借鉴—理论研究—现状研究—实证研究—政策措施”的总体思路展开，在界定农业科技协同创新的内涵及实现机制的基础上，不仅论述了西部地区农业科技协同创新对于实施乡村振兴战略的重要意义，构建了乡村振兴战略下西部地区农业科技协同创新机制模型，还立足西部地区农业经济发展实际，提出了新时代乡村振兴战略下西部地区“5+2”农业科技协同创新模式及实现路径，以期为西部地区以农业科技协同创新推动农业农村发展和实施乡村振兴战略提供理论支撑和决策参考。

本书可供各级政府农业农村委员会、科学技术委员会、发展和改革委员会、政府发展研究中心、大专院校、科研机构及各类科技部门的工作者阅读，也可作为高等院校、科研机构研究生教材。

图书在版编目（CIP）数据

西部地区农业科技协同创新机制研究 / 王燕著. —北京：科学出版社，2021.5

ISBN 978-7-03-062808-4

Ⅰ. ①西… Ⅱ. ①王… Ⅲ. ①农业技术－技术创新机制－研究－西南地区 ②农业技术－技术创新机制－研究－西北地区 Ⅳ. ①F323.3

中国版本图书馆 CIP 数据核字（2019）第 239840 号

责任编辑：王丹妮 / 责任校对：贾娜娜

责任印制：张 伟 / 封面设计：无极书装

科学出版社 出版

北京东黄城根北街 16 号

邮政编码：100717

http://www.sciencep.com

北京建宏印刷有限公司 印刷

科学出版社发行 各地新华书店经销

*

2021 年 5 月第 一 版 开本：720×1000 1/16

2021 年 5 月第一次印刷 印张：11

字数：222 000

定价：98.00 元

（如有印装质量问题，我社负责调换）

作 者 简 介

王燕，经济学博士、管理学博士后，教授，教育部人文社会科学重点研究基地重庆工商大学长江上游经济研究中心研究人员，经济学院副书记、副院长。重庆市“创新型国家建设与一带一路绿色发展创新”研究生导师团队负责人（2018 年），重庆市第六批研究生优质课程“中国区域经济问题专题”负责人（2019 年），教育部人文社会科学重点研究基地长江上游经济研究中心“创新型国家建设与‘一带一路’绿色发展”创新团队负责人（2017 年），重庆工商大学重庆市一流学科“应用经济学”学术技术带头人，重庆工商大学第三届十大杰出知识女性，重庆工商大学萧丽玉教育发展基金科研突出奖获得者，香港中文大学教育社会科学医学研究计划项目获得者，全国 MBA 企业竞争模拟大赛优秀指导教师，重庆市学位与研究生教育先进个人，并被学校选派参加 2017 年中央党校六部委第 76 期“哲学社会科学教学科研骨干研修班”学习。

长期致力于区域创新与区域经济及农业农村发展研究，获批主持国家社会科学基金一般项目 2 项[“西部地区农业科技协同创新机制研究”（2013 年）、“西部农村贫困地区脱贫攻坚后高质量发展的创新驱动机制研究”（2019 年）]，以及重庆市重大决策咨询研究项目（2020 年）2 项、重庆市社会科学基金重点项目（2019 年）、重庆教育科学规划一般项目（2009 年）及重点项目（2019 年）、重庆市软科学项目（2009 年）、重庆市教育委员会重大攻关项目（2008 年）、重庆市教育委员会科学技术项目（2008 年）等项目，合计近 30 项，并主持重庆市研究生教育教学改革重大项目（2020 年）、重点项目（2016 年），重庆市高等教育教学改革研究项目（2011 年、2016 年、2020 年），以及重庆潼南区农业农村委员会重大项目（2019 年）、重庆市石柱土家族自治县科学技术局“十四五”创新规划项目（2020 年）等各级各类横向课题近 20 项，且于 2017 年以第一完成人获“重庆市教学成果奖”、2018 年以第一完成人获“重庆市第九次社会科学优秀成果奖”、2019 年以第一完成人获“重庆市第一届学位与研究生教育学会研究生教育教学改革研究优秀成果奖”。以第一作者执笔完成的《关于重庆餐饮行业精准控疫、保证市场供应，恢复生产的建议》，于 2020 年 3 月被《重报内参》第 371 期作为核心建设内容采用，重庆市市长及副市长对此建议予以重要批示。以第一作者执笔人完成的《脱贫攻坚如何与乡村振兴有效衔接——基层期盼“四稳定”，积极探索六大创新机制》的咨政建议，被《重报内参》第 400 期作为核心建设内容采用，重庆市主管农业的副市长予以重要批示。

此外，以第一作者在 A 类期刊《管理世界》《南开管理评论》等高水平期刊发表论文近 50 篇，其中以其所承担的国家社会科学基金一般项目“西部地区农业科技协同创新机制研究”为支持，以第一作者于 2018 年 6 月在《管理世界》发表 2 万余字长篇论文《乡村振兴战略下西部地区农业科技协同创新模式选择与实现路径》，被中国人民大学报刊复印资料《农业经济研究》全文转载（2018 年 9 月），且经读者调查、学者推荐、专家评议、投票确定等程序，获评入选“2018 年度中国十大学术热点”热点五：“乡村振兴战略研究”的重要文献，并列热点五重要文献第一位。截至 2020 年 11 月，累积下载 2 859 次，引用 30 次，该论文得到国内经济学界知名专家教授认可、引用及评价，如被“2018 年中国经济学与管理学研究热点分析[J]. 中国人民大学书报资料中心经济编辑部和《经济学动态》编辑部联合课题组，李军林，胡家勇. 经济学动态，2019（3）”一文引用并评价，其认为该论文“将我国乡村问题的解决方案提炼成‘中国经验’，为全球解决乡村问题贡献中国智慧和中国方案”，还被中国著名大型经济类专业网站国研网等网站收录并转载。并且，还以通讯作者发表 SCI 级别 Q2 区期刊论文。

序

当前，我国农业科技创新发展的特点及趋势，从类型上来看，偏向常规技术、产量技术、生产技术、知识形态技术，而重大关键和创新技术、品质技术、加工技术、能转化为现实生产力的技术少；从导向性上来看，不仅关注粮食产量和质量，更关注保障粮食安全；从空间上来看，不仅关注农业全产业链上游，更关注农业全产业链中游和下游；从形式上来看，不仅关注某一生产领域单个农业关键性技术的突破，更关注实现“从种子到餐桌”的多种农业技术的功能集成。我国农业发展已进入由传统农业向现代农业、由生产主导型农业向技术主导型农业转变的新阶段，面对机遇和挑战，“完善农业科技创新机制，打破部门、区域、学科界限，有效整合科技资源，建立协同创新机制”，大力开展农业科技协同创新已成为新时代农业科技创新的必然选择。

西部地区是我国区域经济的重要组成部分，既是传统农业集中区，又是“老、少、边、贫、山”的集中分布区，自然条件复杂，生态环境脆弱，不仅有民族县、牧区半牧区县、粮棉生产大县、陆地边境县，还有山区县、丘陵县、平原县、黄土高原县。地形地貌的复杂多样、农业产业的特色各异、科技资源的薄弱分散、农民科技素质的落后缺失等诸多现实问题决定了我国农业科技协同创新的重点和难点在西部。

十九大报告首次提出以“产业兴旺、生态宜居、乡风文明、治理有效、生活富裕”为总要求的“乡村振兴战略”①。世界各国乡村振兴发展历史表明，科技创新是农业乡村振兴的重要引擎，“科技是实现农业持续稳定发展、确保农产品长期有效供给的根本出路”②。作为维护国家安全、保持社会稳定、促进经济发展的重要区域，其特殊性决定西部将是我国乡村振兴的“主战场”。以农业科技

---

① 习近平. 决胜全面建成小康社会　夺取新时代中国特色社会主义伟大胜利——在中国共产党第十九次全国代表大会上的报告. 北京：人民出版社.

② 中共中央、国务院印发《关于加快推进农业科技创新持续增强农产品供给保障能力的若干意见》（全文）. http://www.moa.gov.cn/ztzl/yhwj/zywj/201202/t20120215_2481552.htm，2012-02-02.

协同创新推动乡村振兴，具有典型示范意义，需要立足自身资源禀赋和发展实际，选择适合西部地区发展的农业科技协同创新模式和实现机制，保障西部地区乡村振兴战略的成功实施。

本书按照“对比借鉴—理论研究—现状研究—实证研究—政策措施”的总体思路展开，在界定农业科技协同创新的内涵及实现机制的基础上，不仅论述了西部地区农业科技协同创新对于实施乡村振兴战略的重要意义，构建了乡村振兴战略下西部地区农业科技协同创新机制模型，还立足西部地区农业经济发展实际，提出了新时代乡村振兴战略下西部地区“5+2”农业科技协同创新模式及实现路径。因此，本书所建立的乡村振兴战略下西部农业科技协同创新机制理论研究框架，在一定层面上丰富、发展、延伸了协同创新理论，而且为我国西部地区以农业科技协同创新推动乡村振兴战略提供了新的范式，为创新经济学研究探索了一个新的研究方向。

本书是国家社会科学基金一般项目“西部地区农业科技协同创新机制研究”（编号：13BJY117）一次性通过专家匿名评审结题的最终研究成果（结题证书号：20183908），并得到了国家社会科学基金结题匿名评审专家的肯定与好评。其中有专家认为成果“选题很有意义”，“视角独特、研究思路清晰、理论分析框架合理、内容丰富、资料翔实，对策措施有较强的针对性。典型案例分析很有特色，阶段性成果中发表的论文质量高、有新意。研究成果对促进西部地区农业科技协同创新发展、实现农业高质量发展具有重要的现实指导意义”。还有专家认为成果“选题立意鲜明、问题研究明确，立足新时代乡村振兴战略，研究我国西部农村并开展内容广泛且针对性明确的研究，具有很强的时代感、使命感，有一定的现实意义和理论意义”，“本研究课题放在我国西部农村这样一个区域内差异较大、环境复杂地域进行西部农村科技发展的全方位的研究，应该说设想大胆、眼光独到，值得肯定”，“项目的立意，很有现实意义和未来价值”，并提出“主持人及课题组做了大量工作，勤恳认真、态度端正，下功夫较深，整个工作态度值得称赞”，“课题研究领域的历史文献之广泛搜集、考察，对国内外相关领域的实践探索之了解和经验总结也下了很大功夫，深值肯定”，“研究报告的整体框架结构安排、基本的逻辑思路分析、内容布局等，也应肯定”，“该项目主持人及课题组所做的大量努力、端正的学风和认真的工作态度，值得肯定”，等等。

此外，本书最终研究成果的阶段性成果论文得到学术界同行的认可与肯定。其中，以笔者为第一作者完成的、发表于2018年6月《管理世界》第六期2万余字的论文《乡村振兴战略下西部地区农业科技协同创新模式选择与实现路径》，被中国人民大学报刊复印资料《农业经济研究》全文转载（2018年9月），并经过读者调查、学者推荐、专家评议、投票确定等程序，获评入选“2018年度中国十大学术热点”热点五：“乡村振兴战略研究”的重要文献，且列热点五重要文献第一位。截至 2020 年 11 月，该论文被下载 2 859 次，被引用 30 次，被国内经济学界知名专家教授引用及评价，如被“2018 年中国经济学与管理学研究热点分析[J]. 中国人民大学书报资料中心经济编辑部和《经济学动态》编辑部联合课题组，李军林，胡家勇. 经济学动态，2019（3）”一文引用，其认为该论文“将我国乡村问题的解决方案提炼成‘中国经验’，为全球解决乡村问题贡献中国智慧和中国方案”。此外，该论文还被中国著名大型经济类专业网站国研网等网站全文收录并转载。

当然，研究的出发点不同，势必导致对西部地区农业科技协同创新机制的认识、研究、理解也就不同。在西部农业科技协同创新机制研究中，笔者虽然阅读了大量的文献资料并开展了一定的研究工作，但农业科技协同创新是一项庞大而复杂的工程，农业科技协同创新的产生、发展及成果产业化需要广泛、复杂、严格的条件要素的支撑，且西部地区复杂而脆弱的生态环境和独特的地理区位，使得西部地区农业科技协同创新机制研究目前仍处于前沿的探索阶段，不仅需要研究者具有广博而坚实的理论基础，也需要实证研究方面有完整而翔实的统计资料。受笔者理论研究水平及研究时间、资料等方面的限制，本书并不能囊括西部地区农业科技协同创新机制所有理论，有些问题还有待进一步展开或进行论证，不足之处在所难免，有关西部农业科技协同创新机制研究的新视角与新问题也会随时出现。本书在成书过程中，参考了诸多专家学者的著作或论文科研成果，并在书中做了注明，在此深表感谢！竭诚渴望阅读本书的同仁们、朋友们多多提出宝贵意见，笔者将不胜感激并继续完善。

王燕

2020 年 11 月于重庆

目　　录

绪　论

一、深刻的选题背景

（一）政治背景

从 1982 年中共中央发出的第一个关于“三农”问题的“一号文件”到 2018 年中央一号文件《中共中央国务院关于实施乡村振兴战略的意见》，无不高度重视农业、重视农业科技创新。高效运用我国农业资源有赖于对国家农业资源禀赋的正确认识，土地、劳动力、技术等农业生产要素的丰歉深刻影响我国农业的发展。面对“粗放的农业发展方式，落后的农业基础设施和技术装备，大量减少的耕地，不断约束增强的人口资源环境”，2008 年党的十七届三中全会客观准确定位了我国农业资源禀赋相对贫乏的现状。针对如何在资源环境硬约束下保障农产品的有效供给和质量安全、提升农业的可持续发展能力问题，2013 年 11 月 28 日，习近平同志在山东省农业科学院召开座谈会时指出：“农业出路在现代化，农业现代化关键在科技进步。我们必须比以往任何时候都更加重视和依靠农业科技进步，走内涵式发展道路。”①2014 年，《关于全面深化农村改革加快推进农业现代化的若干意见》中明确提出要“以解决好地少水缺的资源环境约束为导向深入推进农业发展方式转变”②。习近平总书记 2014 年在中国科学院第十七次院士大会、中国工程院第十二次院士大会上的讲话提出“只有把核心技术掌握在自己手中，才能真正掌握竞争和发展的主动权，才能从根本上保障国家经济安全、国防安全和其他安全”③。“必须紧紧抓住世界科技革命方兴未艾的历史机遇，

---

① 新华网．“平语”近人——习近平的“三农观”．http://www.xinhuanet.com/politics/2015-12/29/c_1117601781.htm?agt=1047，2015-12-29.

②《关于全面深化农村改革加快推进农业现代化的若干意见》全文．http://www.gov.cn/jrzg/2014-01/19/content_2570454.htm,2014-01-19.

③ 习近平：把关键技术掌握在自己手里．http://www.xinhuanet.com//politics/2014-06/09/c_1111056694_2.htm，2014-06-09.

坚持科教兴农战略，把农业科技摆上更加突出的位置，下决心突破体制机制障碍，大幅度增加农业科技投入，推动农业科技跨越发展，为农业增产、农民增收、农村繁荣注入强劲动力”[①]。“实现农业持续稳定发展、长期确保农产品有效供给，根本出路在科技”[①]。十八大报告提出，要“坚持走中国特色新型工业化、信息化、城镇化、农业现代化道路，推动信息化和工业化深度融合、工业化和城镇化良性互动、城镇化和农业现代化相互协调，促进工业化、信息化、城镇化、农业现代化同步发展”[②]。在我国农业和农村经济发展进入新阶段的历史时期，发展现代农业，推进农业科技创新是我国农业发展的必由之路。党的十九大报告首次提出“乡村振兴战略”，“产业兴旺、生态宜居、乡风文明、治理有效、生活富裕”是战略总要求，并要求“建立健全城乡融合发展体制机制和政策体系，加快推进农业农村现代化”[③]。世界各国乡村振兴发展历史表明，科技创新是农业乡村振兴的重要引擎，通过打破区域、部门、学科界限，有效整合科技资源，建立协同创新机制，大力开展农业科技协同创新已成为新时代农业科技创新的必然选择。

（二）经济背景

农业是立国之本，“三农”问题是我国现代化建设和实现中华民族伟大复兴进程中的根本问题。今后农业发展的长期任务在于实现农业的稳定发展和农产品有效供给的持续保障。我国必须把农业发展放在经济工作的首位，高度重视农业生产，才能保障其他各个环节有序进行。然而，农业的发展却面临诸多挑战，一是21世纪以来，全球出现气候变暖趋势，世界各地气象灾害频发，各种极端天气明显增加。十九大以前，我国经济发展模式粗放、生态环境急速恶化，水土流失、草场退化、农田污染等原因造成自然灾害呈高发态势。人口、资源、环境三者矛盾日益突出和人们对健康与安全关注加深，世界经济发展思路逐渐朝向提高生产力水平与保护资源和环境并举，要在生态环境可承受的程度内进行自然资源的开发，低碳绿色科技将成为未来经济发展的主导力量。改善农业生态环境，保障农业和农村可持续发展是当务之急。二是世界农业正在从传统农业向现代农业进行转变。例如，美国、澳大利亚等国家，以机械作业代替畜力和手工作业，农业发展机械化较为成熟，大大提高了农业生产效率。又如，日本、荷兰、以色列

---

① 中共中央 国务院关于加快推进农业科技创新持续增强农产品供给保障能力的若干意见. http://www.gov.cn/gongbao/content/2012/content_2068256.htm, 2011-12-31.

② 胡锦涛. 坚定不移沿着中国特色社会主义道路前进 为全面建成小康社会而奋斗——胡锦涛在中国共产党第十八次全国代表大会上的报告. http://cpc.people.com.cn/n/2012/1118/c64094-19612151.html，2012-11-08.

③ 人民网. 人民日报：把握乡村振兴战略的丰富内涵. http://opinion.people.com.cn/n1/2019/0228/c1003-30906363.html，2019-02-28.

等国家以化肥代替农家肥等投入要素，以先进的农业科学知识研究代替传统的农业经验摸索，率先实现农业生物技术化模式，大大提高农业土地产出率，很多农产品由自产自用向商品性过渡。三是我国农业的基础地位仍然相对比较薄弱。从发展速度来说，农业处于相对滞后的境况，小规模生产、松散型合作经营是我国农业社会生产薄弱的集中体现，虽然农业产业化经营有所提升，但普遍偏低的农产品科技含量及与现代农业发展要求的巨大差距，已成为国民经济发展的制约因素，亟待以现代科学技术、物质条件、产业体系、经营形式及发展理念武装农业，打破传统农业在生产中封闭、自给半自给的局限，突破城乡界限明显的格局，优化产业结构，突出产业优势，将贸工农相结合、产加销融为一体，构建起现代农业产业体系。四是我国较大的人口基数，使得对粮食和农产品数量具有较大的刚性需求。一方面面临依靠中国人自身力量解决中国人吃饭的问题；另一方面随着工业化、城镇化飞速发展，对农产品质量要求日益提高，我国目前依靠农业大量消耗水土资源和高强度使用农药化肥而实现的增产增效难以为继，必须由传统农业向现代农业转变。

（三）生态环境背景

绿色农业是随着经济不断发展，人们生活水平不断提高，为实现现代农业生态、生产、经济和社会的全面、协调、可持续发展，需要将绿色发展理念及最先进的现代农业技术运用到农业生产之中，注重农业经济效益和多功能性，将农业体系与市场、资源、生态等约束变量相结合，以标准化全程控制实施农业生产，致力于农业发展与环境保护和谐统一的一种现代化农业新模式。绿色农业已成为现代农业的发展趋势，作为改变现有农业生产方式和方法造成环境污染和破坏、实现农业可持续发展目标的新模式，被当今世界各国高度重视。1962 年美国海洋生物学家蕾切尔·卡逊出版著作《寂静的春天》，1980 年英国学者 John Elkington 和 Julia Hailes 出版著作《绿色消费者指南》，1978 年联邦德国政府提出绿色农业发展理念，全球掀起一股绿色农业发展浪潮。为实现我国全面建成小康社会的发展目标，需要以“绿色发展理念”谋划现代农业，走绿色农业发展道路。我国农业的发展经历了原始农业、传统农业、现代农业、绿色农业及生态农业、低碳农业，但是生态农业、低碳农业的核心思想仍以绿色农业为根本，先进技术的创新与开发是绿色新型农业发展的方向。因为技术人才及农业技术研究团队是绿色农业生产力发展的关键，只有发挥协同效应，聚集企业、科研院所及高校尖端科研人才资源，才能做好绿色农业发展的强大人才保障。此外，打造绿色农业产业系统，加大无公害技术、清洁生产技术等先进技术的创新与研发及推广力度，使污染物排放和资源消耗降到最低，发挥农业企业新技术、新科技研究与成果转化的主体作用，以及研究机构和各类型农业科技服务组织在科技成果转化中的先锋作用，集聚链条将绿色生产、绿色加工、绿色储运、绿色营销融于一体，从而将研究成果向一线农业生产转化，实现绿色农业一体化经营。因此，以创新体制机制实现农业科技协同创新，推动农业绿色发展已成为时代发展的主旋律。

（四）区域发展背景

2000 年西部大开发战略实施以来，经济社会发展取得巨大成就，经济增长方式从规模速度型转向质量效率型、从粗放增长转向集约增长，经济发展动力从要素投资驱动转向创新驱动。20 年来，在国家重点扶持和西部地区自身努力下，西部大开发成效显著，经济结构调整及经济发展方式转变逐步使西部地区承接产业转移、构建现代产业体系；扩大内需促使西部地区的发展潜力得到进一步挖掘；“四化”同步发展战略为深化西部开发创造了新条件，生态保护、环境治理、基础设施、科技教育、特色优势产业等取得长足发展，西部地区居民的获得感、幸福感、安全感得到大幅提升。

西部地区是我国重要的战略组成部分，持续纵深推进西部大开发依然是 21 世纪国家区域协调发展的重要战略方向。一方面，我国“一带一路”倡议的提出给西部地区带来了发展的良好契机，而“新丝绸之路经济带”的主要战略支点更是主要分布在西南与西北地区，覆盖了云南、甘肃、陕西、内蒙古、广西、四川、重庆、宁夏、青海、新疆、广西等省（自治区、直辖市）。“一带一路”倡议的提出要求注重构建公平的内外部发展环境，这就迫使西部地区改变传统的发展路径与发展模式，把重心放在区域创新与机制的改变上。另一方面，2019 年 3 月，中央全面深化改革委员会第七次会议审议通过了《关于新时代推进西部大开发形成新格局的指导意见》，并指出“推进西部大开发形成新格局，要围绕抓重点、补短板、强弱项，更加注重抓好大保护，从中华民族长远利益考虑，把生态环境保护放到重要位置，坚持走生态优先、绿色发展的新路子。要更加注重抓好大开放，发挥共建‘一带一路’的引领带动作用，加快建设内外通道和区域性枢纽，完善基础设施网络，提高对外开放和外向型经济发展水平。要更加注重推动高质量发展，贯彻落实新发展理念，深化供给侧结构性改革，促进西部地区经济社会发展与人口、资源、环境相协调”①。

面对战略机遇期，西部地区农业保持稳定、保障粮食安全、城乡经济与社会的统筹发展、生态环境的良性趋势等，都有赖于其农业可持续的有效发展。与东部地区相比，西部地区不但是我国重要的生态屏障，而且在我国农业生产中担当着独特的角色，有其特殊的地位和作用。西部地区的农业既有经济、社会功能，

① 习近平主持召开中央全面深化改革委员会第七次会议. http://www.xinhuanet.com/politics/2019-03/19/c_1124255626.htm，2019-03-19.

又兼具生态等多重功能。随着改革进入深水区和攻坚期，急需加快科技创新步伐，用现代科技改造传统产业，努力提高西部农业的科技含量和竞争力。其主要原因在于，一是传统种养业的改造和提升，需要以生物技术为先导，大力发展种苗基础产业，优化品种结构。二是优化农村工业结构，需要以农副产品加工及其相关技术的应用为重点，大力发展农副产品加工业。三是延长农业价值链，大力发展农业“第六产业”，需要以信息技术应用为重点，大力发展信息农业。四是推进西部农业与世界接轨，需要建立西部农业信息网络平台，大力进行电子计算机技术和遥感技术等信息技术的开发应用。五是建立农业知识传播和应用体系，大力发展订单农业、网点农业，建立西部农业自然灾害预警和抗灾指挥系统，农业生态环境监测、农作物产量和农业技术质量监测系统，西部农业专家决策系统，需要广泛开展信息技术交流与合作，提高信息农业效益。六是农业现代化进程的加快，要以设施技术应用为重点，大力发展设施农业，促进战略性结构调整。因此，强化科技创新驱动，引领现代农业加快发展已成为西部大开发形成新格局纵深推进的重要着力点。

二、研究的价值与难度

本书研究的价值在于：第一，西部地区是我国区域经济的重要组成部分，作为维护国家安全、保持社会稳定、促进经济发展的重要区域，本书研究以西部农业为研究对象，探究农业科技协同创新对西部农业发展的推动作用，从而促进西部地区经济发展，对于推动我国西部地区以农业科技协同创新为引擎，落实十九大精神“实施乡村振兴战略”，大力实施区域创新驱动发展战略，推进西部大开发新格局形成具有应用价值，也有全国借鉴意义和发展中国家的参考价值。第二，本书研究构建了乡村振兴战略下西部地区农业科技协同创新机制模型，建立了乡村振兴战略下西部地区农业科技协同创新机制的理论研究框架，对于丰富乡村振兴战略理论，进一步拓展农业现代化理论、农业科技创新理论、农业科技协同创新理论，深入开展西部地区农业科技创新与区域经济发展互动的理论研究，具有一定的理论研究意义和学术价值。

本书研究的难度在于：第一，研究对象具有差异性。农业科技协同创新既具有一般的协同创新特征，又受需求不足和供给不足的双重约束，具有地域性、公共性、长期性和风险性，使得研究重点不好把握。第二，研究地域具有特殊性。西部地区既是传统农业集中区又是“老、少、边、贫、山”的集中分布区，自然条件复杂，生态环境脆弱，不仅有民族县、牧区半牧区县、粮棉生产大县、陆地边境县，还有山区县、丘陵县、平原县、黄土高原县，地形地貌的复杂多样，农业产业的特色各异，使得研究范围不好把握。第三，研究涉及的主体具有广泛性。农业科技协同创新作为农业经济发展的一种模式，是围绕农业产业发展需求，基于共同利益，通过合理分工、资源共享、优势互补的协作，以科研机构、高校、农业企业、政府、各类中介服务机构和农户等的协同，开展农业创新资源的整合与创新主体的互动，并依托技术环境、市场环境、制度和体制环境、社会和文化环境共同作用，形成农业科技协同创新能力，使得研究数据的采集具有难度。

三、主体框架

本书按照“对比借鉴—理论研究—现状研究—实证研究—政策措施”的总体思路展开研究，共分为六章。

第一章，国内外典型国家和地区农业科技协同创新比较研究与经验借鉴。该章通过对美国、德国、荷兰、以色列、日本、法国、丹麦、加拿大、印度、韩国、澳大利亚、意大利、英国、新西兰、巴西、西班牙等国外典型国家和津京冀、长江中游城市群、东北地区、河南省、台湾、山东省、福建省、江西省、湖北省、广东省、江苏省、湖南省、浙江省、安徽省、上海、北京等国内典型地区的农业科技协同创新进行研究，总结其成功的做法与经验，为西部地区构建农业科技协同创新机制提供了借鉴。

第二章，农业科技协同创新的内涵及实现机制。该章在研究农业科技协同创新内涵及特征的基础上，重点研究了农业科技协同创新实现机制，构建了农业科技协同创新机制模型，并对农业科技协同创新机制的动力系统、条件系统、过程系统、调控系统进行了分析。

第三章，西部地区农业科技协同创新能力测评。该章分析了西部地区农业科技协同创新基础，构建了农业科技协同创新能力评价指标体系，并实证分析评价了西部地区农业科技协同创新能力，总结了西部地区农业科技协同创新制约因素。

第四章，新时代乡村振兴战略下西部地区农业科技协同创新模式。该章从农业科技协同创新是西部地区乡村振兴产业兴旺的加速器、是西部地区乡村振兴生态宜居的重要保障、是西部地区乡村振兴乡风文明的有力推动、是西部地区乡村振兴农村治理有效的重要基石、是西部地区乡村振兴农民生活富裕的根本保证 5 个方面论述了新时代乡村振兴战略下西部地区农业科技协同创新的重要意义，并在研究西部地区以“小农户科技园”为载体的农业科技协同创新的内蒙古和林格尔实践、以“信息平台”为载体的农业科技协同创新的甘肃金塔实践、以“关键技术”为载体的农业科技协同创新的新疆实践、以“试验示范站”为载体的农业科技协同创新的陕西实践、以“资源”为载体的农业科技协同创新的广西实践、以“重大科技项目”为载体的农业科技协同创新的宁夏实践 6 种具有代表性典型农业科技协同创新实践的基础上，提出了新时代乡村振兴战略下西部地区农业科技协同创新“5+2”模式。

第五章，新时代乡村振兴战略下西部地区农业科技协同创新机制。该章界定了新时代乡村振兴战略下西部地区农业科技协同创新机制的内涵，并构建了机制模型，对其动力系统、条件系统、过程系统、调控系统进行了研究。

第六章，新时代乡村振兴战略下西部地区农业科技协同创新的政策研究。该章研究了新时代乡村振兴战略下西部地区农业科技协同创新的政策目标，提出了新时代乡村振兴战略下推动西部地区农业科技协同创新的政策建议。

四、主要发现、主要结论及宏观思考

（一）界定了农业科技协同创新内涵

农业科技协同创新作为农业经济发展的一种模式，是指围绕农业产业发展需求，基于共同利益，通过合理分工、资源共享、优势互补的协作，以科研机构、高校、农业企业、政府、各类中介服务机构和农户等的协同，开展农业创新资源的整合与创新主体的互动，依托技术环境、市场环境、制度和体制环境、社会和文化环境共同作用，形成农业科技协同创新能力，通过引进、消化、再创新、集成创新或原始创新的方式，进行产业共性、关键技术和前沿技术的研究、攻关、集成和示范，提升农业科技创新和成果产品化、商品化、产业化的转化水平，促进农业产业链与技术链双向融合，获取农业科技创新及农业科技成果转化的帕累托最优效果，提高农业综合生产力，实现农业增效、农民增收，有效供给农产品和保障国家粮食安全，持续推进现代化农业发展。

（二）总结了农业科技协同创新特征

一是农业科技协同创新具有差异性。农业科技协同创新既具有一般的协同创新特征，即其创新资源、创新环境、创新成果、创新趋势具有获取性、生态性、共享性、持续性，同时研究对象的特殊性、影响因素的复杂性、准公共产品特性和正外部效应，使得发明创造周期较长、难度较大，充满不确定性，单纯依靠科学技术和市场经济调节等因素不足以提供有效的创新支持环境。合作动机、目标的差异及冲突，使得合作关系处于不稳定状态甚至面临解体的危险。市场低效和市场失灵现象的同时存在，更使政府调控的作用显得尤为必要。与其他领域的协同创新相比，农业科技协同创新具有显著的差异性特征，受需求不足和供给不足的双重约束，具体表现为地域性、公共性、长期性、风险性。经济结构、制度类型、资源禀赋、技术条件、文化要素、生态环境的不同，决定了农业科技协同创新模式的不同。因此，要充分发挥政府的主导作用，针对区域特有的植物和动物，依据自身地理气候、自然资源、环境条件，综合考量经济效益、社会效益和生态效益，因地制宜运用农业生产措施、物质手段、操作程序，构建适宜的农业科技协同创新体系，选择合适的农业科技协同创新模式。

二是农业科技协同创新具有明确的组织目标和共同愿景。价值取向和目标定位的一致性是协同创新形成明确目标和共同愿景的根本前提，能够激发各参与主体把焦点放在全过程追求的目标上，而非次要目标上，实现组织系统的自我超越。农业科技协同创新的目标和共同愿景，一方面具有层次性，具体表现为从宏观层面上来看，通过构建现代农业科技协作攻关体系，推进国家、区域层面农业产业链与技术链双向融合，建立现代农业经济体系，保障国家、区域粮食安全，提升国家、区域农业竞争力，推进农业现代化建设。从微观层面上来看，通过农业科技创新主体与主体间、主体与外部环境间的知识、技术、资本、信息等多要素创新资源的多维度聚集、融合、互动及多元主体的深度合作，推进某个领域农业产业链与技术链的双向融合，激励协同创新主体努力寻求良好的运行机制，提升价值增值，实现利益最大化。另一方面具有阶段性，依据农业科技协同创新资源、创新条件、创新能力的发展阶段不同，可以通过引进、消化、再创新、集成创新或原始创新方式，实现不同农业发展阶段的农业科技协同创新组织目标和共同愿景。

三是农业科技协同创新具有合理的内在机制。合理的内在机制决定了农业科技协同创新目标的实现。这种合理的内在机制主要包括农业科技协同动力系统、条件系统、过程系统、调控系统。动力系统给予农业科技协同创新以运行动力，条件系统给予农业科技协同创新以支撑和保障，过程系统给予农业科技协同创新以发展和持续，调控系统给予农业科技协同创新以规范和方向。动力系统、条件系统、过程系统、调控系统之间相互联系、相互作用，使得农业科技协同创新得以成功实现。正是相互作用与协同的系统要素高效运转，从而提升了农业产业竞争优势与能力，使农业产业呈现出持续发展、动态循环的协同创新必然趋势。

四是农业科技协同创新需要内在、外在动力的共同作用。农业科技协同创新的前提在于拥有农业科技协同创新动力，它驱动农业科技协同创新得以开展和实施，是多种作用力协同、协调、共同作用的结果。正是外力系统的农业产业竞争动力、农业科技体制改革动力、区域粮食安全动力、科技创新推动力和内部动力系统的目标利益驱动与内部激励、主体创新能力、农业协同创新文化、农业协同创新战略，给予了农业科技协同创新以活性、组织维度和发展意义。农业科技协同创新的强度取决于外力动力系统拉力强度，而农业科技协同创新的动力源则来自内在动力的持续供给。农业科技协同创新只有在内在、外在动力的共同作用下，才能使农业科技协同创新得以动态、自组织、合理地朝着提高农业科技协同创新能力的方向发展。

五是农业科技协同创新需要多种要素条件的支撑与协同。农业科技协同创新与其他领域协同创新的不同在于，其发生、发展及实现成果产业化需要严格、复杂、广泛的条件要素支撑，具体表现如下：第一，保障农业科技协同创新物质和信息的持续供给，需要构建农业科技协同创新平台。第二，形成区域农业独特竞争优势，需要充分利用区域内部、外部的农业知识资源。第三，保证农业科技协同创新巨额资金，需要进行农业科技协同创新投入资金的运作。第四，农业科技协同创新的制度需求，需要从产权、市场、政府层面不断进行农业科技协同创新的制度创新和供给。第五，确定农业科技协同创新方向，需要战略技术与战略产业的选择。因此，平台、知识资源、资金、制度、技术与战略协同项目等条件相互作用及协同所形成的条件系统的强力支撑，是农业科技协同创新成功得以实现的关键因素，否则无从谈起。

六是农业科技协同创新需要协同创新文化、战略、制度的调控。农业科技协同创新是科技资源合理配置和重新整合，以推动农业科技创新的进行及创新目标的实现。但基于各创新主体所持利益诉求和出发点的差异性，其发展方向的正确性和良性运行需要予以调控。因此，制定农业科技协同创新战略，对区域农业产业发展的内部、外部条件及其相关要素所组成的系统，从区域全局和宏观层次上进行科学规划、定位和调控，保证其正确的方向。需要以协同创新文化的理念、心理定势、思维方式和价值取向等方式对各协同创新主体不断作用和调控，规范各创新主体的科技创新行为，使其所遵循的社会行动准则和价值体系实现一致和协同。需要以正式制度安排保障各创新主体权益，以持续的制度供给，调控农业科技协同创新过程中的不确定性和交易成本。协同创新文化、协同创新战略、协同创新制度安排的有效调控是农业科技协同创新得以按照既定方向运行的关键，正是这些要素的科学调控，从而达到以协同创新实现知识、资源、行为、绩效的全面整合，推动农业产业现代化发展。

七是农业科技协同创新是农业产业开放式创新和系统创新的有机统一。农业科技协同创新，一方面，要整合分散在不同部门、区域、学科的农业科技创新主体之间的资源，加强农业科技协同创新主体间的交流沟通和合作研究，从而从外部和内部获得有价值的创新要素和资源，实现创新系统效率整体的大幅提升，最终形成优于各个要素之间整体的竞争优势与创新能力，产生协同效应或整体突变性。另一方面，农业科技协同创新作为一个系统工程，系统整体性协同度越高，互动性越强，协同度越低，互动性越低，功能整体性也越低。因此，农业科技协同创新内含了开放式创新与系统创新，正是这种“耦合的有机统一”为农业科技协同创新提供了信息、物质和能量，保证其自组织有序发展。

八是农业科技协同创新是产业链与技术链双向融合的过程。农业科技协同创新正是以科研机构、高校、涉农企业等技术链主体与涉农生产企业、农户、农民专业合作社协会等农业产业链主体的协同，实现创新资源的整合与创新主体的互动，以资源共享或优势互补所形成的共同利益为基础，借助合理分工协作，实现基础、应用和技术三个层面研究的交互性、融合性，使不同类型协同主体的探索性研究、需求导向研究与未来战略性产业有机结合，双向融合农业产业链与技术链，使农业科技协同创新及其科技成果转化的帕累托效果最优。

（三）阐述了农业科技协同创新机制

农业科技协同创新机制是指农业成功实现科技协同创新的内在结构要素及其相互作用所形成的体系，主要由农业科技协同创新的动力系统、条件系统、过程系统、调控系统所组成。正是这些农业科技协同创新要素及各系统之间的相互影响、相互作用，提升了农业综合生产力，实现了农业增效、农民增收，保障了有效供给农产品和国家粮食安全，推进了现代化农业持续发展。

首先，农业科技协同创新动力是农业科技协同创新的前提。任何一项经济活动总是受驱于某一动力支配，由此得以开始、开展及持续。农业科技协同创新动机的产生来自农业科技协同创新动力的驱动，并最终变成物质的实际行动作用于农业科技协同创新行为的全过程。农业科技协同创新的前提是要有足够的内在、外在动力，并且这些多种作用力彼此互相协调、共同作用，从而形成农业科技协同创新的内部、外部驱动合力。外部动力系统主要包括农业产业竞争驱动力、区域粮食安全驱动力、科技发展驱动力、市场利益驱动力。内部动力系统主要包括协同创新文化、协同创新战略。

其次，农业科技协同创新条件是农业科技协同创新开展的必要基点。农业科技协同创新得以实现不可或缺的因素，是在一定条件下产生、在一定条件下发展，是农业科技协同创新顺利开展的必要基点，是与农业科技协同创新相联系的、对它的存在和发展发生作用的诸要素综合。离开必要的条件要素，农业科技协同创新则无从谈起。如何驾驭和把握条件要素，对农业科技协同创新的成功实现具有不可替代、举足轻重的作用。

农业科技协同创新条件系统主要包括农业科技协同创新平台、知识资源、资金、制度、战略技术与产业五个方面。其中，农业科技协同创新能力的重要体现在于构建高水平的农业科技协同创新平台。农业科技协同创新平台的支撑能力的大小、共享程度的高低、资源整合的力度及与农业经济发展相适宜的程度，直接决定农业科技协同创新效率。知识资源是农业科技协同创新的首要资源，其重要载体主要有人才、技术及专利，如何高效、优化利用农业科技协同创新系统内部、外部知识资源是农业科技协同创新的关键。农业科技协同创新的重要保证来自构建强大而坚实的科技投入支撑体系，其对农业科技协同创新具有支撑、导向和促进作用，其中的资金运作是保证农业科技协同创新投入的关键。高效的制度安排是农业科技协同创新顺利实施的重要保障。战略技术与产业的选择是农业科技协同创新的方向。经济结构、制度类型、资源禀赋、文化要素、生态环境的不同，一方面决定了农业科技协同创新技术与产业的选择要与区域经济发展相适宜，如国家层面，可以选择跨省共性关键技术；省域层面选择跨地州共性关键技术；地州市县选择本地特色农业重大技术；镇乡选择本土农业个性技术。另一方面技术与产业的选择要体现战略性，以区域农业发展战略为导向，通过建立自己独特的技术轨道，从而确定农业科技协同创新的领域和方向，保证农业科技协同创新高起点、高水平发展和成功实现。

（四）提出了新时代乡村振兴战略下西部地区农业科技协同创新的重要意义

我国农业农村发展已进入“结构升级、方式转变、动力转换”的紧要“关口”。乡村战略的实施意味着我国全面进入提升农业自我发展能力、提高农民综合素质、改善农村发展环境的新时代。西部地区农业科技协同创新对实施乡村振兴战略的重要意义在于：对西部地区“产业兴旺”具有加速作用；对生态宜居、保全西部沿边国土具有保障作用；对提高农民综合素质、加快乡风文明建设具有推动作用；对弘扬社会正气、提升农民精神面貌，夯实农村有效治理基石具有促进作用；对大力提高农村生产力，保证农民生活富裕具有杠杆作用。

（五）建构了新时代乡村振兴战略下西部地区“5+2”农业科技协同创新模式

“5”为农业科技协同创新的五个元素变革：①协同创新价值目标转变。以乡村振兴战略为目标，不断提升西部地区农业自我发展能力、提高农民综合素质、改善农村发展环境，建成村民绿色幸福家园。②协同创新技术攻关转向。以西部地区农业发展共性关键技术、地域特色农林牧渔重大技术为主攻方向。③协同创新技术链与产业链深度融合。创新制度供给，实现探索性研究与需求导向研究及未来产业发展有机结合，拓宽西部农业科技协同创新技术链与产业链双向融合的广度和深度。④协同创新主体长期共建“命运共同体”。打造共同愿景，实现村集体、农业合作社、家庭农场、农户、龙头企业与农科院所、大学、农业技术推广机构、中介机构等主体共建“命运共同体”。⑤协同创新关联要素配套升级。重点培养“接地气”的农业科技人才、现代职业农民、农业企业家，同时加大农业科技研发应用平台及基础设施建设力度及信息化水平，打造智慧农村。

“2”为农业科技协同创新的两个维度，即空间维度和组织维度：①协同创新的区域聚散向纵深发展。打造西部地区农业科技协同创新增长极，并发挥扩散效应，以成熟的西部农业科技投入“一带一路”建设。②协同创新体系建设过程中政府和市场两手并用。立足西部地区农业发展实际，充分发挥政府和市场双重驱动、调节、资源配置作用，合力创建农业科技协同创新体系。

（六）提出了新时代乡村振兴战略下西部地区农业科技协同创新机制

其内涵是指以推动乡村振兴战略实施为目标，西部地区成功实现农业科技协同创新的内在结构要素及其相互作用所形成的体系，主要包括西部地区农业科技协同创新的动力系统、条件系统、过程系统、调控系统。正是这些农业科技协同创新要素及系统之间相互影响、相互作用，从而提升西部地区农业自我发展能力、提高农民综合素质、改善农村发展环境，实现西部地区“产业兴旺”、保障生态宜居和保全西部沿边国土、提高农民综合素质和加快乡风文明建设、弘扬社会正气和提升农民精神面貌、提高农村生产力和保证农民生活富裕。

因此，新时代乡村振兴战略下西部地区农业科技协同创新的实现需要以乡村振兴战略为推动力，以西部地区共性关键技术、地域特色农林牧渔重大技术为主攻方向，充分发挥政府和市场双重作用，形成明确的“提升西部地区农业自我发展能力、提高农民综合素质、改善农村发展环境”目标和共同愿景，对农业科技协同创新平台、知识资源、资金、制度、战略技术与产业等多种要素条件配套升级，辅以协同创新文化、战略、制度的调控，因地制宜构建农业科技协同创新“长期命运共同体”，通过动力系统、条件系统、过程系统、调控系统及其要素之间的相互作用与协同，达到农业产业开放式创新与系统创新的有机统一，实现产业链与技术链的双向融合，使农业产业呈现出协同创新持续发展、动态循环的必然趋势，从而推动西部地区乡村振兴战略成功实现。

新时代乡村振兴战略下西部地区农业科技协同创新机制动力系统，主要包括提升西部地区农业自我发展能力、提高农民综合素质、改善农村发展环境的外部动力系统和协同创新文化、协同创新战略的内部动力系统。新时代乡村振兴战略下西部地区农业科技协同创新机制条件系统，主要包括西部地区农业科技协同创新平台、知识资源、资金、制度、战略技术与产业五个方面。

西部地区农业科技协同创新平台主要包括制定农业科技协同创新发展战略的西部农业科技协同创新专门管理机构、为农业科技协同创新提供物质保障的西部地区农业基础设施建设平台、作为农业科技协同创新源头的西部地区农业科技协同创新中心、实现农业科技协同创新成果向现实生产力转变的农业科技协同创新成果转化平台、整合农业科技人员队伍管理及综合水平的农业科技人才培训平台、高效对接农业产学研需求及提高成果转化率的农业科技信息化服务平台。通过构建农业科技协同创新平台，实现对西部地区农业科技协同创新的保障、支撑、催化和推动，提高农业科技协同创新效率。

西部地区农业科技协同创新知识资源主要包括爱农业、懂技术、善经营，具有农业的职业价值观、职业能力及职业道德素养与素质的新型现代农民，能够提升农业发展微观基础效能的新型经营主体，持续实现农业科技协同创新的农业顶尖科技领军人才，勇于创新不断变革的现代农业企业家等。

西部地区农业科技协同创新资金主要包括西部地区农业科技协同创新专项资金、农业科技协同创新引导资金、扩大资本市场所吸引的外资及民间资本、涉农企业科技研发资金等，由政府、涉农企业、金融机构等组成的多元化农业科技协同创新资金投入体系。

西部地区农业科技协同创新制度主要包括保护各农业科技协同创新主体合法权益的知识产权保障制度、降低涉农企业开展农业科技协同创新进入市场风险的政府采购制度、推动西部地区农业公益类科研机构分类改革的科研机构体制改革制度、为农业科技协同创新提供人才保障的人才培养制度、激活农业科技协同创新微观主体的涉农企业发展制度、全面激活西部地区各级政府农业科技协同创新资源的政绩考核评价制度等。

西部地区农业科技协同创新战略技术主要包括省域层面跨地州共性关键技术、地州市县本地特色农业重大技术及镇乡本土农业个性技术，如有利于生态修复的农业生产技术、高效利用技术、耕地保护与替代技术、精确施用技术、重大农业生物灾害防控技术、生态农业与环境工程技术、劳动节约型技术及基因育种、生物农药、数字农业、生态农业、农业资源保护和利用等西部地区共性关键技术、地域特色农林牧渔重大技术。

西部地区农业科技协同创新战略产业主要包括内蒙古及长城沿线区的畜牧业、甘新区的绿洲农业及节水农业和“两高一优”农业、青藏区的畜牧产业及特色种植业、黄土高原区的经济林果业等，从而确定西部地区农业科技协同创新的领域和方向，建立自己独特的技术轨道，形成重点攻关、分工协作、优势互补、特色优势鲜明的农业科技协同创新产业基础，推动农业科技协同创新成功发展。

新时代乡村振兴战略下西部地区农业科技协同创新机制过程系统，是指新时代乡村振兴战略下的西部地区农业科技协同创新是以提升西部地区农业自我发展能力、提高农民综合素质、改善农村发展环境为外部动力，以乡村振兴农业科技协同创新文化、协同创新战略为内部动力，予以农业科技协同创新定向、规划、调控及驱动、凝聚和推动，以西部地区共性关键技术、地域特色农林牧渔重大技术为主攻方向，形成明确的目标和共同愿景，充分发挥政府和市场双重作用，对农业科技协同创新平台、知识资源、资金、制度、技术与产业等多种要素条件配套升级，打造增长极，辅以协同创新文化、战略、制度的调控，因地制宜构建农业科技协同创新“长期命运共同体”，通过动力系统、条件系统、过程系统、调控系统及其要素之间的相互作用与协同，达到农业产业开放式创新与系统创新的有机统一，实现产业链与技术链的双向融合，加速西部地区“产业兴旺”，保障生态宜居及保全西部沿边国土，提高农民综合素质及加快乡风文明建设，弘扬社会正气及提升农民精神面貌，大力提高农村生产力并保证农民生活富裕，使农业产业呈现出协同创新持续发展、动态循环的必然趋势，从而推动西部地区乡村振兴战略成功实现的系统。

新时代乡村振兴战略下西部地区农业科技协同创新机制调控系统，主要包括协同创新文化、协同创新战略及协同创新制度安排，即一方面树立和宣传农业科技协同创新典型及“能人”和“乡贤”的正能量，充分发挥协同创新文化在农业经济发展中的扩散与渗透的作用，营造农业科技协同创新社会环境，整合文化价值观，使其对协同创新行动各相关主体心理定势、思维方式和价值取向产生影响，从而使各创新主体在协同创新行动选择与决策时，能够依从协同创新文化规范价值、谋求社会认同，力求农业科技协同创新的开启、展开和实现，实现对农业科技协同创新行为的调控。另一方面基于乡村振兴战略根据技术环境、市场环境、制度和体制环境、社会和文化环境的不断变化，与时俱进制定乡村振兴农业科技协同创新战略，对农业科技协同创新的方向、模式、重点发展目标和实现途径等方面进行调控，并根据乡村振兴农业科技协同创新制度需求，通过制度供给，不断进行制度创新，以具体的正式制度安排调控农业科技协同创新行为及全过程。

（七）提出了新时代乡村振兴战略下西部地区农业科技协同创新的政策建议

一是科学制订科技计划，确立农业科技协同创新战略技术与产业、领域与方向，形成重点攻关、分工协作、特色优势的农业科技协同创新产业基础。二是发挥政府和市场合力，构建农业科技协同创新机制，为西部地区农业科技协同创新注入活力和动力。三是弘扬协同创新文化，培育新型农民和新型经营主体，打造农业科技协同创新战略联盟，推动西部地区农业科技协同创新产业链与技术链深度融合。四是基于战略、知识和组织的协同，以互联网大数据技术，提档升级农业科技基础设施信息化建设，提高西部地区农业科技协同创新平台支撑力度。五是打造西部地区农业科技协同创新增长极，从农业科技切入参与“一带一路”建设，丰富西部地区农业科技协同创新的内涵与深度。

五、研究的不足之处及主要遗留问题

在西部地区农业科技协同创新机制研究中，笔者虽然阅读了大量的文献资料，但农业科技协同创新是一项庞大而复杂的工程，目前西部地区农业科技协同创新处于前沿的探索阶段，不仅需要研究者具有广博而坚实的理论基础，也需要实证研究方面有完整而翔实的统计资料。受笔者的理论研究水平及研究时间、资料等方面的限制，有些问题没有充分展开或进行论证，难免存在不足之处，主要有以下几点。

（一）研究范围尚待扩展

农业科技协同创新与其他领域的协同创新相比，具有显著的差异性特征，受需求不足和供给不足的双重约束，具体表现为地域性、公共性、长期性、风险性，且涉及科研机构、高校、涉农企业、政府、各类中介服务机构和农户、农场、农业合作社、村集体等多主体的农业科技创新资源的整合与互动，因此其研究涉及多学科和多领域，虽然本书研究在农业科技协同创新机制研究中尽量吸收多学科综合研究的成果，但由于笔者知识储备的有限和资料来源的短缺，研究范围尚待日后进一步扩展。

（二）研究方法有待完善

本书研究从宏观上运用规范研究、定性与定量结合的方法对农业科技协同创新机制理论进行探索，但微观层面运用交易费用理论、现代契约理论、博弈论及复杂系统理论和方法对农业科技协同创新的多主体博弈及其机制形成的影响因素等方面的研究不足。因此，更多运用交易费用理论、现代契约理论、博弈论及复杂系统理论和方法研究农业科技协同创新微观层面机理及相互关系，将是今后研究的核心领域。

（三）调研数据有待丰富

本书研究是在理论探索的基础上对西部地区特定区域的农业科技协同创新机制进行研究，但鉴于农业科技协同创新的地域性、公共性、长期性、风险性，且涉及科研机构、高校、涉农企业、政府、各类中介服务机构和农户、农场、农业合作社、村集体等多主体，相关数据采集具有复杂多样性。因此，数据采集多来源于《中国统计年鉴》《中国农村统计年鉴》《中国科技统计年鉴》及相关网站，实际调研数据有待丰富。

第一章　国内外典型国家和地区农业科技协同创新比较研究与经验借鉴

十九大报告首次提出"乡村振兴战略"，确立农业农村优先发展的地位，对产业、生态、乡风、农村治理与生活层面提出兴旺、宜居、文明、有效、富裕的总要求，并从体制机制和政策体系层面，加快推动城乡融合发展、推进农业农村现代化[1]。世界各国乡村振兴发展历史表明，科技创新是农业乡村振兴的重要引擎，"持续稳定实现农业发展、保证长期有效供给农产品，科技是根本出路"①。21世纪农业革命性发展，农业科技协同创新已成为各区域大力发展农业的战略选择，通过比较国内外典型国家和地区的农业科技协同创新，总结其成功的做法与经验，以期为西部地区构建农业科技协同创新机制提供借鉴。

第一节　国外典型国家农业科技协同创新的做法与经验

一、美国的农业科技协同创新

美国地处北美大陆南部，国土面积为 937 平方千米，耕地面积为 1.88 亿公顷，人均耕地面积达 0.66 公顷，分别为全球和中国人均耕地面积的 3 倍和 6~7 倍，富集的土地资源、优越的自然环境、适合的气象条件，成就了美国世界农业大国的地位[2]。美国农业研发实力强大，农业科研对农产品产值贡献率达 80%以上，平均每年农业研发投入都以 8%的增长率增长，科研体系完善，产学研无缝

① 中共中央、国务院印发《关于加快推进农业科技创新持续增强农产品供给保障能力的若干意见》（全文）. http://www.moa.gov.cn/ztzl/yhwj/zywj/201202/t20120215_2481552.htm，2012-02-02.

结合，科研成果转化率高，农业布局合理，生产运作效率高，既是全球最发达的农业强国，也是世界最大的农产品出口国[3]。美国作为大豆的主产国，其产量占世界产量的30%以上，但长期以来，各种病虫害的侵袭使大豆生产成本提高和生态系统紊乱。蝽象、棉铃虫等鳞翅目害虫在美国中南部地区肆虐，导致每英亩（1英亩≈4 046.856平方米）大豆产量损失加上防治成本达51.76美元；在中西部地区，估计年损失额达到24亿美元[4]。面对病虫害影响区域逐步扩大和现有防控技术措施无效性的严峻形势，美国农业部合作研究、教育、推广局牵头组织实施“2002—2017大豆生产系统害虫综合管理”项目，以“科技项目”推动农业科技协同创新，寻求本地和入侵害虫的生物学规律，以便有效制定防治措施，降低大豆生产成本。

具体做法与经验：一是整合美国各大豆主产区，包括阿肯色大学、伊利诺伊大学、路易斯安那州立大学、密歇根州立大学、密西西比州立大学、密苏里州立大学、威斯康星大学、北卡罗来纳州立大学、肯塔基大学、明尼苏达大学、俄亥俄州立大学、宾夕法尼亚州立大学、阿肯色州合作推广局、堪萨斯州立大学、得克萨斯农作物生命研究所等知名大学、农业推广局、专业农业研究机构经验丰富的近40名科研、教育及推广人员组成协同创新技术专家组进行项目研究。二是优势互补，集聚资源，协同创新，保持技术链与产业链的双向融合，通过学术会议、生产周报、农业集会、专业农业科技网站和电台等多渠道构建协同创新技术推广体系，及时共享、发布、推广最新技术信息，满足各地不同学习类型和不同技术水平生产者的需要，同时项目组专家予以技术指导。三是绘制大豆虫害分布图，为美国农业部害虫信息推广与教育平台提供数据、专业评论等智库职能。四是构建农业协同创新平台，组建项目技术委员会和项目执行委员会，对项目予以战略指导和进行跨州经费资助及整合、协调资源，保证项目有序良性进行。

二、德国的农业科技协同创新

德国是欧盟成员国中仅次于法国和意大利的第三大农产品生产国，虽然农业从业人员的数量仅占全国总就业人口的5%，但农产品80%以上能够自给。土地经营制度与生产组织形式先进，土地私有化和经营租赁制是其现代农业生产的制度基础，家庭农场、合伙制或股份制的集体农场和私营农场等先进组织形式，保证了现代农业生产经营的高效运转。机械化程度高，种植业和畜牧业均已实现机械化、标准化作业，每个农业劳动力都可以养活150多人。秉持生态农业发展理念，不断完善生态农业推广的条件和环境。农业科技发达，在动植物育种、农业生物技术与转基因工程、农业工程、农业信息技术、可再生能源利用和开发、农业资源利用及环境保护等方面的创新研究居世界领先水平[5]。其中，德国为培育和发展有机农业市场，推动有机农业发展及其产业化，实施了《有机农业联邦计划》，构建了有机农业协同创新战略联盟，主要由联邦政府研究机构、州研究机构、私人研究机构和大学等机构联合组成，以“科技计划”推动有机农业科技协同创新。

具体做法与经验：一是发挥政府农业科技投入主导作用，激励和保障有机农业协同创新的顺利进行，2002 年与 2003 年用于有机农业科技发展与技术转化和有机农业研究项目的制定、论证及前期研究的辅助措施专项资金分别高达 1 430 万欧元和 1 165 万欧元。二是加大有机农业人才培养，提高有机农业教育和继续教育水平，为有机农业发展提供人才保障。三是推动技术链与产业链的融合，以加大有机农业销售扶持力度，以市场刺激有机农业协同创新的技术产出与应用。四是德国政府研究开发部门提供财政支持，资助涉农企业与大学进行协同创新，打造有机食品加工企业与专业高校、大学、私人研究机构、州研究和实验中心协同创新研究项目，如成功推动德国阿格福莱农林环境生物技术股份有限公司与波恩大学农业植物研究所进行的植物诱导抗性研究，其研究成果已实现产业化，在农业上得到了广泛应用[5]。

三、荷兰的农业科技协同创新

荷兰位于西欧北部，国土狭小，面积 41 528 平方千米，人口 1 740 万人①，农业人口占 5%②，资源贫乏，牧场与耕地 193 万公顷，人均耕地仅为 0.06 公顷③，是人均耕地最少的欧洲国家。但荷兰土地集约利用度高，全国有 70%的土地用于农业生产④，其中草地农业占 60%，园艺农业占 6%，粮食作物农业占 34%[6]，是世界闻名的第二大农产品出口国，仅次于美国。其在动物福利改善和农业技术创新方面也一直处于世界领先地位，全国耕地 70%以上都用来栽培作物②。

随着对食品安全、环境污染和动物福利保护越来越关注，以及面临的家禽新兴出口国竞争压力与日俱增，荷兰等欧盟国家颁布了到 2012 年对笼养蛋鸡全面禁止的法律规定[7]。瓦格宁根大学作为唯一一所归荷兰农业、自然及食品品质部直接拨款的大学，是荷兰农业科技创新系统中的主要力量。为推动家禽养殖产业可持续发展，应对家禽业规制变动所带来的新需求，一项名为“护养母鸡”（keeping and loving hens，荷兰语为 honden van，hennen）的农业科技协同创新

---

① 中华人民共和国外交部. 荷兰国家概况. https://www.fmprc.gov.cn/web/gjhdq_676201/gj_676203/oz_678770/1206_679234/1206x0_679236/，2020-10-06.

② 王桂朵. 国外农业科技园区有何发展特色. http://www.rmlt.com.cn/2017/1121/503701.shtml，2017-11-21.

③ 生意社. 各国农业用地–宏观数据–生意社. http://www.100ppi.com/mac/world_zt---ZT1X.html，2020-02-06.

④ 荷兰中国商会. 荷兰的现代农业. http://www.dccchina.com/chinese/jj/jjgk06.htm，2020-02-06.

研究项目[8]应运而生，主要由动物科学研究中心牵头开展，该项目是基于动物福利保护、农户理想工作条件和养殖环境建立、提升企业社会责任等层面而实施的"Rondeel"饲舍系统及系列创新方案。"快乐的母鸡，骄傲的农户和满意的公众"已成为"Rondeel"系统的建设理念和"企业社会责任"履行者的标杆，相继获得荷兰动物保护协会"Beter Leven"三星福利价值的最高认证和环境友好型产品商标"Milieukeur"的使用权，Rondeel 鸡蛋也因此赢得市场认可，被评为"最好的鸡蛋"，成为阿姆斯特丹超市中售价最高的鸡蛋［2.46 美元/箱（7 只装），4.22 美元/箱（12 只装）］。目前为止，Rondeel 已成为荷兰农业协同创新成功的典范，并得到荷兰等多个国家的认可。

具体做法与经验：一是形成以国际知名的科学研究组织瓦格宁根大学动物科学研究中心、商业公司、南方农民协会、动物福利及企业社会责任咨询机构和荷兰地方及中央政府为主体的、功能互补的农业科技协同创新体系，推动技术链与产业链双向融合，实现家禽业创新系统产业化和商业化。二是基于解决技术、工程和工业设计及市场认同和社会可接受性问题，构建协同创新平台，组建技术委员会，协同推动技术成果产业化。三是建立了商业公司运营机制，实现商业化投资，降低投资风险和成本，争取市场准入。四是发挥政府创新支持项目、行业专业中介服务公司的"创新经纪人"作用，搭建创新网络和交流平台，进行沟通协调、信息共享和战略咨询等创新中介服务，促进创新资源优化配置，降低创新产业化推广成本和风险。

四、以色列的农业科技协同创新

以色列是世界上人均占有水资源最少的国家之一，90%的国土是丘陵和沙漠，土壤多为沙土和灰钙沙砾土，土地贫瘠，可耕地面积不足 20%，且一半又必须经过灌溉才能耕种。然而，面对恶劣的自然环境，以色列农业却以 265 320 公顷的耕地面积和占总人口不到 5%的农业人口[9]，在 2013 年创造了产值高达约合人民币 460 亿元的农业产业，占全国总值的 2.4%，农产品出口占总出口的 2%。农产品不仅能够自给自足，还能大量出口欧洲各国，被称为欧洲的"菜篮子"，且以色列的生物育种技术、沙漠温室、滴灌技术、生物综合防治技术、农产品的单产量及其加工技术、农业机械及成套设备技术均处于世界先进水平[9]，农业滴灌技术更是举世闻名，出口到 80 多个国家，以滴灌技术为主的水技术出口达 7 亿美元[10]。

具体做法与经验：一是发挥政府积极有效的干预作用，形成由公益性研究机构、农业科教机构和涉农企业与民间科研机构组成的多层次农业科技协同创新体系，并予以农业科技协同创新政策、资金保障，每年的农业科研经费总量超过 1

亿美元，占农业总产值的 3%左右[11]。二是组建由首席科学家办公室、最高农业研究与开发委员会、研究机构和大学三个层次组成的科研计划管理体系，保障农业科技协同创新科研运作的内部控制。三是发挥政府扶持和引导作用，打造由涉农企业与农业科教机构、公益性农业研究机构和农业民间科研机构、农民合作社组成的农业科技协同创新体系。四是建立一套由政府部门、科研机构和农民合作组织组成的“无缝隙”推广体系，实现农业科技研发机构的密切联合、农业科技研发与技术推广的有效衔接、农民教育培训与农业技术推广的有机结合、多层次农业技术推广服务的社会化整合，促进农业科研项目与农业生产实践的互动、转化、应用及产业化，为农业科技协同创新提供组织保障[12]。五是以生产需求为导向，实施农业科技协同创新战略，长期致力于农业生产投入品开发、生物工程技术、节水技术等产业共性、关键技术和前沿技术的攻关、集成和示范研究。六是以市场为抓手，推动“基布兹”集体农庄、“莫沙夫”合作社、“莫沙瓦”个体农场等农业生产组织企业化经营，对接技术链与产业链。七是密切关注世界农业发展前沿，以国际农业需求为导向，加大农业科技国际化合作，提高农业质量与标准。

五、日本的农业科技协同创新

日本的国土面积为 37.8 万平方千米①，仅占世界陆地面积的 0.27%[13]，由北海道、本州、四国、九州四个大岛及其他 6 800 多个小岛屿组成，约有 1.26 亿人①，占世界总人口的 2.11%[13]。日本平均每平方千米 329 人，其中农业人口众多，以小农制生产经营模式为主[14]。尽管日本自然资源短缺，人地矛盾突出，但农业现代化水平和集约化程度居世界前列，尤其具有战略意义的粮食作物大米自给率可达 100%。不仅如此，农业科技协同创新推动了一系列农业重大科研成果，如鳗鱼的全程人工养殖、放射性污染土壤的清除技术、预防青椒花叶病的植物病毒疫苗、稻米垩白分析仪、可抵御根肿病全系列菌种的病害抗性品种“迎秋”等，打造了大学、企业、科研机构、协会所构建的高效的农业科技协同创新体系。

具体做法与经验：一是发挥政府导向作用，打造农业科技协同创新平台，促进技术链与产业链双向融合，推动农业科技市场有序健康发展。二是颁布《农业基本法》[15]，从流通、价格和生产方面提高土地和劳动力利用效率，促进农业科技创新和技术成果转化应用，为农业科技协同创新提供制度保障。三是保证农业科技投入巨额经费，农业科研经费近 30 年占农业生产总值比重一直都保持在

---

① 中华人民共和国外交部．日本国家概况．https://www.fmprc.gov.cn/web/gjhdq_676201/gj_676203/yz_676205/1206_676836/1206x0_676838/，2020-05-06.

20%以上。四是颁布《农业协同组合法》，明晰农业协同组合（简称农协）的功能定位[16]，以农业协会为纽带，将农民纳入由农业大学、农业试验场、中央农业研究机构、农业协会、农业专家和研究员组成的农业科技协同创新体系，让农民成为农业科技协同创新体系的重要主体，实现从农业生产计划到农业研发再到农作物栽培的农业生产全程科学化。五是大力开展农业人才培养，为农业科技协同创新提供智力资源，通过农林水产学校、农业大学、国立综合大学农学部、各类农业大学及普通高中开设农业课程等途径，培养农业管理、科研及各类专业技术人才。六是以科技型中小企业金融公库、商工联合金融公库、国民金融公库为代表的政策性银行、政府性金融机构和由信用金库、地方银行、信用组合及劳动金库、第二银行等组成的民间金融机构，为农业科技成果转化提供融资渠道[17]。

六、法国的农业科技协同创新

法国是欧洲第一农业生产大国，欧盟 22%农业总产值来自法国，其中甜菜、葡萄酒、牛奶分别居世界第一、二、三位，总体上蔬菜和水果位列西欧国家前列，是欧洲第一农产品出口国。法国农业以家庭生产经营的中小农场为主，法国农业劳动力 90%以上来自家庭劳动力[18]，农业专业化具有区域、农场、作业 3 种类型，农业经营组织具有个体农场、农业经营组合、农业资本公司 3 种模式，其种植、加工等行业的农业机械越来越智能化、高效化，玉米秸秆综合利用等资源再生利用技术世界领先。随着自然资源的短缺、环境的恶劣，粮食安全问题上升为国家战略。为应对挑战，法国启动了旨在破解资源和环境领域重大瓶颈技术问题，提高科研设施有效使用率，推动兽医和农业研究国际化水平，保证粮食安全的 Agreenium 农业科技协同创新[19]。

具体做法与经验：一是组建由研究机构法国农业科学研究院（Institut Nationale de la Recherche Agronomigue，INRA）和法国农业国际合作研究发展中心（The French Agricultural Research Centre for International Development，CIRAD）及 6 所高等院校组成的基于农业和食品、动物健康及环境研究与教育的联合体。二是构建农业协同创新运行平台。以巴黎为总部，组建由成员单位代表，食品、农业和渔业部，高等教育和研究部，外交与欧洲事务部等部门代表与战略规划委员会主席共计 30 人组成的执行委员会和董事会共同开展工作。三是构建国际化农业科技协同创新网络。以农业科学研究院和农业国际合作研究发展中心等各个成员单位海外代表为节点，广泛吸纳国际化农业科技协同创新资源。四是加大农业科技协同创新支持力度。通过提供技术咨询和搭建合作桥梁、提供科研经费等方式，扶持国际农业科技协同创新，推动跨领域、多层面的农业科技协同创新。

七、丹麦的农业科技协同创新

丹麦地处北欧，历史悠久，农业现代化高度发达且特色鲜明，在国际市场上具有很强的竞争力，作为“养猪王国”举世闻名，出口量世界第一，养猪业作为国民经济和对外贸易的支柱产业，已形成集约化、规模化、产业化的全猪生产链[20]。以猪肉、咸肉、鸡蛋、奶酪、黄油、牛肉等近 70%的农产品与世界 175 个国家进行国际贸易，为 1 500 万人提供食物供给，以占世界人口万分之一的农业人口和占世界 0.18%的可耕地面积，实现了以“1 个丹麦”养活“3 个丹麦”的奇迹[21]，具有“欧洲食厨”的美誉[22]。为确保在国际市场上农产品出口的领先地位，丹麦构建了集研发、生产、推广、教育于一体的农业科技协同创新体系。

具体做法与经验：一是以农业研究联合委员会为载体，构建农业科技协同创新机制，将政府、研究机构、农民协会的资源进行整合，密切关注农业及产品加工业最新发展，提高农业科技协同创新研发效率，推动具有重大意义的开发性项目的实施。二是以全国农业顾问中心和农业咨询服务中心为载体，将皇家兽医和农业大学、各应用技术研究所、农业技术人员、农民、家庭农场高效链接，构建农业科技协同创新体系，促进研究成果、技术信息和管理方法等知识资源生产、流动、转移，历时一年一项农业新技术就可以完成推广及应用。三是以合作社为载体，保障农业科技协同创新组织管理，从研究开发、基础生产到农副产品加工、销售，推动产业链与技术链双向融合。四是以“实用弹性教学”和“一周农校课程班”等为载体，构建完备的农民教育培训体系，培养专业的农民技术人员、农场经营管理者、农场主，为农业科技协同创新提供不同层次的智力资源。

八、加拿大的农业科技协同创新

加拿大地域辽阔，物产丰富，城镇化率高达 81.3%，全国人口的 3%为农业人口，平均每个农户耕地面积为 300 公顷[23]，尽管农业人口少，但其农业生产和出口在世界名列前茅，高效的农业科技协同创新是其重要保障。20 世纪 90 年代以来，联邦政府大幅度缩减教育经费，为应对这一挑战，推动农业研发与生产有效对接，加快技术创新和转化，加拿大农业高等学校与企业开展协同创新，其中农业科技协同创新的成功案例之一，是以科学研究、人才培养、技术转化及应用为目的，由加拿大圭尔夫大学（University of Guelph，UOG）与安大略省农业、食品与乡村事务部（Ontario Ministry of Agriculture，Food and Rural Affairs，OMAFRA）签订的《OMAFRA-UOG 全面合作框架（2008—2018）》，该框架结合农业科技协同创新协议，对安大略省经济社会发展产生巨大影响，2006~2007

年以 5 480 万加元的资金投入产生了 10 亿加元的经济效益[14]。

具体做法与经验：一是发挥政府主导作用，打造分工明确的农业科技协同创新体系。以育种、农作物、动物和食品为主攻方向，政府负责组织和协调农业研究、技术推广、教育和培训及资金支持，联邦研究机构负责农业基础理论研究，省级研究机构和农业院校及企业负责应用研究。二是长期致力于农业系统研究[24]，关注气候变化和极端天气对农业的影响及寻求最优的土地管理体制以保证农业生产投入、产出效率，降低农业科技协同创新交易成本。三是构建农业风险管理和非农业风险管理项目政策体系，为农业科技协同创新提供制度保障[25]。四是农作物分布区域分明，形成了农业科技协同创新的产业基础。安大略省与魁北克省以大豆、干草、玉米种植，以及生猪、肉禽和蛋鸡养殖为主，阿尔伯塔省、萨斯喀彻温省、曼尼托巴省以小麦、油菜、干草种植为主[26]。五是校企合作开展人才培养，为农业科技协同创新提供智力资源。制订研究生培养计划，不仅资助奖学金，还提供创业项目经费，开展各类学术研讨会，多层面为实践提供指导，为各类研究生提供见习工作机会，全方位构建农业科技创新人才体系。

九、印度的农业科技协同创新

印度是世界农业大国之一，农业已成为其国民经济的重要组成部分。不但农业人口数量庞大，而且具有适合农业发展的良好自然条件。农产品中奶产量居世界第一，大米和小麦居世界第二，而羊毛、羊肉、蛋类、果蔬、茶叶、甘蔗、水产品、棉花等产量也能够位列世界同类产品产量前 4 位，总体来看，年产量都位居世界前列[27]。更是通过“绿色革命”实现了粮食自给；通过“白色革命”成为产奶大国霸主；通过“蓝色革命”跻身世界渔业十大强国；通过“黄色革命”成为世界最大水果王国和第二大蔬菜王国。2017 年 8 月 25 日世界农化网报道，印度农业到 2022 年有望实现农业出口总额 1 000 亿美元。印度骄人的农业战绩的取得与高效的农业科技创新机制密不可分。

具体做法与经验：一是构建农业科技协同创新机制，立足国家农业发展需求，突出基础性、战略性和全局性的研究，打破部门分散的管理格局，建立中央、邦政府机构与其他机构和组织组成的管理体制，统筹与协调科研、教育和推广等农业科技发展，分工明确、合作紧密、高效运行。二是发挥政府主导作用，建立中央政府占 50%，联邦政府占 40%，私营部门机构占 10%的农业科技协同创新投入体系。三是高度重视农业人才培养，构筑了结构独特、规模宏大的农业科技协同创新教育体系。20 世纪 60 年代初期，颁布《20 年高等教育综合发展规划》和《农业大学示范法案》，保证各邦至少建立一所农业大学，并构筑了包括渔业、林业、园艺、兽医及奶业技术专业等的 35 所国立农科大学、250 个农科类院所、60 个农学院、18 个农业工程学院、35 个动物科技学院、13 个园艺学院、18 个林学院、19 个家政学院、10 个奶业技术学院、16 个渔业学院、16 个食品技术及农业经营类学院等结构独特、规模宏大的农业科技协同创新教育体系。四是注重国际化农业科技协同创新体系构建，引进、消化、吸收先进农业科学技术。1955 年、1959 年印度分别组建了两支“印-美研究工作小组”专门从事这方面工作，并与美国的田纳西大学、伊利诺伊大学等签订了旨在促进印度农业教育、科研和推广的合作协议，并成立了象征印度和美国成功合作的印度第一所农业大学——北方邦农业大学。五是通过启动专门的区域信息技术方案，提高农村地区的互联网普及率，定期派专家到农村为农民提供信息技术指导及服务，为农民提供用于获得农业科技信息的手提电脑，设立农业科技项目保证农村信息化建设资金，在 100 个最落后地区实施基础设施发展特别计划 [28]，大力开展农村公路、农村通信网、计算机互联网建设等方式，不断夯实基础设施信息化建设，给予农业科技协同创新物质保证。

十、韩国的农业科技协同创新

韩国农业耕地面积仅为国土面积的 22.7%，自然资源禀赋的有限性及农业人口的数量不足，使得韩国将农业现代化一直都视为立国根基之一。经过多年努力，农业耕作与管理已实现机械化、电气化、信息化、现代化。其中，主要粮食从耕作到收获、园艺作物设施育苗过程和栽培环境调节及水果、蔬菜、农畜作物等产品收获后加工环节，均已实现机械化或自动化，农业现代化几乎与日本同步实现，成为“东亚奇迹” [29]。

具体做法与经验：一是不断创新制度供给，为农业科技协同创新提供制度保障。通过变革农地所有权制度、农业经营制度，颁布《农业基本法》，保护有限耕地资源，提高农业人力资本，为农业科技协同创新给予制度保障。二是成立农村振兴厅及各道、市、郡农村振兴院和农村指导所，构建农业科技协同创新机制。通过农村振兴厅密切关注农业生物技术、畜牧业、信息化发展前沿，在农业研究与开发、技术推广应用、农业物料品质管理、农业人才培养相关领域实现统筹协调，提高农业科技协同创新效率。三是推行“农渔村结构改善计划”和“大规模综合农业开发计划”，推动技术链与产业链融合，实现了“产+销”产业链的一体化整合。四是夯实农业农村基础设施建设，为农业科技协同创新提供物质保证。韩国政府积极进行整治、拓宽乡村道路和扩大铺路面积，提高耕种道路机械化水平，促进农机具使用效率的提高，并大力加强整理耕地、兴建灌溉和改善排水等生产性基础设施建设，来预防农业自然灾害，为农业科技协同创新提供物质保证。五是大力推动农业机械化水平，提高农业科技协同创新生产条件。政府通过实行无偿财政补贴、优惠贷款额度、海外协力基金支持，以及扩大农用机具出租事业、给予修理资金补贴、无偿操作技术培训等途径，推动农业机械化水平。六是打造农业科技协同创新信息平台，加快农村信息化建设。通过制定农业信息化发展战略，加强农业信息基础设施建设，制定扶持农业信息化优惠措施，高度重视信息资源采集与开发[30]，构建农场管理远程咨询系统、农业技术网站、农场技术咨询系统，实现农民与科研双向信息交流，发布病虫害预测信息和农作物长势信息，开展农业技术培训等途径，提高农业科技协同创新信息化水平[31]。七是以农业协会为纽带，提高服务水平、扩大农业科技协同创新国际交流与合作。政府部门、外部经济组织给予农民协会资格认证和身份认可，对农民协会会员给予优先项目支持，并通过拓展农产品生产链条、融通农业发展资金、畅通农产品流通、购销农业生产资料及农产品等途径为农民提供服务，并加入国际合作联盟和国际农业合作组织、亚洲农民合作组织和国际农业生产者组织，增强了韩国农业的国际发言权。八是高度重视农业教育发展，为农业科技协同创新提供人力资本。通过参观、现场体验及讨论为主的实效培训、举办农业专修学院、开设农业大学农民教育课程、成立农协大学、开展农业经营咨询、设立韩国农业专业学校、开设高级农业经营课等途径，培养农业企业家型、农业技术专家型及既懂管理又懂技术的新型农民，为农业科技协同创新提供人力资本。

十一、澳大利亚的农业科技协同创新

澳大利亚位于太平洋西南部和印度洋之间，分为东部山区、中部平原、西部高原区，地广人稀，分为集约农业带、小麦及养牛带、牧业带 3 个农业区，2/3 的地区适合发展农牧，1/3 的地区只适于发展畜牧业，国土总面积的35%为沙漠和半沙漠，总人口的 4%为农业人口，澳大利亚人均耕地面积为 2.07 公顷，居世界第一[32]。以大型农场为主体，实行专业化、社会化农业生产和管理，农产品生产和出口位居世界前列，羊毛、肉类和小麦出口分别位列世界第一、二、三位[33]，畜牧业尤其优势突出，其中养羊业规模庞大，享有“骑在羊背上的国家”的美誉。

具体做法与经验：一是推行“农村再建计划”“农业调整计划”“农业——振兴澳大利亚计划”，开展“农场家庭重建项目”“促进农业企业发展”“退休农场主援助项目”等[34]，加速澳大利亚农业现代化发展，促进农业企业增效、农民增收，为农业科技协同创新提供战略保障。二是应对经济发展需求，组建由从事基础性理论研究的联邦科学与产业研究组织、从事开发应用研究的农林渔业部及各州农业部附属研发推广机构、高等院校农业科研和教学部门、企业、大型农场、农民组成的农业科技协同创新体系。三是以大数据为手段，采集、挖掘农业信息，构建农业信息服务组织体系，共建共享农业信息资源[35]，不断完善农业信息监测预警体系，实现农业的协作协同发展，密切对农业生产和农产品市场进行监测，为农业科技协同创新提供信息保障[36]。四是以农协为载体，加大农业科技协同创新服务力度，不断提高农民生产及经营技术、商业运行能力，从而提升农民农业科技协同创新技术吸纳转化能力。五是发挥市场作用，政府立足宏观监控，减少对农业的直接干预，为农业科技协同创新提供良好的外部政策和制度环境。

十二、意大利的农业科技协同创新

意大利位于欧洲南部地中海沿岸，地域包括亚平宁半岛和半岛以北的大陆部分，以及西西里岛、撒丁岛等岛屿。除波河平原外，其余部分多为山地和丘陵。国土总面积为 301 333 平方千米①，其中，35.2%为山区，41.6%为丘陵，23.2%为平原②，农业经济的发展在很大程度上取决于山区经济的发展，山区经济的地位可谓举足轻重。此外，意大利气候特征除大陆部分外，其半岛部分属于典型的地中海式气候，夏季炎热干燥，冬季温和多雨。由于平原和河谷较多，加之属于典型的地中海气候，十分适合农作物生长，现已成为欧盟的农业大国，排名仅次于德国和法国。全国现有可耕地面积 1 200 多万公顷，森林面积约 930 万公顷，牧草地面积约 510 万公顷[37]，其中，耕地地块零碎，农场规模小，是意大利农业区别于其他发达国家的显著特色。意大利的葡萄、苹果、桃、梨、草莓、樱桃等皆享有盛名，主要农畜产品有小麦、稻米、玉米、甜菜、葡萄、柑橘、油橄榄、番茄、马铃薯、百叶菜，以及牛、羊、猪、鸡等[37~39]。意大利是联合国粮食及农业组织、世界粮食计划署和国际农业发展基金三大联合国粮农机构总部所在地，能够准确把握国际粮农形势并较直接地影响国际农业政策、参与国际标准和规则的制定[40]。因此，意大利作为欧洲最大的稻米出口国，不仅是欧盟中水果、蔬菜出口大国之一，还是欧洲最大的有机食品生产国，在全球仅次于美国。

具体做法与经验：一是科学合理规划、大力发展农业有机特色产业，为农业科技协同创新提供坚实的产业基础。意大利通过推行“生物多样性计划”，设立不同的基金项目发展特色有机农业，有机农业面积达到 104 万公顷，且具有鲜明的地域特色，其中 40%种植饲料，16%为牧草地，9%种植大麦、小麦、水稻、玉米等谷物，19%种植柑橘、苹果、桃子、梨等果树和橄榄树，6%为蔬菜和工业原料作物。70%的有机农业集中在意大利南部西西里岛和撒丁岛，12%在中部，

---

① 中华人民共和国外交部. 意大利国家概况. https://www.fmprc.gov.cn/web/gjhdq_676201/gj_676203/oz_678770/1206_679882/1206x0_679884/，2020-10-06.

② 龚晶，孙素芬. 意大利农业信息服务体系建设启示. http://www.zgcxjrb.com/epaper/zgcxjrb/2019/05/15/b03/story/588115.shtml，2019-05-14.

18%在北部。例如，以小麦、玉米和水稻为主的谷类作物主要集中在意大利北部的波河流域，葡萄和橄榄等经济作物主要种植在中南部亚平宁山脉的丘陵地带，而西西里地区则盛产柠檬和柑橘，也占据很大的经济比重，居欧洲第一，而在伦巴第和艾米利亚—罗马涅两个大区则主要发展生猪养殖业。正是各区域立足资源禀赋和优势，合理规划，以机械化、专业化和集约化，大力发展农业有机特色产业，从而为农业科技协同创新提供了坚实的产业基础[41]。二是大力发展农业教育，为农业科技协同创新提供人才保障。意大利构建了农业高中、农业技术学校、农业专科学校、大学农学院不同学历层次的农业教育体系，保证了农业科技协同创新对农业技工、农业技师、农业专家、农业领军人才不同层次人才的需求[42]。三是完善社会化服务系统，为农业科技协同创新顺利发展提供保证。一方面，构建全国研究委员会系统、大学系统、农业部系统，加大政府对科研、技术改造及农业教育部门的农业服务。另一方面，从国家和各省层面设立农会联合会，为农民提供农业先进技术、市场、农业机械、仓储等服务。此外，建立耕地合作社、饲养合作社、葡萄合作社、农药喷洒合作社、信息合作社、农产品加工运输销售合作社等多种类型农业合作社，整合资源，为农民提供一体化服务[43]。四是多措并举，构建农业科技协同创新推广机制。一方面，积极争取欧盟资金，推动农户或农场主推广农业技术，并对农业新技术的推广和应用及产业化、品牌化给予资助鼓励。另一方面，加大力量建立农业协会，并积极推动政府与农业大学、研究院协同创新，实施联合技术攻关[44]。

十三、英国的农业科技协同创新

英国位于欧洲西部，是大不列颠及北爱尔兰联合王国的简称，由大不列颠岛（包括英格兰、苏格兰、威尔士）、爱尔兰岛东北部和一些小岛组成。英国地势东南低西北高，农产品主要有粮食（小麦、大麦）、肉类、奶制品、油料作物、蔬菜等，东南部为平原，土地肥沃，适于耕种，主要发展种植业，约占农业总产出的 40%；北部和西部多山地和丘陵，雨水较多，草木茂盛，主要发展畜牧业，占农业总产出的 60%[45]。英国全境河流密布，国土面积为 24.41 万平方千米①，其中耕地面积为 608 公顷，人均耕地面积为 0.1 公顷，农业生产属于人多地少的类型；有永久性牧场 1 105 万公顷，畜牧业高度发达、经营规模大、机械化水平高、集约经营、专业化和社会化程度高。英国农业人口为 104 万人，农业经济活动人口为 51 万人，占经济活动总人口的 1.8%[45]，农业在英国生产总值中所占比

① 中华人民共和国外交部. 英国国家概况. https://www.fmprc.gov.cn/web/gjhdq_676201/gj_676203/oz_678770/1206_679906/1206x0_679908/，2020-10-06.

重不到 1%①，此比例在所有发达国家中最低。虽然农业在英国国民经济中的地位不突出，且呈逐年缩小的趋势，但优越的自然环境和现代的农耕技术，加之政府对农业环保的重视和采取有效措施，使生产率达到了相当高的水平，为农业可持续发展奠定了坚实的基础。据统计，英国 1%的农业劳动力就能生产全部所需的 60%的农产品，每年为本国提供全部粮食需求的 55%，以及所需产品的 80%[45，46]。

具体做法与经验：一是将农业科技发展置于国家战略高度，以国际农业技术创新需求为导向。19 世纪下半叶，英国剑桥大学开展了产学研合作，并探索出“高校+企业”的产学研协同创新模式。剑桥大学周边聚集了 1 000 多家科技创新公司，剑桥大学依托自己的生物科学、物理学、计算机技术等方面的研究为高科技公司提供技术。在此基础上，英国联合环境、食品和农业事务部负责农业科研成果的推广工作，也采取了各类研究机构和高等院校协同合作方式。英国政府深刻认识到农业科技对英国农业发展的重要意义，并将农业技术创新的知识来源和服务市场始终面向世界，同时还把农业科技水平作为制定农业战略、政策的重要依据和实现英国农业政策目标、满足农业政策需求、评价英国农业政策质量的重要工具和评价指标，并促进英国的农业技术创新成果支持国际农业政策的制定，致力于自然资源保护和利用技术、海洋和沿海环境保护技术、农村经济和农村社区发展、气候变化与环境危机、可持续农业和食品业等方面的关键技术攻关。二是制订农业发展战略计划，实施创造世界一流水平的农业科技发展目标。一方面，英国环境、食品与农村事务部（Department for Environment，Food and Rural Affairs，DEFRA）通过制定《英国农业科学与创新战略（2003-2006 年）》《农业环境建设方面的投资计划》《有机物耕作计划》《环境保护计划》《农村林地奖励计划》《农村企业资助计划》《能源作物计划》《农产品加工与市场开发奖励计划》《农民职业培训计划》《支持条件艰苦地区的补贴计划》等战略和计划，从经费投入、农民培养、打造企业创新主体等方面，推动农业科技创新发展。另一方面，建立了农业科技质量保证体系，通过开展对农业科研成果的国内、国际最优秀农业科学家同行的评价，提高科技投入的透明度，从而保证科研成果的质量。此外，通过制订农业技术预测计划和组织政府、非政府组织及学者与新闻记者、水平扫描专业人员等不同专业背景的人员，运用水平扫描方法，大力开展农业科研风险识别、控制与管理，以确保农业科研成果达到世界一流的质量与水平。三是出台专项科学计划，鼓励并激励农业科技协同创新。例如，1997 年由贸工部、工程和物理科学研究理事会出台了“法拉第伙伴计划”，鼓励科学、工程和技术研究机构与产业界密切联系。

---

① https://www.fmprc.gov.cn/web/gjhdq_676201/gj_676203/oz_678770/1206_679906/1206x0_679908/.

鼓励科学、工程和技术研究机构与产业界密切联系，其中“法拉第计划中的遗传合作伙伴组”就是将英国著名的遗传技术研究机构（如罗斯林研究所、爱丁堡大学等）与家禽养殖农场、动物健康产业界密切联系起来，共同改进和协调遗传技术的应用。1986 年英国农业、食品和渔业部（DEFRA 的前身）设立的“可持续畜牧生产联系计划”，就是政府通过项目的方式推动公共研究机构与农业企业进行合作研究的主要机制[47]。

十四、新西兰的农业科技协同创新

新西兰位于太平洋西南部，介于赤道和南极之间，由南岛、北岛及一些小岛组成，国土总面积约为 27 万平方千米①，水域面积占 2.1%，新西兰人少地多，牧场尤其辽阔，全国人均占地 3.8 公顷。境内多山，山地和丘陵占其总面积 75%以上[48]，土壤差异大，以火山灰土为主，只有 3%[49]的土地属于肥沃的精华土地。新西兰属温带海洋性气候，四季温差不大，但年降水量大，水资源丰富，植物生长十分茂盛，森林覆盖率达 29%[48]，国土面积的一半为天然牧场或农场，新西兰作为绿色王国拥有广袤的森林和牧场[48]，被誉为“世界最后一块净土”，整个国家除道路、房屋建筑外几乎全部都被树木、草、水面覆盖，是世界上有机农业发展最好的国家之一。新西兰农业以畜牧业为主，畜牧业产值占农业总产值的 80%左右，从事畜牧业的人口约占农业人口的 80%，是世界上养羊、养牛头数按人口平均最多的国家。新西兰一半以上农场总面积为家庭农场，其 3/4 农场劳动力为农场主及其家庭成员，且高度机械化、专业化、经营集约化，3/4 的农场以经营某一产品为主，但家庭农场的规模比美国的要小，只有澳大利亚的 1/10 左右，平均规模为 538 公顷。新西兰作为农业的净出口国，是世界上少数几个依靠农业立国并进入发达国家行列的国家，主要贸易伙伴是澳大利亚、亚洲、美国及欧洲地区，奶制品、猕猴桃、木材、白葡萄酒成为新西兰出口的标志性产品，增长势头不减，其最重要的出口产品是羊毛、肉类、奶制品、皮革等畜产品，出口值占出口总值的 4/5 以上，出口量居世界第一位的为羊肉，出口量居世界第二位的为羊毛，其中新西兰的羔羊肉、羊毛、牛肉和小牛肉主要向欧洲、中国、美国出口，而德国和其他欧洲国家是新西兰鹿肉的主要出口地。韩国和中国香港地区是新西兰鹿茸的主要出口地，欧盟地区和日本是猕猴桃的主要出口市场[50]。新西兰是目前发达国家中唯一一个没有对农业提供任何直接补贴，与其他产业一样征收商品税、收入税的国家，即使这样，新西兰农业仍然保持了较强的竞争力[49]。

① 中华人民共和国外交部. 新西兰国家概况. https://www.fmprc.gov.cn/web/gjhdq_676201/gj_676203/dyz_681240/1206_681940/1206x0_681942/，2020-05-06.

具体做法与经验：一是农业主导产业鲜明且坚实，有力地推动了农业科技协同创新。新西兰形成了以奶牛养殖为主，绵羊、鹿养殖等为补充的畜牧业主导产业，以及以猕猴桃、葡萄种植为主的果品业，以辐射松和花旗松为主要品种的松树用材林林业，这些主导产业特色鲜明，推动了新西兰在牧草品种选育、牲畜良种培育、轮牧方式、牧草施肥、挤奶设备、电围栏、奶制品加工技术、农产品质量安全信息化系统、猕猴桃品种及种植技术、葡萄酒品种选育和加工技术、鹿的饲养及产品加工等领域的农业科技协同。二是加大农业管理体制改革力度，形成农业生产、加工、销售一体化的农业科技创新管理体制。一方面采取取消补贴、减少干预、精简机构、优化服务、完善市场化机制等一系列措施，加大农业管理体制改革力度。另一方面成立新的农林渔业部，统筹政府各部门间的管理职能，避免各职能的交叉、分散、重叠。此外，农业类研究院所变为由皇家研究院进行管理，并进行公司化管理制度改革，实行董事会制度下的首席执行官（chief executive officer，CEO）负责制，且所有相关科研费用必须通过竞争方式向研究科技基金会申请或由其他社会力量投资。三是构建完善的农业科技创新体系，为农业科技协同创新提供支持。新西兰构建了以致力于开展农业基础性研究、应用基础性研究、重大高新技术研究、重大关键性技术研究和实用性技术开发为战略目标，包括农业科技研发系统、农业科技推广系统和农业科技教育培训系统等方面的农业科技创新体系，为农业科技协同创新提供全方位的支持[51]。四是大力推动行业成立行业委员会，形成农业科技协同创新的产业联盟。行业委员会作为独立于政府机构之外、依法成立的、代表公众利益的机构，推动了企业与企业、合作社与合作社进行兼并重组和协同，从而形成农业科技协同创新高效运行的产业分工与合作[52]。五是培育全国性农业龙头企业，打造农业科技协同创新主体。例如，为推动新西兰奇异果产业发展，成立了全国性农业龙头企业——佳沛新西兰奇异果国际有限公司，并通过旗下的佳沛公司，整合资源，开展生产、科研、销售、资本运营方面的协同创新。

十五、巴西的农业科技协同创新

巴西是传统农业大国，农业在巴西国民经济中占有举足轻重的地位，是巴西的支柱产业和外汇收入的重要来源之一[53]，并确立了“以农立国”的可持续发展战略。巴西幅员辽阔，资源丰富，发展农业的自然条件非常优越。巴西多数地区地势平坦，耕地和草场面积广阔，可为农业发展提供充足的土地。巴西地处亚热带和热带，湿润多雨，水利资源丰富，亚马孙、圣弗朗西斯科和巴拉那 3 个主要的水源地，可保证农作物生长对水分的需求。巴西拥有丰富的土地资源、森林资源和海洋资源，国土面积为 851.49 万平方千米，其中 1/3 为平原地区，位居全球第五，耕地面积逾 1.8 亿公顷，农业用地面积为 7 670 万公顷①，占可耕土地的33.5%，优厚的自然资源环境赋予了巴西良好的农业生产禀赋，为巴西农业发展提供了较好的条件[54]。巴西人口约2.1亿人①，农业人口占全国人口的20%，是世界上最重要的农产品贸易国之一，作为世界第二大转基因作物种植国，转基因作物种植面积 5 130 万公顷②。同时，巴西的柑橘、冷冻浓缩橙汁、甘蔗和咖啡产量居世界第一。大豆、生物燃料产品、玉米、烟草、家禽、牛肉等在国际市场上也具有很强的竞争力，在短时间内成功解决了粮食安全的问题，取得了世界瞩目的成绩，成为国际农业科技舞台上一支重要的力量[55]，在农业生物技术、生物燃料等方面的科研水平处于国际领先地位，是世界上农、林、牧、渔各业全面发展的少数国家之一。

具体做法与经验：一是颁布法律和制订科技计划，为农业科技协同创新提供保障。20世纪90年代以来，巴西先后制定了《国家科技发展五年计划》《五年科技发展战略》《里约计划》《新千年研究所计划》《国家知识平台计划》，以及颁布了《科技进步法》等法律文件，优化科技力量和科技资源配置，加强原始性科技创新和战略性技术研究，缩短科研成果转化的周期，培育和提高企业自主创新能力，如巴西农牧业研究公司培育出 100 多个适合巴西自然资源和气候特点的大豆新品种，从而完全摆脱了对美国大豆品种的依赖[55]。二是充分利用国内国际两种资源，开展农业科技协同创新。1998 年发起“全球农业科技战略计划”，瞄准国际科技前沿，在中国、美国、法国、荷兰、非洲等不同类型国家和地区，建立联合实验室或联络办事处，有效协调利用国内国际两种资源，开展遗传资源、食品安全和纳米技术，以及农业经济、自然资源和食品技术、生物技术和环境与食品技术、动植物种质资源交换、农业可持续发展、生物防治、水果保鲜等方面的农业科技协同创新合作，如 2011 年 4 月在中国农业科学院建立了中国–巴西农业科学联合实验室[56]。三是鼓励科企结合，强调绩效评估。一方面完善风险投资机制和加大银行对农业发展的支持力度，积极吸收私营企业和私人资本，促进高科技向产业转化。另一方面巴西在国有科研机构中实施绩效评估机制，在科研经费和科研立项、人员聘用上赋予科研机构自主管理权，鼓励产学研相结合。四是加大农业科技立法，建立农业科技投入长效机制。巴西先后颁布了《创新法》《科技进步法》等法律文件，规定国家对科技的投入需保持每年 5%的增长率，为农业技术开发和市场化提供了法律依据，极大地促进了农业技术创新和生产率的提高，使巴西迅速走上了农业现代化的道路。五是建立多种不同模式类型的农

① 中华人民共和国外交部. 巴西国家概况. https://www.fmprc.gov.cn/web/gjhdq_676201/gj_676203/nmz_680924/1206_680974/1206x0_680976/，2020-09-06.

② 王子辰. 全球转基因作物种植面积持续增长. http://www.81.cn/gjzx/2019-09/02/content_9608468.htm，2020-02-06.

业合作社，推动生产、提供服务和实现供销一体化。一方面大力构建供销合作社、渔业合作社和农村电气化合作社等类型合作社，其中供销合作社主要为农民供应生产资料，提供生产技术、市场信息、经营管理咨询、技术培训及为农业提供农产品的分级分等、包装、仓储、运输、销售和出口等服务。渔业合作社主要致力于帮助渔民购置渔业机械设备等生产资料，发展渔产品的冷冻、加工、运输和销售，组织技术培训。农村电气化合作社则主要是帮助集资修建供电设施，负责管理农用电的收费和征税，推动地区性的经济开发，改善农民的生产和生活条件。另一方面农业部和各州都建立了支持合作化的机构，并出台了农业合作化政策和发展计划，推动农业合作社成为集农牧业产品生产、加工、仓储和贸易于一体的大型产业集团，形成农业科技协同创新产业链[57]。

十六、西班牙的农业科技协同创新

西班牙地处欧洲西南部的伊比利亚半岛，地处欧洲和非洲交界处，北濒比斯开湾，西邻葡萄牙，南隔直布罗陀海峡与非洲的摩洛哥相望，东部和东南部则靠近地中海，境内多山和高原，是欧洲多山地国家之一。西班牙的气候非常多样，内陆部分属典型的大陆性特征，北部和西北部是海洋性气候，南部及地中海沿岸地区属于干燥的地中海气候，正因为西班牙这种极具差异性的地理环境和气候状况，催生了西班牙丰富而多样的农业品种资源。西班牙国土面积为 50.6 万平方千米，总人口数为 4 710 万人①，其中农村人口数为 778.2 万人[58]。2019 年国内生产总值为 1.25 万亿欧元①，是世界中等发达国家。西班牙从 1974 年开始生态农业的种植，并在 2008 年成为欧洲有机农业种植面积最大的国家。西班牙作为欧洲传统的农业国，全国耕地面积 1 804 万公顷②，耕地面积占总面积的 40%，牧场草地占 23%，林地占 32%[59]。西班牙节水灌溉技术发达，共有 360 万公顷的灌溉土地②，占全部耕地的 20%，居欧洲国家第一位。在西班牙 50%的灌溉土地都有滴灌，节水效果非常明显，90%的柑橘采用滴灌方式，葡萄和橄榄树的滴灌面积也有近 1/3，使得这些作物在年降水 200 毫米的半干旱地区也能取得丰收。西班牙农业产值占国内生产总值的 3.7%②，种植业占农业生产总值的 50%左右，主要作物有谷物、棉花、水果和蔬菜。谷物占了一半的耕地面积，以小麦、大麦和玉米为主，其产值约占农业总产值的 1/6。棉花产量在欧盟中仅次于希腊，约占欧洲棉花总产量的 1/4②。水果和蔬菜是西班牙比较重要的作物，使其成为欧盟第一大果蔬输

① 中华人民共和国外交部. 西班牙国家概况. https://www.fmprc.gov.cn/web/gjhdq_676201/gj_676203/oz_678770/1206_679810/1206x0_679812/，2020-10-06.

② 中国县域现代农业发展高层会议暨国际农业科技交流会. 西班牙灌溉农业现代化. http://www.xyh.agriplan.cn/science/981600207.html，2020-02-06.

出国，在全球仅次于中国和美国，有“欧洲菜园”之称，西班牙是世界上最大的柑橘和橄榄油出口国，西班牙也被称为“橄榄王国”，是世界上第一个生产和出口橄榄的国家。西班牙蔬菜年产 1 200 万吨，是欧洲第二大生产国，主要生产洋葱、马铃薯、番茄、辣椒。此外，葡萄酒、猪肉等出口也位居世界前列，西班牙火腿享誉全球。西班牙畜牧业占农业总产值的 40%，是仅次于美国、澳大利亚的全球第三大牧草出口国和仅次于美国的第二大苜蓿出口国，目前是阿联酋苜蓿的第一大供应商。西班牙森林覆盖面积 1 500 多万公顷，约占国土总面积的 32%，主要树木为栓皮栎树。西班牙是欧盟中的渔业大国，也是世界远洋渔业强国，拥有欧盟中最大的渔船队，有捕捞船只 1.4 万多艘[58~60]。

具体做法与经验：一是营造欧洲最宽松的生物科技发展政策环境，为农业科技协同创新提供良好的外部环境。与欧洲其他国家相比，西班牙的政策环境相对宽松，是欧洲唯一允许转基因玉米商业化种植的国家，极大地激励了政府和农业企业投入、科学研究和产业发展的协同创新。二是政府建立公共技术平台，促进农业科技协同创新资源整合。通过建设国家蛋白组学研究所和国家生物信息学研究所等四大技术平台，有效地促进了生物科技资源的整合，提高了服务效率，进而加速了农业科技协同创新的发展[61]。三是大力发展农业社团组织，多层面为农业科技协同创新提供服务。例如，为大力发展生态农业，除中央政府成立了名为西班牙生态农业协调委员会的专门机构外，还在各自治区设立了相应机构，并先后建立了生态农业协会联盟、生态农业生产者与消费者合作协会、健康生命协会、西班牙生态农业协会、西班牙的生态农业教育中心等社团组织，多层面为农业科技协同创新提供服务。四是构建类型多样的农业合作社体系，有力地推动了农业科技协同创新。农业合作社在西班牙经济社会中占有重要地位，西班牙专门制定了《合作经济组织法》，构建了酸类水果种植合作社、农业与环境保护合作社、纯种子培植合作社、灌溉和地下用水合作社、农村金融合作社、产品仓储包装销售合作社、产品加工销售合作社等类型多样的农业合作社体系，在新技术推广、品种改良、质量认证、病虫害防治、栽培技术指导、出具原产地证书等方面有力地推动了农业科技协同创新[62]。

第二节　国内典型地区农业科技协同创新的做法与经验

顺应现代农业科技发展需要及国家战略要求，各地区积极进行全方位、多样化的农业科技协同创新实践，如组建代表国家水平的“现代农业装备与技术协同创新中心”，专家主要由农机行业的院士、长江学者、杰青、国家千人组成，比例分别为 75%、80%、100%、75%；实验室主要由国家重点学科及国家重点实验室、国家工程中心和教育部重点实验室、国家工程实验室组成，比例分别为 100%、60%、50%，主要来自浙江大学、江苏大学、中国农业大学、华南农业大学 4 所高校，中国农业机械化科学研究院、农业农村部南京农业机械化研究所 2 个研究所和中国一拖集团有限公司、雷沃重工股份有限公司 2 个行业名企；教育部首批认定的“小麦玉米周年高产高效生产协同创新中心”，由山东大学、河北农业大学、青岛农业大学 3 所农业大学，中国科学院和山东省农业科学院 2 家科研院所，山东省 2 家种业龙头企业组成；“江西省猪牛羊良种培育及高效扩繁 2011 协同创新中心”，则由江西农业大学牵头，中国农业大学和内蒙古大学 2 所高校和中国科学院昆明动物研究所、新疆农垦科学院 2 个科研院所及大型畜牧企业组成；“食品安全与营养协同创新中心”，由东北农业大学、江南大学、南京农业大学及科研院所组成；“中原经济区小麦—玉米高产高效协同创新中心”组建的目的在于从技术和人才层面，为中原经济区的粮食作物持续稳定增产和国家粮食战略工程顺利实施提供技术和人才支撑，主要由河南农业大学等 3 所大学及河南省农业农村厅、农业科学院和北京、河南 3 家种业企业组成；“北方现代化大农业国家级协同创新中心”，则是由东北农业大学通过“北菜南运”露地绿色蔬菜生产基地，与大庆市人民政府开展“五位一体”“政府+学校+企业+合作社+农户”“校地联动、团队挂职、覆盖乡镇、全面服务”的农业协同创新模式，为保障国家粮食安全和推动黑龙江省农业现代化发展，在全国高校率先建立支农创新模式，主动联合地方政府、行业企业、高等学校、科研院所，多方汇聚国内外优质资源，积极推动“政、产、学、研、用”的大联合、大协作农业科技协同创新[63]。此外，“玉米水稻小麦生物学协同创新中心”“农业高效用水协同创新中心”“生猪健康养殖协同创新中心”“大豆油菜棉花生物学协同创新中心”也相继成立，积极进行农业科技协同创新的实践与探索，其中具有代表性的典型地区农业科技协同创新机制主要有以下几种。

一、京津冀的农业科技协同创新

京津冀属华北平原旱作耕作区，具有暖温带大陆性气候，农业自然条件相似[64, 65]，京津冀地跨两个直辖市（北京、天津）和河北省 11 个地级市（保定、唐山、廊坊、沧州、石家庄、秦皇岛、承德、张家口、衡水、邢台、邯郸）和 2 个省直管市（定州和辛集）。河北省的农牧业和果蔬业、北京市的林业、天津市的渔业具有鲜明的产业优势。河北省劳动力资源、耕地资源、草地资源具有比较优势，是国家重要的蔬、果、粮、畜、禽、棉、油、鱼生产基地，有力地保障了京津两市农产品的主要供给，作为京津腹地承接着京津增长极所带来的极化和扩散作用，形成点与面的资源优势协同互补格局。然而，京津冀科技和经济条件发展的不均衡、水资源的短缺与竞争性利用、产业链升级缺乏统筹融合、产业集群的效应低下、产业集群效应偏低使得京津冀整体功能极大地被削弱。国家重大战略之一就是以协同发展促进京津冀优势互补，从而推动京津冀一体化及农业可持续发展[66]。2016 年 3 月 31 日，《京津冀现代农业协同发展规划（2016—2020 年）》的发布，标志着京津冀现代农业“目标同向、措施一体、优势互补、利益相连”协同发展宏伟蓝图的确立[67]。

具体做法与经验：一是组建农业科技协同创新共同体，由来自北京、天津和河北三地的农业科研院所、高等学校、涉农企业等20个创新主体，资源互补、协同创新，致力于破解制约京津冀农业发展的重大科学问题、重大技术瓶颈，并制定了推动区域农业产业发展的政策和制度，为推进京津冀区域农业科技创新和现代农业发展的宏观决策提供理论与技术支撑。二是科学制定创新联盟发展规划，颁布《京津冀农业科技创新联盟发展规划纲要（2017—2020 年）》，以科技计划引领农业产业协同创新联盟发展。三是深耕农业基础性研究，通过联盟自有资金投入，依托国家、地方各级科技项目，针对品种选育、设施农业、污染防治等多个领域开展基础性研究工作。四是推进农业科技创新成果转化，与域内多个地级市进行创新成果的对接工作，推动了多个农产品新品种和新技术的落地转化和应用，有效带动产量增产、农民增收和资源节约。五是多层次构建农业科技协同创新平台，从技术、信息、人才层面加大农业科技协同创新资源、知识资源的流动与创造，提高联盟内部资源利用效率与效用。

二、长江中游城市群的农业科技协同创新

长江中游城市群是特大型城市群，是我国区域经济第四增长极，以武汉城市圈、环长株潭城市群、环鄱阳湖城市群为主体，包括湖北、湖南、江西、安徽 4 省，以武汉、长沙、南昌、合肥为核心，包括 31 个地市，面积约 31.7 万平方千米，“中游畅则长江畅，中部活则全国活”，区位和交通条件优越，交通基础良好，为全国高速公路最密集的地区之一。2015 年 4 月被批复的《长江中游城市群发展规划》是国家批复的第一个跨区域城市群规划。长江中游城市群各城市积极开展区域合作，政府层面签订了《加快构建长江中游城市集群战略合作框架协议》，联袂在海南博鳌亚洲论坛上与国际政要、知名企业家及学者共谋区域协同发展良策及共话长江中游城市群发展战略，首届会商会议上签署了《长江中游城市群暨长沙、合肥、南昌、武汉战略合作框架协议》[68]，先后共有农业、科技、教育等 15 个部门签署了省际各部门间合作协议及机制。长江中游城市群属于亚热

带季风气候，雨热同期，雨水充沛，河网密集且富集水源，河湖交错，以洞庭湖、鄱阳湖和洪湖等为代表的湖泊、河库星罗棋布，具有良好的农业自然资源发展条件，是最大的稻谷高产区和棉花单产区，南方四大家鱼的养殖基地和全国现代农业产业基地及重要创新基地。区域农业经济发展的绝对差异和相对差异逐渐扩大，具有“核心-边缘”特征和“西北至东南逐渐降低的阶梯状”的空间格局[69]。2012 年 5 月签订《湘鄂赣三省农业合作协议》，开启了长江中游农业带产业、市场、技术、信息、防疫、资源保护等方面的协同发展[70]，为进一步推进国家和长江中游现代农业发展提供强有力的技术支撑，武汉、合肥、南昌和长沙四地农业科研院所发起成立长江中游城市群农业科技创新战略联盟，开展农业科技协同创新。

具体做法与经验：一是联合攻关区域农业重大科技命题，针对长江中游城市农业发展实际，以市场需求为导向，集合联盟各成员优势，对一批重大农业科技项目开展研究，力求实现突破和创新。二是共同推进农业科技成果集成示范与应用，选择若干示范基地，加快推进已有农业技术的运用与推广，结合不同地域实践经验，改进和提升现有生产技术的适应性，提高农业科技创新成果转化率。三是联合开展科技成果奖励申报、人才培养和学科建设等，实现农业科技资源的信息共享。四是组建专家智库团队，深入沟通交流，整合智力资本，为政府制定农业领域政策提出资政建议，服务政府决策。五是通过联盟成员单位，广泛吸纳涉农企业、农业科研院所及农业推广部门进入联盟，实现协同创新联盟可持续发展。

三、东北地区的农业科技协同创新

东北地区是一个相对完整的自然地理单元和经济地域系统，自然、经济、社会、生态环境的差异性，使得全区农业发展条件及农业的可持续发展态势迥异，主要包括辽宁、吉林、黑龙江三省和内蒙古东部四市（盟），全区耕地面积可达 2 521.57 万公顷，人均耕地为全国人均水平的两倍多，区际粮食商品率和商品量、人均商品量均居全国首位，作为我国农业基地具有战略地位[71]，对持续有效供应粮食、保证国家粮食安全具有重要意义。我国是农业生产大国，拥有丰富的农作物秸秆资源，秸秆是一种资源型农业废弃物，开发利用价值极大，然而在东北地区，玉米、大豆、水稻是其主要粮食作物，玉米秸秆的普遍处理方式是弃置和焚烧，造成环境污染，破坏生态平衡，引发火灾等不良后果，使得玉米秸秆的再生利用问题成为东北农业生物技术发展重要瓶颈之一。为破解东北玉米秸秆资源化利用瓶颈，促进农业可持续发展，东北地区开展了玉米秸秆农业科技协同创新。

具体做法与经验：一是坚持需求和问题导向，以实现农业增效、农民增收为总目标，由国家农业科技创新联盟主导顶层设计，整合优化东北农业玉米秸秆科研布局。二是组建由吉林省农业科学院、辽宁省农业科学院、黑龙江省农业科学院、内蒙古自治区农牧业科学院、黑龙江农垦科学院组成的玉米秸秆农业科技协同创新联盟。三是突出区域特色，分工协作，开展玉米秸秆前沿基础性、共性与关键技术研发，重视技术体系集成方面的联合攻关。四是区域联动，构建玉米秸秆资源化利用技术推广体系，形成多元利用并存的玉米秸秆综合利用格局。

四、河南省的农业科技协同创新

我国是畜牧业生产世界大国，我国畜牧业正由传统生产向现代生产转型，呈现养殖标准规模化不断提高、良种繁育供应能力明显增强、畜牧业产业带优势明显、畜牧业内部结构逐步优化、畜产品集中程度稳步提升、草食畜牧业加速发展等新趋势[72]，对畜禽良种与动物福利保护科学饲养、各类疫病预防与控制、上下游供应链开发与市场运作、信息共享与流动及人才保障等提出了新要求。河南省是我国畜牧业大省，是中原经济的核心区，其禽蛋、肉类产量分别居全国第一、二位，奶类产量居全国第四位，而牛、生猪、家禽的年出栏量分别稳居全国前三位。为实现中原新型现代化农业先行区战略目标，保障社会公共卫生安全和动物性食品安全，河南省开展了现代畜牧业农业科技协同创新。

具体做法与经验：一是建立畜牧业农业科技协同创新的组织管理架构。在河南省教育主管部门主导下，由河南农业大学牵头，成立现代畜牧业河南省协同创新中心，由中心管理委员会负责运营管理及重大事项决策，各联盟单位按目标承担相应任务，并通过由管理委员会授权的办公室，负责协调中心与各协同体相关事务，保证中心各项工作有序进行。二是建立评价激励机制，明确职责分工，实行目标管理，激发协同创新积极性。中心分为种质资源创新与利用、安全健康高效生产技术、重大疫病防控、产品安全评价 4 个畜禽分中心和 3 个基地（生猪家禽健康高效养殖示范基地、奶牛健康高效养殖示范基地和新型高效兽用生物制品研发与示范基地等），实行“管理委员会+中心主任+基地主任+基地骨干岗位专家”的四级组织管理体制，并以最终产生的经济或社会效益为依据，建立“任务+考核+奖励”的激励机制，实行目标管理，保证明确职责分工，激发协同创新积极性。三是依托重大研究项目国家计划，组建农业科技协同创新战略联盟，开展协同攻关。协同中心以河南农业大学牧医工程学院为依托，成立了由畜牧兽医行业领域相关专业教学机构和龙头企业组成的“2011 协同创新河南兴牧科教联盟”，利用学科专业教育、人才培养、科研及信息资源建立畜牧业农业科技协同创新信息网络。四是派驻企业科技特派员，建立产学研示范基地，推动技术链与产业链双向融合。实施企业科技特派员行动计划，以示范基地为载体，密切关注企业发展需要，加强高校与企业人才和技术对接，促进成果转化及产业化。

五、台湾的农业科技协同创新

台湾位于亚热带地区，属典型的海岛经济，市场容量有限，总人口 2 300 余万人，其所拥有的亚热带型气候，使得常年雨量充沛，年降水量为 1 600~2 300 毫米，在 3.6 万平方千米的面积中耕地面积为 1 290 万亩（1 亩≈666.67 平方米），高山和丘陵占岛内面积的 2/3 以上，而耕地主要集中于平原，土地面积的 1/4 约为农耕面积，农业人口 400 多万，其中农户 78 万户[73, 74]。第二次世界大战以后，台湾农业迅速发展，农业现代化水平不断提升，而且农业现代化的模式与欧美不同，农民并未划分为农业资本家和农村雇用劳动者，而是长期维持新型家庭小农经营制度，这不但成为高速经济增长的基础，而且成为一种社会规范和行为约束形式、一种历史文化现象[75]。截至 2017 年，台湾农林牧渔业总产值已达约 195.99 亿美元①，形成独具特色的“三生农业”（精致农业、休闲农业、生态农业）发展模式，农业技术与现代化水平在全球已有相当的影响[76]，科学技术贡献率高达 60%以上。其农业主要包括种植业、畜牧业、渔业与林业四大部门，种植业以粮油作物和经济作物为主，粮油作物以稻米的生产和加工为主，水稻一年两到三熟，而经济作物则以水果、蔬菜为主。农业外向度高达 40%以上，出口产品逐步从以糖、米、香蕉等初级产品为主，转变为以渔、畜产品与新兴园艺作物及深加工、精加工为主。农业现代化水平高，如各种农作物的播、插、收割、脱粒、干燥等机械化程度达 90%以上，并形成灵敏的市场信息和销售网络，在龙头企业、基地、农户之间形成产供销一条龙服务体系，增强市场竞争力和发展后劲。

具体做法与经验：一是具有层次分明的农业科技协同创新决策体系。其中，研究和协调科学发展工作主要由“科学委员会”负责，制定科技发展策略及评估主要由“行政院科技顾问组”负责，而农业科技发展问题则由“科技顾问组”研究讨论并提出建议，由“农业委员会”制订具体计划，颁布政策，并提供经费。二是具有结构合理、力量集中的农业科技协同创新研发与推广体系。“科学委员会”和“农业委员会”负责资助农业基础理论研究和农业科技应用研究及推广，其中，“科学委员会”的“中央研究院”和大专院校则主要从事学术、技术及基础研究，并培养农业科学研究、教育和管理的高级人才，而“农业委员会”所属试验研究机构进行农业应用技术的开发和研究及推广试验[77]。三是具有高投入、针对性和实用性强的农业科技协同创新科技投入保障体系。1985 年台湾农业科技

---

① 资料来源：《台湾统计年鉴 2018》。

研究开发投入占地区生产总值比例首次突破 1%[78]（1985 年台湾地区生产总值 634.23 亿美元），投入的领域涵盖生物多样性、园艺学、土壤、植物保护、农艺学、农械、森林及水土保持、渔业、畜牧兽医等多领域，以及涉及农业政策、生产、生态、加工、信息等方面，与市场和生产紧密联系，且针对性和实用性强，研究成果易于为农户所接受，推广效果好，能够增加科研部门的直接收益。四是具有覆盖农业经营全过程的农业科技协同创新信息化体系。建立了“市场情报服务查询系统及数据库”“农产品交易行情系统及数据库”“农产品贸易查询系统及贸易情报数据库”“农情报告操作系统”“农产品物价查报系统”“农产品生产成本调查系统”“稻米生产量及面积调查”“稻米粮价及小包装价格调查系统”等，涉及市场行情、生产与销售资料、农业资材与农产贸易等产销情报信息的农业科技协同创新信息化体系。五是具有灵活高效的农业科技协同创新农民政策性组织[79]。农会是台湾分布最广、影响最大、最为完善、功能最为齐全、运行非常规范的农民组织，它是农业者的公会，以专业农民为主要会员，兼具农政（农业行政）、农事（农业事业运营）、农推（农民教育推广）三大功能，下设农业推广、农业信用、农业运销机构，以“农有、农治、农享”为理念，以“保障农民权益、提高农民知识技能、促进农业现代化、增加生产收益、改善农民生活、发展农村经济”为宗旨，并颁布“农会法”，从政治、经济、教育和社会四个方面规定了农会的 21 项任务，台湾 99%的农户以家庭为单位加入农会成为会员，并与台湾当局办的农业实验所和农业改良场、大专院校的农业推广系科形成台湾农业推广体系的组织联盟，形成保障新技术研发、中间试验、大批推广的农业协同创新机制。六是具有标准化的农业科技协同创新产品质量认证体系。台湾颁布了“农产品生产及验证管理法”，对优良的农产品认（验）证、有机农产品与农产品加工品管理、农产品产销履历管理进行规范，并相继发布了“农产品生产及验证管理法施行细则”“进口有机农产品管理方法”“农产品产销履历管理办法”“优良农产品验证管理办法”“农产品检查及检验办法”“检举违反农产品生产及验证管理法案件奖励办法”等 10 个相关文件，打造了标准化的农业科技协同创新产品质量认证体系。七是具有较完备的农业科技协同创新科技成果管理及评鉴制度。台湾行政管理机构“农业委员会”在 2001 年 9 月发布了“行政管理机构农业委员会科学技术研究发展成果归属及运用办法”，还从农业研发的成果管理制度评鉴、产学研合作及研究成果收入分配等方面对制度进行修订，做了更明确的规定，为研究成果的管理与运用提供了有效的保障。此外，建立了针对接受“农业委员会”补助或委托的科技计划执行单位所完成的研发成果的评鉴制度，从研发成果管理制度、技术转移制度、研发成果及会计稽核制度与敏感科技安全管制制度等方面对项目予以评鉴。八是具有对农业科技协同创新知识产权进行保护的专门机构。台湾高度重视农业科技协同创新科技成果和知识产权的保护，成立“农业智慧财产审议委员会”，通过该委员会的有效运作，不但保护了农业科技成果知识产权，而且使技术转让收入迅速增长。

六、山东省的农业科技协同创新

山东省位于我国黄河入海口的华北和华东的交界处，东部濒临黄海和渤海，雨水充沛，资源丰富，土地垦殖率高，地理位置和气候条件优越，是我国重要的农业大省之一。同时山东作为我国重要的粮食主产省，从农业总产值、粮食总产量、耕地率、农业增长量来看，在全国均名列前茅[80]，其中小麦、玉米和地瓜是山东三大主要粮食作物，产量高且质量好，粮食产量基本上呈逐年递增趋势，巩固了山东农业大省的地位，为山东省经济发展提供了坚实的物质保障[81]。2017年，山东第一产业增加值为 4 876.7 亿元，位列全国第一；粮食产量位列全国第三，肉蛋奶、水产品、蔬菜和水果产量均位列全国第一[82]；“蔬菜之乡”山东寿光涌现出了“中国韭菜第一乡”“中国胡萝卜第一镇”“中国香瓜第一镇”等专业镇村 587 个[83]。数据表明，农业科技是助推山东寿光成为我国最大的蔬菜生产基地的强大支撑，其中农业科技协同创新是关键。

具体做法与经验：一是组建山东寿光蔬菜高科技示范园，发展规模核心区1 万亩，示范区 2.5 万亩，辐射区 35 万亩，具有生物工程种苗开发、蔬菜标准化生产、蔬菜加工销售、科技培训及会展信息服务等综合功能[84]，并先后被批准成为国家农业科技园区试点单位、山东省农业科技示范园区建设单位、山东省蔬菜工程技术研究中心、山东省蔬菜工厂化育苗中心、山东农业大学博士生实践基地、山东省无农药残毒放心菜生产基地。二是政府主导，一方面与中国农业大学共同成立蔬菜研究院，加大蔬菜良种科技研发，通过持续科技投入与刻苦攻关，获得了拥有自主知识产权、品质优良的种子，使寿光成为设施蔬菜良种基地。另一方面与中国农业科学院、山东农业大学等46家省级以上科研单位和院校合作，成立山东省蔬菜工程技术研究中心等机构，致力于育种、栽培、植保、设施等新品种的研发，开展新技术、新品种和新种植模式推广[85]。三是高起点引进瑞士先正达种子公司、荷兰瑞克斯旺种苗集团公司、以色列海泽拉优质种子公司、中国种子集团有限公司、荷兰德奥特种业集团公司、美国优马生物技术公司、以色列泽文种子有限公司、国家蔬菜工程技术研究中心等国内外知名蔬菜种业集团进入园区，形成农业科技协同创新“绿洲效应”。四是积极推进土地流转制度改革，并鼓励中介组织和工商企业采取租赁土地、合同订购、系列服务、价格保护、利润分成、股份合作等多种方式与基地农民形成利益均沾、风险共担的利益共同体，建立让农业投资者、企业经营者、农户和土地所有者及社会各得其所、利益共享的农业科技协同创新机制，并以项目带动学习、政策引导、科技培训，激励农业技术人员及农民参与整个农业产业化过程，协同创新。五是持续稳定加大政府科技研发投入，市财政每年投入示范园区建设专项资金不少于 1 000 万元，并全方位构建了外商投资园、科技部门、金融部门、农业企业和社会五位一体的农业科技协同创新投融资体系，为农业科技协同创新提供了有力的资金保障。六是构建紧密型蔬菜生产合作经营组织，通过由生物工程种苗公司、特菜生产基地公司、会展信息公司、加工销售公司 4 个分公司和 7 个村组成的山东寿光欧亚特菜有限公司为载体，实行“公司+基地+农户”的产业运作机制，打造蔬菜农业科技协同创新产业链。七是将农业科技园办成集高新技术引进、示范、开发于一体的生产、加工与出口创汇相结合的经济实体，对农户进行技术指导，对产品进行统一检测、统一收购、统一包装、统一销售，实现一体化经营[85]。

七、福建省的农业科技协同创新

福建省地处中国东南部、东海之滨，是中国重要的出海口，也是中国与世界交往的重要窗口和基地。福建境内峰岭耸峙，丘陵连绵，河谷、盆地穿插其间，地势总体上西北高东南低，横断面略呈马鞍形，以山地、丘陵为主，其面积占全省总面积的 80%以上，农业用地特别是耕地比重小，仅占总土地面积的 10.64%，而且沿海地区耕地甚缺，后备资源有限，素有“八山一水一分田”之称，农业生产垂直分异甚为明显，“立体农业”特点鲜明，武夷山大红袍、安溪铁观音、福州茉莉花茶、连城地瓜干等皆为福建省的农产品区域品牌。福建与台湾仅一水之隔，一衣带水，血缘、亲缘、地缘、商缘、法缘的“五缘”关系源远流长。20 世纪 80 年代以来，闽台两地凭借着“五缘优势”，开展了密切的贸易往来，尤其农业科技协同创新相关领域合作深入，分别围绕茶叶、花卉、水果、苗木、渔业、蔬菜和农产品加工及休闲农业等领域，先后创建了漳浦、漳平、仙游、清流、福清、惠安 6 个国家级台湾农民创业园。在科技服务中心、企业孵化中心、闽台商业会展中心等相关配套设施的支持下，园区企业间在研发、管理、销售、服务等领域开展协同与合作，6 个国家级台湾农民创业园已成为闽台生态农业科技协同发展的重要载体[86]，而且各具特色，如漳浦台创园以花、果、菜产业为特色，农业科技协同创新重点发展农业生产、保鲜、商品化处理和加工等；漳平台创园利用闽台农业合作机遇，得到国台办、农业农村部和福建省委省政府及龙岩市委市政府的长期支持，当地政府负责基础设施建设，台商引入茶叶、花卉、蔬菜种植标准化技术，形成茶叶、花卉、蔬菜三大特色；仙游台创园以日本甜柿为特色，农业科技协同创新致力于发展优质甜柿等种植、培育等农业科技；清流台创园以林业苗木、养殖为特色，农业科技协同创新致力于发展水产养殖、花卉栽培、农林产品深加工等；福清台创园以名优果树产业为特色，农业科技协同创新致力于重点开展台湾优良蔬果品种推广和台湾农业技术的交流、培训；惠安台创园重点发展现代渔业产业，农业科技协同创新致力于海产品良种繁育及养殖等，总体成效显著，2018 年闽台农产品贸易总额超过 21.2 亿元，同比增长 12.8%[87~90]。

具体做法与经验：一是加大闽台农业科技协同创新的政策支持力度。为全面落实国务院台湾事务办公室、国家发展和改革委员会印发的 31 条惠台措施，促进闽台农业科技协同创新，福建各级政府先后发布了 66 条惠台措施及《福建省促进闽台农业合作条例》《福建省产业技术创新战略联盟构建实施方案》《福建省人民政府关于加快台湾农民创业园建设的若干意见》《关于加快清流台湾农民创业园建设的实施意见》等政策，并成立福建产学研协调领导小组[91，92]。二是构建促进闽台农业科技协同创新的外部环境。通过组建台商联谊会，结为闽台友好乡镇，定期组织中华农耕、客家联谊、探亲祭祖互通活动，互派师资培训专项农业产业技术，实行重点台资企业挂钩帮扶制度，组织“党员服务台商零距离”活动和“台胞连心警务室”司法帮扶等，多渠道构建农业科技协同创新的文化沟通机制、技术交流学习机制、友好协作机制。三是基于顶层设计构建农业产业技术联盟。例如，组建海西食用菌加工产业技术创新重点战略联盟、福建省竹纤维产业技术创新战略联盟、福建省茶产业技术创新战略联盟、福建省饲料产业技术创新战略联盟、福建省花卉产业技术创新战略联盟、福建省生猪健康养殖技术创新重点战略联盟等。四是实施科技型农业科技协同创新龙头企业培育计划。通过培育福建省农业产业化国家重点龙头企业，激发农业企业农业科技协同创新积极性，培育农业科技协同创新主体。五是建立标准化农业科技协同创新产业化模式，实现农业品牌化发展。统一实行标准化生产、分级包装、统一行销，采取“公司+农户”“公司+基地+农户”的农业产业化模式，推动农业产业品牌化发展。

八、江西省的农业科技协同创新

江西省位于长江以南，纬度较低，属亚热带季风湿润气候，四季分明且天气复杂多变。常态地貌类型以山地、丘陵为主，三面环山，山地占全省面积的 36%，丘陵占 42%，耕地资源不丰富，耕地面积在全国排名 21 位，占全国耕地面积的 2.3%。抚州市东乡区的野生稻为近代水稻始祖，是我国分布最北的野生稻。南昌金荞麦、鄱阳湖莼菜、彭泽中华水韭、宜黄水蕨、赣南野生茶、九江野生莲均为国内珍稀物种①。江西初步形成了粮食、蔬菜、柑橘、茶叶、油料、生猪、猕猴桃、水禽、大宗淡水鱼、特种水产十大主导产业和特色产业[93]。江西作为传

① 江西省人民政府. http://www.jiangxi.gov.cn/col/col472/index.html.

统农业大省，是我国重要产粮区和水果等经济林木种植区，是全国唯一的“全国绿色有机农产品示范基地试点省”，粮食生产在全国具有举足轻重的地位，每年向国家调出 50 亿千克商品粮，生产的粮食占全国的 3.6%，是全国从未间断向国家贡献粮食的两个省份之一（另一个是吉林省）[94]。

具体做法与经验：一是大力开展农业科技协同创新的现代农业示范区建设。江西省已申报南昌县等 11 个国家级现代农业示范区，同时认定了奉新县等 68 个县（市、区）为省级现代农业示范区[95, 96]，创建一批发展观念超前、农业设施完善、科技发展水平先进、经营管理方式创新、新型农民培养效果显著的现代农业发展的典范，打造了农业科技协同创新的载体，2016 年江西省省级及以上园区的农业增加值为 1 560 亿元，占全省农业增加值的 83%。相比于 2013 年，农业增加值提高了 21%，占比增加了 6%。同时，全省园区解决了 106 万人的就业问题，农村居民人均可支配收入达到 1.35 万元[97]。二是完善农业科技协同创新农业技术推广体系建设。通过开展“课堂式培训、跟班式培训、上门式培训”，构建了“专家—技术员—示范户”一体化的农业科技协同创新农业技术推广模式[98]。三是打造以龙头企业为主体的农业科技协同产业化经营体系。大力推行“龙头企业+合作社+基地+农户”的经营模式，培育省级及以上龙头企业 360 家、农民合作社 6 200 家、家庭农场 5 800 家。四是优化农业科技协同创新发展环境。一方面“顶层设计、部门沟通、上下结合”，建立农业科技协同创新工作机制。另一方面先后出台了《江西省农业科技成果转化资金示范项目认定管理暂行办法》《江西省星火科技富民示范企业（基地）认定管理暂行办法》等一系列政策措施和规划，规范完善农业科技工作制度与办事程序，提升农业科技协同创新服务效能。此外，遵循“政府搭台、成果保障、市场运作、专家支持”原则，完成了“12396 农村客户服务平台”“专家管理系统”“远程视频专家咨询与教学系统”等研发和应用，建立了包括省级管理中心站、区域中心站、龙头企业站、标准站四级网络的农业科技信息服务体系[98]。五是以“重大科技专项”为载体构建农业科技协同创新联盟。采取“高校与科研机构+企业+基地”的产学研联合机制，实施由江西农业大学等水稻种业技术创新联盟承担的“水稻种质资源开发及超级稻创制”重大科技专项，开展江西特有水稻种质资源中有利基因的发掘、定位及育种利用研究。六是加大关键共性技术研究，以农业科技协同创新延伸上下游产业链。围绕绿色食品产业链关键环节所需的核心技术，开展关键共性技术研究，以农业科技协同创新延伸上下游产业链。例如，重大科技创新项目“江西双季超级稻新品种选育研究”，选育的超级稻等水稻新品种累计推广面积 4 094 万亩，新增效益 37.72 亿元。

九、湖北省的农业科技协同创新

湖北省位于我国中部，素有“鱼米之乡”之称，农业资源优势明显，是我国重要的商品粮、棉、油生产基地和全国最大的淡水产品生产基地，拥有粮食、棉花、油料、蔬菜、家畜、家禽、水产、果树、林业、茶叶、食用菌、魔芋等特色农业产业，其中棉花、油菜居全国前列[99]。作为“千湖之省”，地处亚热带，位于典型的季风区内，全省除高山地区外，大部分为亚热带季风性湿润气候，光能充足，热量丰富，无霜期长，降水充沛，雨热同季。东邻安徽，南界江西、湖南，西连重庆，西北与陕西接壤，北与河南毗邻。全省地势大致为东、西、北三面环山，中间低平，略呈向南敞开的不完整盆地，地貌类型丰富多样，山地、丘陵、平原兼具，其中山地占 56%，丘陵占 24%，平原湖区占 20%①。

具体做法与经验：一是保证农业科技协同创新制度供给。出台了《湖北省推进农业科技创新体系建设行动计划》等政策制度，满足农业科技协同创新制度需求[100]。二是夯实农业科技协同创新的科研优势。湖北省作为我国中部地区重要的农业科技创新基地，拥有近 70 家农业科研及教学机构，30 多个国家省级重点实验室、工程技术研究中心等涉农科技创新平台，5 000 多名农业科技创新人才，其中涉农的中国工程院和中国科学院院士达 11 人，农业科研基地的数量和研究领域的覆盖面在全国位居前列，优质油菜、三元杂交猪、两系杂交稻、生物农药、胚胎移植、生猪、淡水渔业等方面的研究已达到国内先进水平，部分领域国际领先，具有农业科技协同创新坚实的科研基础[101]。三是强化龙头企业农业科技协同创新的主体地位。针对粮、棉、油、猪、林木、茶叶、食用菌等特色农业产业，打造了福娃集团有限公司、湖北国宝桥米有限公司、益海嘉里集团、湖北神丹健康食品有限公司、湖北银丰棉花股份有限公司、湖北莱克水产食品股份有限公司、稻花香集团等几十亿元和过百亿元的大中型农业龙头企业，且龙头企业高度重视科技创新对产品品质的提升及产业链的拓展与延伸，均建立了研发中心，新技术、新工艺的不断涌现，使龙头企业农业科技协同创新的主体地位不断强化[102]。四是着力构建农业科技协同创新信息化体系。一方面构建湖北省农业机械化信息网、湖北农村网、湖北乐农网、湖北智慧农村网、华中网上技术转移服务平台（科惠网）等专业化农业信息平台，另一方面组建一支快捷高效的农业信息联络员队伍，建立了严格规范的信息报送制度，积累了农业生产、农产品供求、行情、农业法律法规、农业技术等资源丰富的农业信息数据库，为实现湖北农业科技协同创新提供了强有力的信息支持[103]。五是规模建设区域性农业科技协同创新平台。湖北省 17 个市州、102 个县市区及各级产业园区建立了技

① 湖北省人民政府. http://www.hubei.gov.cn/2018/local/.

术转移服务分中心或工作站，获批国家技术转移示范机构 20 家，建立省级技术转移示范机构 35 家，创新驿站区域站点 1 家、基层站点 4 家，并在黄石、安陆开展“产学研合作示范市（县）”试点。其中，荆门市正在加快建设“中国农谷”，特别是以湖北省农业科技创新中心为代表部分农业科技创新园区的加速建设，标志着区域性农业科技协同创新平台基本建成[104]。

十、广东省的农业科技协同创新

广东省地处中国大陆最南部，自东至西依次与福建省、江西省、湖南省、广西壮族自治区接壤；毗邻香港、澳门特别行政区；西南端隔琼州海峡与海南省相望，大陆海岸线长 4 114.3 千米，居全国首位，其地貌类型复杂多样，有山地、丘陵、台地和平原，其面积分别占全省土地总面积的 33.7%、24.9%、14.2%和 21.7%，河流和湖泊等只占全省土地总面积的 5.5%。广东省属于东亚季风区，从北向南分别为中亚热带、南亚热带和热带气候，是全国光、热和水资源较丰富的地区，且雨热同季。香蕉、荔枝、龙眼和菠萝是岭南四大名果，经济价值可观①。“十二五”以来，广东农业现代化取得了长足发展，成为现代农业大省，以占全国约 2%的耕地产出了约占全国 6%的农业产值和 10%的农业增加值。2012~2016 年，第一产业劳动力占比由 23.8%下降至 21.7%，超过了世界平均水平。2016 年末，育成农作物优良新品种 203 个，双季超级杂交稻以每 667 平方米产量 1 537.78 千克的年单产量刷新了世界纪录，且通过国家审定的畜禽新品种配套系 31 个，数量全国第一，2016 年全省农业科技进步贡献率为 65%，居全国第 2 位[105]。

具体做法与经验：一是科学战略规划推动农业科技协同创新发展。成立广东农村科技发展战略研究所，涉及农学、农产品加工、植物保护、水生生物学、生态学、动物病毒学、农业经济、农业科技管理等领域，聘请一批高层次的农村科技发展战略专家，构建具有广东特色和优势的全省农村科技协同创新发展战略研究网络，并启动广东农业科技竞争力和市级农业科技创新能力研究等相关研究，形成了《广东省农业科技管理政策法规选编》《广东省农业科技发展战略和规划选编》《广东省农村科技发展回顾与展望》《广东省农业科技竞争力研究》《广东市级农业科技创新能力研究》《广东都市农业科技发展战略》《荔枝产业技术发展研究》《广东贝类加工业现状与发展战略》《广东禽业产业升级与技术发展对策研究》等系列研究成果，为广东省农业科技协同创新明确了方向[106]。二是组建高水平农业科技协同创新联盟。在全国率先组建了基本覆盖全省涉农科研教

① 广东省人民政府. http://www.gd.gov.cn/zjgd/sqgk/zrdl/index.html.

学、企业、协会的省级农业科技协同创新联盟，建立了20个省级现代农业产业技术创新团队，整合优势资源开展重大科研攻关和技术模式创新，中国农业科技华南创新中心成为国内一流的农业科技创新中心，畜禽育种国家重点实验室是我国畜禽育种领域唯一的国家重点实验室，在全国省级农业科研机构综合实力前50名中，广东占了10名。三是构建农业科技协同创新优良的发展环境。一方面加大农业科技投入，每年在现代农业发展领域的产学研科技投入超过 2 亿元。另一方面加快农业科技协同创新信息化建设，着力加快“互联网+”现代农业、国家信息进村入户试点省工作，基本建成“一网、一图、一库、一平台”省农业综合信息化管理系统，建立 1 640 个省级“惠农信息站”，行政村基本实现 4G 网络覆盖。此外，加大“三农”人才培养力度，实施“扬帆计划”和“全民技能提升储备计划”等，开展各类职业技能培训 1 121 万人次，培育新型职业农民 1.7 万人，农业人才队伍结构整体呈现出年轻化、高学历化、高职称化趋势，农业科技人才中 45 岁以下占 70%以上。四是实施专项计划推动农业科技协同创新。一方面实施城镇技术集成应用试点计划，以技术集成应用为切入点，推动农业科技协同创新技术融合进程。另一方面实施农业科技示范基地建设计划，加快先进、实用的农业科技成果转化，培育具有广东地域、资源及技术特点的农业科技协同创新企业，加速农业向产业化、国际化迈进。此外，启动“田园专家服务计划”，从工作目标、管理方法、组织形式等方面创新工作机制，加速农业科技协同创新成果推广与应用。五是大力培育新型农业科技协同创新经营主体。截至 2016 年，全省农业龙头企业、农民合作社分别达 3 501 家（其中省重点农业龙头企业 709 家，43 家上市企业）、4.15 万家，培育家庭农场 1.33 万家，出口创汇 34.1 亿美元，跨境投资 1.03 亿美元，国内跨省投资 51.3 亿元，省内跨市投资 7.55 亿元。六是着力打造农业科技协同创新全产业链[105]。实施农业产业链推进专项计划，综合考虑整个产业链的自主创新环节，选择广东省特色和优势农业产品，开展前沿技术、共性技术及关键技术的研发、技术引进与消化吸收、技术集成与示范应用活动，整合大学、研究机构、农业协会、农业龙头企业的力量，发挥科技创新的协同效应，从而延长农业产业链、提升价值链，带动农业产业的整体发展。

十一、江苏省的农业科技协同创新

江苏省位于中国大陆东部沿海，地跨长江、淮河南北，辖江临海，扼淮控湖，经济繁荣，教育发达，文化昌盛，与上海市、浙江省、安徽省、山东省接壤，拥有吴、金陵、淮扬、中原四大多元文化及地域特征。其与上海、浙江共同构筑的长江三角洲城市群已成为 6 大世界级城市群之一，江苏人均国内生产总值、地区发展与民生指数（development and life index，DLI）均居全国省域第一，已步入“中上等”发达国家水平。此外，江苏因地处中国东部，地理上跨越南北，气候及植被亦兼具南方和北方特征。全省耕地面积 6 870 万亩，人均耕地 0.86 亩，地处南北气候过渡地带，生态类型多样，农业生产条件得天独厚，素有“鱼米之乡”的美誉，作为全国 13 个粮食主产省之一，尽管耕地面积仅 6 870 万亩，占全国的 3.85%，但其是南方最大的粳稻生产省份，也是全国优质弱筋小麦生产优势区。近些年，农业产业结构不断优化，绿色农业、智慧农业、订单农业等现代农业加快发展，全省高效设施农业面积占比达 19.6%，高标准农田占比达 61%。全省有效灌溉面积达 418 万公顷，新增有效灌溉面积 4.8 万公顷，新增节水灌溉面积 15.3 万公顷。2018 年末，农业机械总动力 5 042 万千瓦，农业综合机械化水平达 84%，农业科技进步贡献率提高到 68%①。

具体做法与经验：一是瞄准农业优势特色产业关键共性技术实施农业科技协同创新。例如，研发了生物农药、动物疫苗、生物肥料等新型生物制剂，攻关了高产多抗广适粮食作物品种选育、盐土农业、设施种养和智能化农业新型装备、农业滩涂资源生态开发技术及秸秆等农副产品综合利用、农产品精深加工等关键技术，攻克了一批能有力促进高效、优质、生态、安全的现代农业产业发展的关键技术。这些成果的成功研发与攻克，对农业科技协同创新起到典型示范作用。二是创新农业科技与服务推广模式。为整合资源，集成优势，为农民增收致富提供便捷、实效、长效的科技服务，构建了总店、分店、便利店三级体系的“科技服务超市”，实现了集专家团队现场服务、电话咨询及“网上总店”于一体的、将日常服务与集中活动相结合的农业科技协同创新科技服务“三农”的新模式，为农业产业化经营和区域经济发展提供更有力的科技支撑[107, 108]。三是大力推进农业科技协同信息化建设。一方面在全国率先实现“村村通宽带”，构建了一个乡镇建一个信息点、构建一个信息库、打造一个特色品牌栏目的农业信息服务体系。另一方面形成了功能互补、优势专长的农业政务、商务、科技网络体系，如江苏农业网和农业政务网站以公告发布、政策宣传、项目申报、科技推广、经验交流为主要功能[109]。四是加大农业科技协同创新政策供给力度。一方面全面推进科研体制改革，开展科研院所事企分离改革，形成以市场需求为导向、以知识产权权益为纽带的科研事业单位与科技企业新型链接关系，有力地推动了科研与经济的结合，同时推进科研院所股权多元化、产业规模化科技产业由资产管理向资本运作转变[110]。另一方面为科技人员投身农业科技事业提供制度激励。例如，江苏省拥有国家级和省级现代农业科技园区 50 多家，为激励科技人员投身农业科技园区建设，出台政策明确合同期内科技人员在原单位的身份、工资、福利待遇等方面保持不变，可以承包经营、资金入股、技术作股、技术转让等多种形

① 江苏省人民政府. http://www.jiangsu.gov.cn/col/col31379/index.html.

式鼓励科技人员参与农业科技园区建设，变革了科技人员农业科技协同创新服务的方式，激发了农业科技人员的科研热情。五是构建以企业为主体的农业产业技术创新战略联盟。江苏省已培育农业科技型企业 250 多家、建立省级以上技术创新载体 90 个（其中，工程技术研究中心 50 个、高新技术研究重点实验室 5 个、企业研究生工作站 15 个），并依托农业龙头企业、科研院所、高等院校等，先后组建了江苏省肉类休闲食品产业技术创新战略联盟、江苏省茧丝绸产业技术创新战略联盟等多家农业科技协同创新战略联盟，提升了产业发展层次，并延伸了产业链，实现了企业、大学和科研机构等在战略层次的有效结合，为共同突破产业发展的技术瓶颈和共性关键技术创造了条件[111]。

十二、湖南省的农业科技协同创新

湖南省位于我国中部、长江中游，是包括广东、江西、广西、四川、湖北、重庆、贵州等省、市、区在内的水稻集中种植区的中心[112]，境内大部分区域处于洞庭湖以南，因而得名“湖南”，且省内最大河流湘江流贯全境而简称“湘”，又因湖南自古盛植木芙蓉，又有“芙蓉国”之称。湖南总面积为 21.18 万平方千米，占全国国土面积的2.2%，居全国各省区市第10位、中部第1位。地貌类型多样，以山地、丘陵为主，大体上是“七山二水一分田”，其中山地面积占全省总面积的51.2%，丘陵及岗地占29.3%，平原占13.1%，水面占6.4%，山清水秀，河网密布，水系发达，全省天然水资源总量为南方九省之冠。湖南属亚热带季风湿润气候，具有“气候湿润、四季分明，热量充足、雨量集中，春温多变、夏秋多旱，严寒期短、暑热期长”的特点。从地表形态来看，处于全国自西向东三级大阶梯中的第二阶梯向第三级阶梯过渡地带，兼具了不同区域的特征，使得其具备了明显优势的水稻生产条件和种质资源。此外，湖南是全国重要的粮食生产基地，自古就有“鱼米之乡”和“湖广熟、天下足”之说，其主要农副产品（如粮食、棉花、油料、苎麻、烤烟及猪肉等）产量均位居全国前列，其中稻谷产量多年为全国之冠，苎麻、茶叶产量分别居全国第 1 位和第 2 位，湘莲具有 3 000 多年历史，产量居全国首位，安化黑茶是我国世界博览会十大名茶之一，君山银针是我国黄茶珍品①。近30年来，湖南共获得2 400多项农业科技成果，其中国家级和省部级的成果近千项，年创效益超过 30 亿元②。在杂交水稻、经济作物栽培技术、大水面综合开发、牲猪品种改良等领域处于国内领先地位，并与农业产业发展之间形成良性循环，有力促进了农作物种业、茶油产业、牲猪饲养等

① 湖南省人民政府. http://www.hunan.gov.cn/hnszf/jxxx/hngk/sqjs/sqjs.html.

② 湖南省统计局. http://tjj.hunan.gov.cn/hntj/tjfx/jczx/2013jczx/201507/t20150717_3788638.html.

特色产业的发展。在袁隆平农业高科技股份有限公司等农作物种业龙头企业的引领下，超级杂交水稻、油菜、棉花等农业科技技术领先，主要农作物良种推广率达 95%以上[113]。湖南作为中部地区典型的农业大省，主要农产品的生产，尤其是粮食生产在全国具有举足轻重的地位。

具体做法与经验：一是积极争取农业科技协同创新攻关项目获得国家各类科技计划支持。例如，2015 年先后获得国家科技支撑计划、863 计划及 973 计划、国家农业科技成果转化资金项目、国家科技富民强县专项行动计划、国家星火计划、“三区”人才计划等经费支持，分别为 5 454 万元、2 590 万元、1 700 万元、1 620 万元、480 万元、1 534 万元，获得各类国家项目支持达 1.337 8 亿元。二是加强农业科技协同创新信息化建设工作。一方面以国家农村农业信息化示范省建设为契机，构建以综合信息服务平台为“一体”，以“万家企业”及“百万农户”为“两翼”的“一体两翼”农业科技协同创新信息平台。另一方面完善覆盖全省的农村基层信息服务站，其中 14 个为市服务中心、88 个县级、809 个乡级服务站点及 322 个企业服务站。此外，构建、完善了市场化运营与公益服务相结合的农业信息化服务机制。三是加大完善农业科技协同创新推广体系建设。组建了“专家组+技术指导员+示范户+各类实验示范基地”的农业科技协同创新推广体系，并利用“全国基层农业科技推广体系改革与建设补助项目”，成立了 248 个专家组、遴选 11 886 名技术指导员、培育 94 513 个示范户、建立 442 个各类实验示范基地[114]。四是努力推动农业科技协同创新高新技术企业朝产业化、规模化发展。出台《湖南省人民政府关于实施两个“百千万”工程加快现代农业建设的意见》，重点扶持 100 家农业龙头企业成为在全国同行业有较高知名度的大型企业（集团），推动农业科技协同创新农产品加工业集群发展[115]。五是着力打造农业科技协同创新农民专业合作社。先后出台《湖南省农民专业合作社示范章程》《湖南省人民政府关于加快发展农民专业合作组织的意见》《湖南省实施〈中华人民共和国农民专业合作社法〉办法》《湖南省人民政府关于加快发展农民合作社的意见》等制度文件，并印发了示范性农民合作社试点工作方案和试点资金管理办法，将培育示范性农民合作社，纳入为民办实事考核内容，形成了一整套农民合作社试点示范工作机制，经过着力培育与建设，农民专业合作社在数量和质量上都得到提高，数量由 2008 年的 3 214 家增长到 2015 年的 45 406 家，其中国家级示范合作社 434 家、省级示范社 816 家、各类联合社 102 家，服务范围由单纯的技术、信息服务，拓展到生产、加工、销售、融资等各个领域，由单一要素合作向劳动、技术、资金、土地等多要素合作方向转变，其中融产+销于一体、带动农户上千户、经营规模上亿元的合作社达 64 家，成为农业科技协同创新重要的载体和平台[116]。

十三、浙江省的农业科技协同创新

浙江省地处我国东南沿海长江三角洲南翼，东临东海，南接福建，西与江西、安徽相连，北与上海、江苏接壤，是全国岛屿最多的省份。境内最大的河流钱塘江，因江流曲折，称之江，又称浙江。省内地势由西南向东北倾斜，地形复杂，陆域面积 10.55 万平方千米，占全国陆域面积的 1.1%，是我国面积较小的省份之一，其中，山地占 74.63%，水面占 5.05%，平坦地占 20.32%，故有“七山一水两分田”之说。浙江省人多地少，粮食供需缺口较大。户均耕地只有 2.1 亩，且分散不集中，与达到农业经营规模的要求有距离[117]。浙江属季风性湿润气候，气温适中，四季分明，光照充足，雨量充沛，因受海洋影响，温、湿条件比同纬度的内陆季风区优越，是我国自然条件较优越的地区之一。浙江是我国高产综合性农业区，以“藏富于民”闻名于世，杭嘉湖平原、宁绍平原是著名的粮仓和丝、茶产地，舟山渔场是我国最大的渔场，茶叶、蚕丝、水产品、柑橘、竹制品等在全国占有重要地位。近年来，累计创建省级现代农业园区 48 个、特色农业强镇 85 个，建成单条产值 10 亿元以上的示范性农业全产业链 68 条。严格保护好 819 万亩粮食生产功能区，完成提标改造 65 万亩。新增省名牌农产品 30 个、区域名牌农产品 15 个，有效期内浙江名牌农产品 238 个。新增“三品一标”农产品 1 128 个，新增绿色食品基地 12.3 万亩，现代农业园区、粮食生产功能区内无公害农产品整体认定 139.4 万亩，主要食用农产品中“三品”比率 53%以上①，农民人均收入连续 25 年“领跑”全国[118]。

具体做法与经验：一是政府高度重视农业发展，为农业科技协同创新营造良好的外部环境。先后出台《浙江省人民政府办公厅关于加强农产品质量建设加快打造绿色农业强省的意见》《浙江省人民政府办公厅关于加快转变农业发展方式的若干意见》《浙江省农业厅关于开展现代农业科技示范基地建设的实施意见》《浙江省人民政府办公厅关于大力推进农业科技创新创业的若干意见》等一系列促进农业发展的政策文件，为农业科技协同创新营造了良好的外部环境。二是构建农业科技协同创新技术联盟，升级特色农业主导产业。例如，金华国家农业科技园区，与中国农业科学院、中国水稻研究所、上海市农业科学院、浙江大学、浙江省农业科学院等科研院所和高校合作，构建农业科技协同创新技术联盟，对园区粮油、蔬果、生猪、花卉苗木、食药用菌和茶叶等特色农业主导产业进行升级[119]。三是形成传统银行类、新型金融机构、非正规金融机构“三元结构”体系[120]，加大农业科技协同创新金融支持力度。一方面从资金规模、贷款方式、贷款利率等方面，对获得中国品牌农产品、浙江省著名商标等称号及推行等认证

① 浙江省统计局. http://tjj.zj.gov.cn/art/2019/2/28/art_1561711_30567533.html.

的农业龙头企业，予以重点倾斜。另一方面开展农民专业合作社信用体系建设，出台农民专业合作社信用评价制度，对农民专业合作社标准化生产基地建设、产品流通体系建设予以支持。此外，推出“农场丰收贷”等项目及构建贷款绿色通道，扶助和支持家庭农场等新型农业生产经营主体。推出“丰收粮农直通车贷款”“农机具动产权质押贷款”“农业担保基金贷款”等产品加大对现代农业园区和粮食生产功能区建设支持力度，为顺利开展各类农业科技协同创新提供资金保障[121]。四是加快农业科技协同创新技术推广体系建设，推动农业科技协同创新成果转化。一方面构建了以国家政府农业技术推广组织为主体，农业社会团体、服务组织、科技示范户、农业专业合作组织和农业龙头企业等共同参与的省、市（地）、县（市、区）、乡（镇）四级组织架构的农业科技协同创新技术推广体系。另一方面高度重视农业技术推广责任制度建设，并在广大农村地区建立农业技术推广、动植物疫病防控、农产品质量监管“三位一体”的公共服务体系，推行由首席农业技术推广专家、农业技术指导员、责任农业技术员等联村包户，履行“班主任职责”的新型农业技术推广服务模式，实现了原本各自为政、机构松散的基层农业技术队伍“三位一体”的协同发展[122]。

十四、安徽省的农业科技协同创新

安徽省位于中国中东部，华东腹地，是长江三角洲的重要组成部分。总面积为 14.01 万平方千米，约占中国国土面积的 1.45%，其中，耕地面积为 417.8 万公顷①。截至 2011 年，总人口 6 300 多万人，其中乡村人口占 80%。安徽省山川秀美，地处暖温带与亚热带过渡地带，地貌以平原、丘陵和低山为主，平原与丘陵、低山相间排列，各占 1/3，地形地貌呈现多样性，区位优越，地理地貌融合中国南北差异，气候适宜，雨量充沛，光照充足，具有丰富的农业资源和良好的生态条件，是南北物种汇集地和重要的基因库，作为全国 13 个粮食主产省之一，是全国重要的商品粮生产基地、重点淡水渔业省份和生猪、肉牛和家禽优势生产区域，农作物以小麦、水稻、玉米、大豆、油菜、棉花为主，蔬菜、茶叶、蚕桑、水果等也占比较大比重，布局具有明显的区域特征，其中粮食、油料、淡水产品等常年产量均居全国前十位[123]。例如，拥有芜湖大米、砀山酥梨、太平猴魁等地方特产及洽洽、同福碗粥、宣酒、詹氏等全国著名品牌[124]。又如，有 44 种畜禽遗传资源列入地方保护名录，皖南黑猪、安庆六白猪、皖西白鹅等已列入国家保护品种名录，鳜鱼良种产量居华东第一，河蟹健康养殖全国领先[125]。此外，安徽是中国重要的农机大省，全省拥有农机总动力 636 583 万千瓦，居

① 安徽省人民政府. http://www.ah.gov.cn/hfwy/index.html.

全国第四位，其中小型拖拉机 219 万台，居全国第二位，农用排灌柴油机 40 万台，居全国第六[126]。

具体做法与经验：一是积极推进现代生态农业产业化，为农业科技协同创新提供发展的产业基础。安徽省始终把农业产业化当作“三农”工作的重要抓手，发布并实施《安徽省农业生态环境保护条例》、《安徽生态省建设总体规划纲要》、粮食绿色增户模式攻关示范行动、安徽省农业产业化“121”强龙工程、“532”提升行动、“671”转型倍增计划、《安徽省农业现代化推进规划（2016—2020年）》等，推动农业产业化发展，如2014年就已实现国家级农业产业化示范基地 10 家，加工产值超过 5 亿元的产业化集群 132 个，规模以上农产品加工企业 5 390 家，超亿元的 2 177 家，超 10 亿元的 84 家，省级以上龙头企业 931 家（其中国家级龙头企业 49 家）。二是制定专项补贴政策，调动农业科技协同创新关键技术研发的积极性。聚焦专用粮食绿色生产核心技术和关键环节，重点开展优质专用品种推广补助、新型肥料推广补助、绿色农药推广补助、节水灌溉技术补助和新型机械作业补助五方面补助，调动种粮大户、家庭农场、农民合作社、农业社会化服务组织等农业科技协同创新积极性。三是多举措加大成果推广和转化，打造农业科技协同创新实施平台。一方面实施“三推”和“三控”，推广高产高效多抗新品种、推广规模化标准化机械化的栽培技术、推进耕地质量建设和实施以控肥、控药、控水为主要内容的绿色增产技术模式。另一方面依托农业部（现为农业农村部）万亩高产创建示范片、国家和省级现代农业示范区、省级美好乡村中心村三大平台，重点建设 30 个省级绿色增产示范区、30 个示范村和 30 个示范家庭农场，为农业科技协同创新构建实施平台[127]。四是明确战略发展目标，构建科研分工合理、产学研结合的农业科技协同创新技术创新联盟。安徽省出台《安徽省人民政府关于加快推进现代农作物种业发展的实施意见》，分 2011~2015 年和 2016~2020 年两个五年计划，阶段性地提出了安徽省实现种业发展自主创新、具有突破性主要农作物新品种的战略目标，依据战略目标，安徽省农业科学院，立足水稻研究的优势，依托其国家水稻改良中心合肥分中心、国家长江流域稻作技术创新中心和安徽省水稻遗传育种重点实验室与种业龙头企业荃银高科共同组建“分子育种联合实验室”，协同创新联合攻关，培育出氮高效利用水稻新品种。而安徽农业大学依托其安徽省玉米工程技术研究中心，组建了“玉米遗传改良及产业化关键技术研发创新团队”，构建农业科技协同创新机制，产学研结合成功选育多个玉米新品种。五是多层面提供制度供给，构建农业科技协同创新机制。一方面实施税收信贷等优惠政策、加强农业龙头企业国际交流合作、推动农业龙头企业兼并重组、引导鼓励农业科技资源向农业企业流动。另一方面支持社会资本通过并购、参股等方式进入农作物农业科技协同创新系统，培育具有核心竞争力和较强国际影响力的育繁推一体化农业龙头企业。此外，鼓励农业科研人员进入农业企业，还原创性地提出经单位同意进入农业企业的科研人员，可以在 6 年内保留工作关系、工资关系，期间要求返回原单位的，按原职级待遇安排工作，解决了他们的后顾之忧[127]。六是构建科技协同创新信息化体系，为农业科技协同创新赋能。一方面培育了合作社组织、科研院所、农业院校、农业龙头等各类农业科技协同创新信息服务主体。例如，中国科学院合肥智能机械研究所研发的“中国搜农”和安徽农业大学研发的“作物病虫害预测、作物病虫害诊断与防治、畜禽疾病诊断防治等专家系统”为农业科技协同创新信息化建设提供了强大的技术支持。另一方面，夯实建设农业科技协同创新信息化基础设施。不但多媒体数据网覆盖范围达到了 80%的行政村，而且全省 93.3%、95%、90%以上的乡（镇）建立了便民服务中心、农业信息服务站和农业信息服务网点，并且阜阳和芜湖入选成为首批国家农业信息化综合服务试点城市，此外，成立于 1998 年的“安徽农网”在全省 17 个市、61 个县（市）建立了信息服务中心，形成了一个较为系统、架构完善的农业综合信息网[128]。

十五、上海的农业科技协同创新

上海地处太平洋西岸，亚洲大陆东沿，中国南北海岸线中部，长江三角洲前缘；东濒东海，南临杭州湾，西接江苏、浙江两省，交通便利，腹地广阔，是一个良好的江海港口。上海属北亚热带季风性气候，四季分明，日照充分，雨量充沛，温和湿润，春秋较短，冬夏较长。上海土地面积为 6 340.5 平方千米，占全国总面积的 0.06%，其中耕地面积为 18.67 万公顷，人均耕地面积为 0.013 公顷，属土地资源匮乏型区域[129]。其境内陆地地势总体由东向西略微倾斜，除西南部有少数丘陵山脉外，整体地势为坦荡低平的平原，是长江三角洲冲积平原的一部分，平均海拔 4 米左右。农业在上海市生产总值中的比重已经下降至不足 1%，却仍需要承担保障 2 000 多万上海市民菜篮子的重任[129]，上海作为品牌农产品集聚地，已有 1 680 家企业、6 743 个产品获得“三品一标”农产品认证。其中，绿色食品证书使用企业 207 家，绿色食品 299 个；无公害农产品证书使用企业 1 463 家，无公害农产品 6 420 个。此外，上海初级农产品出口总额超过 10 亿元，出口商品涉及蔬菜、花卉、食用菌、水果、特种水产、优质畜禽加工等，销往日本、韩国、东南亚、美国、欧洲等国家和地区，并且，建成设施粮田面积 86 530 公顷，市级蔬菜标准园 150 家，标准化畜禽养殖场 279 家，标准化水产养殖场 317 家，拥有农业产业化龙头企业 380 家，农民专业合作社 2 813 家，经农业主管部门认定的家庭农场 4 516 个[130]。

具体做法与经验：一是以产业融合为依托，培育农业科技协同创新型农业经营主体。通过大力发展生物制品、工厂化栽培、农产品精深加工和农业信息化等高技术含量、高附加值农业高新产业，采用“公司+科技+基地（联农户）”和订单农业的模式，着力培育以家庭农场、农民专业合作社、农业产业化龙头企业为代表的农业科技协同创新型农业经营主体。截至2017年末，家庭农场、农民专业合作社数量分别达到4 516家、7 806家[130]。二是推动农业科技协同创新信息化建设，构建农业物联网产业技术创新联盟。依托上海农业信息有限公司、市农业科学院等单位，以农业物联网研发企业、科研院所、高等院校和示范基地等近20家企业、机构和基地为主体，构建了包括安全监管、产业应用、企业示范、公共服务平台、云服务、技术创新、大数据应用、电子商务八大子平台在内的农业物联网产业技术创新联盟，为农业科技协同创新提供信息化保障[131]。三是加大郊区新型农业科技协同创新技术推广服务体系建设，提高农业科技成果转化效率。一方面，通过整合资源，构建了以农业技术推广服务为中心、农业科学院等机构与社会涉农组织群体有机结合、结构明晰、职能明确、体制合理的，包括专业技术协会、农业龙头企业、特色农业基地和农业科技园等模式的、多元化的农业技术推广体系。另一方面，大力开展科技入户工程，面向本市推广、科研、教学机构，选聘农业高级技术专家，组成市级农业科技入户工程专家组，开展制定技术项目和培训及联合开展重大技术难题攻关。同时，结合科技入户工程示范区县工作内容，开展核心示范场、科技示范场、典型辐射户、科技辐射户建设，从而进一步扩大农业科技成果转化效果[132]。

十六、北京的农业科技协同创新

北京地处华北大平原的北部，北与燕山山脉接壤，南与黄淮海平原相邻，西与太行山紧邻，东北与松辽平原相通。土地面积为16 410.54平方千米，地势西北高、东南低，西部、北部和东北部三面环山，东南部为向渤海倾斜的平原，山区与平原分别占总面积的62%和38%。北京气候为典型的暖温带半湿润大陆性季风气候，夏季高温多雨，冬季寒冷干燥，春、秋短促，且自然地理条件较为复杂，适合多种经济作物生长，农业景观类型丰富。北京农业发展呈现明显的圈层分布特点，其都市农业空间布局由城市农业发展圈、近郊农业发展圈、远郊平原农业发展圈、山区生态涵养农业发展圈构成[133]。北京作为我国的首都，集政治、经济、文化于一体，但是土地资源有限，以农业科技协同创新大力发展集观光、采摘、娱乐和休闲于一体的特色都市现代化农业，已成为必然选择[133]。

具体做法与经验：一是部门联动，做好农业科技协同创新的顶层设计。例如，北京为大力开展农业节水、减排调粮、做精畜牧水产为目标的新一轮农业结构调整，在北京市委领导下，由市农村工作委员会、市农业农村局牵头，加强与市发展和改革委员会、财政、水务等部门沟通协作，开展多部门联动，从制度供给和技术保障方面整合资源协同创新，合力推进种业、节水工作，积极争取国家各类项目资金，并编制了《北京现代种业发展三年行动计划（2020—2022 年）》等规划，顶层设计，为农业科技协同创新发展布局谋篇[134]。二是大力发展农业高端产业，为农业科技协同创新提供产业基础。北京市通过提出“种业之都”战略，编制种业发展规划，成立国家现代农业科技城良种创制中心，建设北京市通州国际种业科技园区等举措，大力发展基于生物育种技术的现代种业，并确立了基于生物制造技术的安全投入品产业、基于物联网技术的现代农业装备制造业、基于新材料技术的节能高效农业、基于农产品加工新技术的现代食品制造业、基于低碳循环技术的生态农业、基于作物营养强化技术的功能农业、基于大数据技术的农业信息服务业等农业高端产业战略方向，为农业科技协同创新提供了坚实的产业基础。三是围绕现代农业产业链发展战略目标，组建首都新农村建设科技创新服务联盟。早在 2009 年，北京市就积极落实科技部产业技术创新战略联盟政策，以龙头企业主导型、纵向产业链合作型和契约型为主，采取“联盟成员代表大会—理事会—秘书处—专业委员会”的治理模式，组建了产品加工、食品安全、籽种产业、设施农业、农村水环境治理、营养健康食品产业技术创新、生物肥料、生物农药和生物饲料、现代农业等首都新农村建设科技创新服务联盟，联盟的成立有效推进了行业内及联盟内部国家工程实验室、国家重点实验室、国家工程技术研究中心、国家级企业技术中心等农业领域科研平台、科研人才资源、科研设备资源等创新资源的集聚，推动了多项核心技术的突破和技术标准、专利的研究与制定，有效地提升了农业投入品、农产品加工、食品安全等农业产业链各环节的生产管理技术水平和产业技术创新能力，在 2011~2012 年，农产品加工、设施农业、食品安全、籽种产业、生物肥料 5 个联盟取得核心技术突破 61 项，获得科技奖 6 项，研制国内标准 15 项、行业标准 21 项，获得专利 44 项[135]。四是构建都市型现代农业社会化服务体系创新模式，为农业科技协同创新顺利发展提供了保障。为推动北京都市型现代农业的快速发展，先后构建了乡镇金融合作扶持模式、农业综合服务中心模式、政府购买服务模式、院区联动模式、农村乡土能人带动模式、龙头企业带动模式、专业合作组织带动模式、专业市场带动模式等不同类型的农业社会化服务体系创新模式，开展生产技术指导、农产品加工与销售、资金融通、农资租赁、灾情预报、农业保险、农业经纪、农产品检验检测等多层次、综合性的服务，保障农业科技协同创新的顺利进行[136]。

本 章 小 结

十九大报告首次提出“乡村振兴战略”，确立农业农村优先发展的地位，并对产业、生态、乡风、农村治理与生活层面提出兴旺、宜居、文明、有效、富裕的总要求，并从体制机制和政策体系层面，加快推动城乡融合发展、推进农业农村现代化[1]。世界各国乡村振兴发展历史表明，科技创新是农业乡村振兴的重要引擎，“持续稳定实现农业发展、保证长期有效供给农产品，科技是根本出路在”①。21 世纪农业革命性发展，农业科技协同创新已成为各区域大力发展农业的战略选择，通过对美国、德国、荷兰、以色列、日本、法国、丹麦、加拿大、印度、韩国、澳大利亚、意大利、英国、新西兰、巴西、西班牙等国外典型国家和京津冀、长江中游城市群、东北地区、河南省、台湾、山东省、福建省、江西省、湖北省、广东省、江苏省、湖南省、浙江省、安徽省、上海、北京等国内典型地区的农业科技协同创新进行了研究，总结其成功的做法与经验，为西部地区构建农业科技协同创新机制提供了借鉴。

从上述国内外典型国家和地区农业科技协同创新的经验和做法来看，农业科技协同创新存在着共同特质：一是多主体参与且分工明确。农业科技协同创新以农业科研院所、高等学校、农业企业、政府等多主体共同参与，且分工明确，并由不同主体作为节点广泛吸纳创新成员。二是以共性、关键技术研发及农业产业化为导向。协同创新涵盖了农业科技基础研究、成果转化和市场推广等多个环节，形成一条完整的产业链条，并以价值链衔接各参与主体的利益分配，保障可持续运营。三是相关关联要素资源的配套及流动。通过农业科技创新平台的建立，保证技术、信息、资金、人才等资源的配套及跨区域、跨行业的交互式流动，实现优势互补，提高要素资源使用效率。

参 考 文 献

[1] 习近平. 决胜全面建成小康社会　夺取新时代中国特色社会主义伟大胜利——在中国共产党第十九次全国代表大会上的报告[M]. 北京：人民出版社，2017.

[2] 翟治芬，周新群，张建华，等. 发达国家农业科技化发展的经验与启示[J]. 世界农业，2015，（10）：149-153.

[3] 刘颖. 发达国家的农业科技创新模式及对我国的启示—— 美、英、法、德四国的比较分析[J]. 改革与战略，2017，33（5）：168-170.

[4] 王永春，刘洪霞，司智陟，等. 国外农业协同创新典型案例及其启示[J]. 基层农技推广，2013，1（1）：43-46.

① 中共中央、国务院印发《关于加快推进农业科技创新持续增强农产品供给保障能力的若干意见》（全文）. http://www.moa.gov.cn/ztzl/yhwj/zywj/201202/t20120215_2481552.htm，2012-02-02.

[5] 英杰，李雪. 德国农业科技创新政策特点及其启示[J]. 世界农业，2014，（12）：1-3，6.
[6] 王桂朵. 国外农业科技园区有何发展特色[J]. 人民论坛，2017，（31）：200，201.
[7] 耿爱莲. 家禽养殖模式的创新研究与发展趋势[J]. 中国家禽，2010，（2）：8-11.
[8] 邱密，李建军. 荷兰 Rondeel 协同创新主体及机制研究[J]. 科技进步与对策，2014，31（15）：48-52.
[9] 盛立强. 首席科学家办公室在以色列农业科技管理体系中的地位与作用研究[J]. 世界农业，2013，（4）：115-118.
[10] 吴志鹏，薛永祥. 德国、以色列现代农业考察报告[J]. 中共南宁市委党校学报，2009，22（1）：48-50.
[11] 杨乙丹，王兵. 以色列“无缝隙”农业科技推广体系建设的成功经验[J]. 世界农业，2013，（3）：102-106.
[12] 李强，冯中朝. 以色列农业科研发展特征与运作条件[J]. 农村经济与技术，1998，（6）：37-39.
[13] 王娟，李国杰，王丹丹，等. 日本农业科技创新型人才队伍建设及对我国的启示[J]. 高等农业教育，2014，（4）：124-127.
[14] 孟莉娟. 美国、法国、日本农业科技推广模式及其经验借鉴[J]. 世界农业，2016，（2）：138-141，161.
[15] 李敏. 美日法三国现代农业科技政策探析及经验借鉴[J]. 改革与战略，2017，33（8）：193-195，199.
[16] 韩军. 典型国家和地区农业科技推广人才培养的比较与借鉴[J]. 世界农业，2015，（5）：167-171.
[17] 张燕. 日本农业保护政策与东亚贸易自由化的推进[J]. 人民论坛，2014，（34）：239-241.
[18] 薛振莉. 法国农业经济的发展状况及其制度构建[J]. 世界农业，2014，（4）：168，169.
[19] 翟琳，王晶，徐明，等. 法国农业科技体制发展及对中国科技体制改革的启示[J]. 世界农业，2015，（4）：65-68.
[20] 彭健. 丹麦猪营养与管理技术及其对中国养猪业的启示[J]. 饲料工业，2016，37（21）：1-8.
[21] 林若扬. 丹麦农业科技创新体系的特点及启示[J]. 生产力研究，2004，（12）：143，144，223.
[22] 王星飞. 丹麦农民教育的成功经验与借鉴价值[J]. 世界农业，2016，（6）：194-198，224.
[23] 赵国锋，高征，段禄峰. 国外农业科技体系对中国西部地区农业发展的借鉴[J]. 世界农业，2012，（9）：14-17.
[24] 杜宇能，方冰. 加拿大农业系统前沿研究现状及其对中国的管理启示[J]. 世界农业，

2011，（1）：15-18.
[25] 朱满德，袁祥州，江东坡. 加拿大农业支持政策改革的效果及其启示[J]. 湖南农业大学学报（社会科学版），2014，15（5）：61-69.
[26] 黄旭锋. 加拿大农业生产力的布局优化[J]. 世界农业，2013，（8）：93-97.
[27] 万宝瑞. 印度农业科技体制的组织框架、运行机制及其启示——印度农业科技体制考察报告[J]. 中国农村经济，2007，（9）：77-80.
[28] 刘海玲. 印度农业现代化发展对我国的启示[J]. 农业考古，2009，（3）：322-324.
[29] 施标，张晨，吴爱忠. 韩国农业现代化发展的经验与启示[J]. 上海农业学报，2013，29（6）：142-145.
[30] 张艳. 韩国农业信息化发展及对中国的启示[J]. 世界农业，2010，（4）：46-48.
[31] 王燕燕，刘承礼. 韩国农业发展考察报告[J]. 经济社会体制比较，2006，（4）：139-143.
[32] 史逸林. 俄罗斯和澳大利亚农业比较研究[J]. 世界地理研究，2016，25（5）：14-21.
[33] 王亚东. 澳大利亚农业考察[J]. 世界农业，2007，（11）：35-37.
[34] 尹东岳. 澳大利亚农业经济体制的特点及其对我国的启示[J]. 宏观经济管理，1998，（10）：53，54.
[35] 杨全海. 澳大利亚农业信息化建设对中国农业信息化发展的启示[J]. 农业经济，2014，（1）：27，28.
[36] 李哲敏，任育锋，彭春燕. 大数据时代的澳大利亚农业信息监测预警体系[J]. 世界农业，2015，（10）：21-26，239.
[37] 王长宏. 赴意大利考察农业[J]. 世界农业，1989，（7）：29，30.
[38] 龚晶，孙素芬，于峰. 意大利农业信息服务体系及其启示[J]. 世界农业，2017，（2）：141-144.
[39] 杨勇华. 意大利山区开发对江西丘陵山区农业发展的启示[J]. 江西教育学院学报（社会科学），2003，24（5）：33-36.
[40] 张曦，徐玉波. 意大利农业发展及其在欧盟中的地位研究[J]. 世界农业，2016，（1）：59-61.
[41] 张志恒，吴电. 意大利的有机农业[J]. 农村工作通讯，2006，（9）：63.
[42] 杨士谋. 意大利的农业教育[J]. 世界农业，1982，（6）：52.
[43] 赵建华. 意大利：农业社会化服务系统[J]. 中国老区建设，2001，（5）：57.
[44] 张曼婕. 意大利农业发展状况及其主要措施分析[J]. 世界农业，2014，（7）：162-165.
[45] 陈红卫，吴大付，王小龙. 英国农业发展现状、经验及启示[J]. 河南科技学院学报（社会科学版），2011，（5）：17-20.
[46] 李媛. 英国农业概况及成功经验[J]. 云南农业，2003，（1）：27.
[47] 吴峰. 英国农业技术创新路径分析[J]. 全球科技经济瞭望，2009，24（8）：10-16.
[48] 龙吉泽. 新西兰的农业经营与管理[J]. 时代农机，2015，42（11）：167-169.

[49] 于战平. 新西兰现代农业发展的特点与启示[J]. 世界农业，2011，（7）：64-67.
[50] 李晓俐. 新西兰、澳大利亚农业发展经验[J]. 新农村，2013，（11）：36-38.
[51] 蔡伟. 新西兰的农业改革和科技创新[J]. 世界农业，2014，（8）：169-171.
[52] 张明林. 新西兰猕猴桃产业管理经验及其对我国区域特色产业发展的启示[J]. 科技广场，2016，（5）：144-146.
[53] 王芳. 巴西扶持农业发展的主要做法[J]. 党建研究，2006，（9）：58.
[54] 孙亮，商蕾. 巴西农业发展及其现代化[J]. 世界农业，2014，（5）：160-162.
[55] 王晶，翟琳，徐明，等. 巴西农业科技体制改革发展研究[J]. 世界农业，2015，（10）：43-46.
[56] 韦艳宁. 巴西现代化农业发展支持政策研究[J]. 世界农业，2014，（7）：82-85，211.
[57] 杨瑞珍. 巴西现代农业的发展及其对我国的启示[J]. 中国农业资源与区划，2008，（5）：76-79.
[58] 郭善竹. 西班牙有关农业扶持政策的特点[J]. 世界农业，2007，（2）：30-32.
[59] 文礼章. 西班牙的生态农业[J]. 世界农业，2004，（9）：39-41.
[60] 农发行赴西班牙和瑞士出访团，周良伟. 西班牙、瑞士考察报告及启示[J]. 农业发展与金融，2019，（3）：89-92.
[61] 范明杰，付红波，李玉洁，等. 西班牙生物科技及产业现状与特点[J]. 中国生物工程杂志，2008，28（8）：1-3.
[62] 赵杰，王惠平. 西班牙农业合作社考察情况及启示[J]. 财政研究，2007，（7）：76-78.
[63] 韩强. 农业高校协同创新：模式、问题与对策[J]. 高等农业教育，2013，（5）：15-19.
[64] 张敏，苗润莲，卢凤君，等. 基于产业链升级的京津冀农业协作模式探析[J]. 农业现代化研究，2015，36（3）：407-411.
[65] 王军，石嫣，董谦. 试论京津冀农业区域协作[J]. 天津行政学院学报，2007，9（3）：45-49.
[66] 刘芳，赵宇霞. 城乡一体化视阈下农民合作经济发展研究[J]. 学术论坛，2015，38（4）：51-57.
[67] 郭馨梅，张淑梅，杨慧鹏. 京津冀农业协同发展困境与突破[J]. 商业经济研究，2017，（13）：126-128.
[68] 龚胜生，张涛，丁明磊，等. 长江中游城市群合作机制研究[J]. 中国软科学，2014，（1）：96-104.
[69] 吴清，马会丽，吴黎，等. 长江中游城市群农业经济时空格局演化研究[J]. 广东农业科学，2016，43（9）：152-158.
[70] 汤鹏飞. 长江中游城市群农业发展与合作研究[J]. 湖北社会科学，2013，（1）：61-64.
[71] 何秀丽，张平宇，程叶青. 东北地区农业可持续发展地域分异与总体评价[J]. 农业现代化研究，2008，29（4）：413-416.

[72] 程功鹏. 现代畜牧业协同创新的实践与探索[J]. 中国畜牧杂志，2015，51（10）：18-21.
[73] 牛静，张锋. 中国台湾农民创业模式[J]. 世界农业，2013，（5）：132，133.
[74] 辽宁农经考察团. 考察台湾农业的几点印象与启示[J]. 农业经济，2012，（1）：33，34.
[75] 范一青. 借鉴台湾经验推进我省农业产业化进程[J]. 亚太经济，2000，（1）：53，54.
[76] 陈嘉，韦素琼，陈松林. 开放条件下的闽台农业技术进步研究[J]. 资源科学，2018，40（10）：1980-1990.
[77] 吴凤娇，陈银忠. 技术进步与台湾农业增长演进的实证研究：1963—2008 年[J]. 台湾研究集刊，2011，（1）：80-88.
[78] 张五钢. 河南省与台湾省农业科技创新比较[J]. 河南农业科学，2010，（11）：143-145.
[79] 杨团. 借鉴台湾农会经验建设大陆综合农协[J]. 社会科学，2009，（11）：71-82，189.
[80] 王健，张征，张正河. 山东省农业经济空间布局——基于探索性空间数据的实证分析[J].技术经济，2013，32（1）：51-58.
[81] 刘秀玉. 山东省农业科技协同创新模式研究[J]. 乡村科技，2018，（34）：46，47.
[82] 王昌森，董文静. 乡村振兴战略下农业可持续发展政策的完善路径研究——以山东省为例[J]. 东北农业科学，2018，43（4）：48-52.
[83] 肖旦飞，肖岳峰. 专业化农业小城镇形成机理研究——以中国蔬菜之乡山东寿光为例[J]. 安徽农业科学，2010，38（3）：1475-1477，1481.
[84] 赵冰. 科学技术在山东寿光蔬菜产业发展中的作用[J]. 重庆社会主义学院学报，2009，11（3）：94-96.
[85] 王欧，吴文良. 生态农业与特色型园区的发展——山东寿光蔬菜高科技示范园发展的实证分析[J]. 农村经济，2003，（6）：36-38.
[86] 张景瑞，刘新玲. 闽台生态农业协同创新的动力机制与路径选择[J]. 台湾农业探索，2017，（2）：12-16.
[87] 程璆，郑逸芳，许佳贤. 闽台两地农业科技协同创新机制构建研究[J]. 台湾农业探索，2017，（2）：17-22.
[88] 张景瑞. 闽台生态农业协同发展的思路与对策[J]. 台湾农业探索，2016，（4）：12-15.
[89] 柯炳金. 闽台生态农业合作发展路径探索[J]. 广西质量监督导报，2019，（7）：33.
[90] 熊琳歆. 福建台湾农民创业园农业科技创新研究[D]. 福建农林大学硕士学位论文，2014.
[91] 马清香，罗尚华，姜天慧. 推进闽台农业深度融合发展的机制创新思考——以清流县国家级台湾农民创业园为例[J]. 台湾农业探索，2019，（2）：12-16.
[92] 黄爱萍，林海清，柯文辉，等. 福建特色农业产业技术创新联盟的构建与发展[J]. 台湾农业探索，2017，（2）：69-72.
[93] 贺菲，刘超. 江西省农业科技创新思考[J]. 合作经济与科技，2017，（3）：24，25.
[94] 刘晓青，刘阳. 江西农业供给侧改革的成效、问题与对策[J]. 中国国情国力，2017，（5）：37-40.

[95] 江西省农业厅. 江西省第三批省级现代农业示范区名单[J]. 江西农业，2015，（7）：63.
[96] 喻登科，毛惠芬，周荣. 江西省现代农业示范区建设的现状·问题与策略研究[J]. 安徽农业科学，2017，45（31）：234-237.
[97] 李居英. 江西现代农业示范区发展模式和运行机制研究[D]. 江西农业大学硕士学位论文，2014.
[98] 江西省科技厅农业处. 科技创新支撑引领江西现代农业发展——省科技厅厅长王海访谈录[J]. 时代主人，2012，（5）：6-9.
[99] 门玉英，颜慧超，余昶颖，等. 湖北农业科技创新链发展现状及其体系构建路径研究[J]. 科技进步与对策，2013，30（14）：62-66.
[100] 谭旭辉. 湖北省农业科技创新体系建设研究[D]. 中国农业科学院硕士学位论文，2013.
[101] 党玉国. 湖北省农业科技竞争力研究[D]. 长江大学硕士学位论文，2012.
[102] 周恒. 湖北省农业信息资源服务对策与建议研究[D]. 华中师范大学硕士学位论文，2017.
[103] 吴永章. 湖北农技 110 信息服务体系建设与实现[D]. 华中农业大学硕士学位论文，2010.
[104] 向闸，黄祥国. 湖北农业技术转移服务体系建设 SWOT 分析[J]. 科技创业月刊，2017，30（15）：65-67.
[105] 苏柱华，李伟锋. 科技创新驱动广东现代农业发展现状分析与对策[J]. 广东农业科学，2018，45（8）：139-147.
[106] 张明. 科学战略规划推动广东农村科技大发展[J]. 中国农村科技，2008，（11）：20-23.
[107] 韩天琪. 江苏农村科技服务超市服务模式运行研究[D]. 南京农业大学硕士学位论文，2015.
[108] 潘春燕. 江苏省农村科技服务超市运行机制和建设研究[D]. 南京农业大学硕士学位论文，2011.
[109] 王润润. 江苏率先实现农业基本现代化的产业化信息化融合发展路径研究[D]. 南京邮电大学硕士学位论文，2012.
[110] 韦金河，刘志凌，薛飞，等. 江苏省农业科学院科技产业发展的实践与思考[J]. 江苏农业科学，2016，44（5）：612-614.
[111] 顾军，秦建军. 江苏省农业科技创新成果的转化分析[J]. 江苏农业学报，2014，30（5）：1161-1166.
[112] 李军民. 湖南省优质稻米产业链研究[D]. 湖南农业大学博士学位论文，2007.
[113] 寻舸，尤文佳，朱婷婷. 湖南省农业科技发展的金融支持现状与对策[J]. 农业现代化研究，2016，37（2）：290-297.
[114] 郜慧乾. 湖南省农业科技发展水平测度研究[D]. 中南林业科技大学硕士学位论文，2017.
[115] 周琼. 湖南省农业高新技术企业风险投资意愿与发展对策研究[D]. 湖南农业大学硕士学位论文，2016.
[116] 莫华. 现代农业视角下湖南农民专业合作社发展研究[D]. 湖南农业大学博士学位论文，

2017.
[117] 何会超. 浙江省粮食生产功能区建设的思考与分析[D]. 浙江大学硕士学位论文，2013.
[118] 周珺. 浙江省农业社会化服务体系建设研究[D]. 浙江师范大学硕士学位论文，2013.
[119] 赵丹丹. 浙江金华国家农业科技园区发展能力研究[D]. 浙江农林大学硕士学位论文，2019.
[120] 梁莎莎. 浙江省现代农业发展中的金融支持研究[D]. 浙江海洋大学硕士学位论文，2016.
[121] 费炜. 浙江省农村合作金融支持农业产业化发展的研究[D]. 浙江大学硕士学位论文，2013.
[122] 叶建利. 浙江省农业推广模式研究[D]. 西北农林科技大学硕士学位论文，2014.
[123] 柳百萍，胡文海. 安徽省现代农业发展模式研究[J]. 农业经济问题，2011，32（10）：16-20.
[124] 范梦妍，刘艳，龚昊安，等. 现代农业庄园发展模式探究——以安徽省为例[J]. 现代商业，2018，（10）：40，41.
[125] 孙正东. 安徽省现代生态农业产业化发展战略定位分析[J]. 安徽大学学报（哲学社会科学版），2015，39（6）：141-146.
[126] 查韬. 安徽省农业现代化发展水平评价研究[D]. 安徽农业大学硕士学位论文，2016.
[127] 高灿红，赵良侠，陈爽，等. 对《安徽省人民政府加快推进现代农作物种业发展的实施意见》的浅析[J]. 种子，2013，32（1）：63-69.
[128] 张世涛. 科学发展观视域下的安徽省农业信息化建设研究[D]. 安徽农业大学硕士学位论文，2015.
[129] 张士林. 上海市构建新型农业经营体系研究[D]. 中共上海市委党校硕士学位论文，2016.
[130] 曹祎遐，耿昊裔. 上海都市农业与二三产业融合结构实证研究——基于投入产出表的比较分析[J]. 复旦学报（社会科学版），2018，60（4）：149-157.
[131] 张莉侠，赵志辉. 上海依靠农业科技提升特色农产品附加值的思考[J]. 上海农业学报，2014，30（5）：1-5.
[132] 顾雄. 上海市农业技术推广体系发展研究[D]. 南京农业大学硕士学位论文，2013.
[133] 彭建，赵士权，田璐，等. 北京都市农业多功能性动态[J]. 中国农业资源与区划，2016，37（5）：152-158.
[134] 陈玛琳，周中仁，陈慈. 北京粮经产业结构调整成效及下一步调整方向思考[J]. 北方园艺，2019，（15）：141-147.
[135] 陈俊红，陈慈，冯献. 北京农业科技创新服务联盟发展对策研究[J]. 科技管理研究，2014，34（22）：58-62，67.
[136] 黄映晖，孙世民，史亚军. 北京都市型现代农业社会化服务体系创新模式研究[J]. 中国农学通报，2010，26（20）：444-447.

第二章　农业科技协同创新的内涵及实现机制

我国农业发展已进入由传统农业向现代农业、由生产主导型农业向技术主导型农业转变的新阶段，“持续稳定实现农业发展、确保农产品长期有效供给，科技是根本出路”①。农业科技协同创新作为农业经济发展中的一种创新活动、一种创新理论，与农业科技协同创新动力系统、条件系统、过程系统、调控系统及要素之间相互联系、相互作用的内容和方式密切相关，其成功实现是多种要素相互作用的结果。正是这些系统及要素之间的相互作用与协同，提升了农业综合生产力，实现了农业增效、农民增收，保障了有效供给农产品和国家粮食安全，推进了农业现代化持续发展。因此，农业科技协同创新理论研究重要内容之一是深入研究农业科技协同创新机制。

第一节　农业科技协同创新的内涵及特征

一、协同创新的内涵及特征

（一）协同创新的内涵

1912 年美籍奥地利经济学家熊彼特提出“创新”理论，其在《经济发展理论》一书中认为，“创新”是一个经济范畴，是建立一种新的生产函数，反映了技术、经济、社会相结合的综合效应，是经济发展的动力和源泉。随着科技革命的大力发展，创新理论与实践深入发展，创新不再是孤立事件，呈现出时间上的

① 中共中央、国务院印发《关于加快推进农业科技创新持续增强农产品供给保障能力的若干意见》（全文）. http://www.moa.gov.cn/ztzl/yhwj/zywj/201202/t20120215_2481552.htm，2012-02-02.

不均匀分布和集群性，倾向集中某些部门及其邻近部门。

经济发展的每个阶段都需要寻求驱动力。迈克尔·波特最早把创新驱动作为经济发展的阶段，创新成为推动经济增长的主动力，要素和投资由创新来带动，认为第一阶段是要素驱动阶段，第二阶段是投资驱动阶段，第三阶段是创新驱动阶段，第四阶段是财富驱动阶段[1]。

1971 年，德国学者赫尔曼·哈肯在系统论中研究认为，1+1>2 协同效应的产生得益于系统中各子系统的相互协调、合作或同步的联合作用及集体行为。协同理论的核心是自组织理论，强调差异与协同的辩证统一，系统的整体行为取决于系统内子系统间的相互作用。

科学的功能决定了科学发现创造知识、科学发明创造技术，科学发现所创造的知识成为技术创新的基础和源泉[2]。纵观科技革命的发展，科学发现和技术创新的融合与协同的趋势越来越明显，许多重大科技成果的完成来自不同创新主体的深度交叉融合与相互合作，越来越多的学者关注协同创新的研究，在美国学者切萨布鲁夫“开放式创新”和埃茨科威兹的“三螺旋”理论基础上，对协同创新的内涵进行了深入探讨。如表 2-1 所示。

表 2-1　学者对协同创新内涵的界定

学者	协同创新的内涵
陈劲	是政府、企业、大学等相关合作主体，以延伸知识价值链为核心、以完成科技创新重大突破为目标而进行的跨领域整合创新模式
赵立雨	是一个技术创新网络扩张复杂的系统工程，需要以系统观念对各种创新要素的有效整合和创新资源在创新网络中的无障碍流动进行综合考量[3]
刘丹和闫长乐	是基于系统化、网络化创新范式，系统内众多成员与创新要素密切协同合作，从而实现技术或产品从创新产生至技术扩散的整个过程[4]
李文博	是各种不同创新主体以协同思想为方法论，以组织目标为努力方向，引入创新过程，实现不同创新主体优势资源相互协商、合作与整合，实现整体效益大于单个资源效益的协同创新功能[5]
解学梅和刘丝雨	是以追求高经济效益和社会效益为目标，跨界整合企业、政府、科研机构、大学、中介机构和用户等不同合作主体优势资源，实现协同创新增值[6]
王新新	是依据创新目标与任务，在发挥各创新主体优势与能力的基础上，以高效运行机制，汇聚、整合和共享创新资源和要素，突破创新主体活力，加速技术推广应用和产业化[7]
石贵舟	是指为实现创新目标，通过构建合作协议或机制，促进各参与的创新主体发挥自己最大优势和功能相互协作与协同，从而达到最佳创新效果的过程[8]

资料来源：通过相关文献整理

综上所述，本书认为协同创新是高校、政府、企业、科研机构、科技中介机构等相关创新主体，发挥各自优势，基于战略、知识、组织的协同，进行科技产业化研发及转化应用，实现科技创新的突破，提升科技创新的质和量的合作方式。本质上属于合作创新的实现形式。

（二）协同创新的特征

1. 创新资源具有优势互补性

飞速发展的现代科技，技术创新越来越增大的不确定性，强化了创新资源的稀缺性，凸显了企业内部技术创新能力的有限性。协同创新作为一种网络组织形式，是基于共同技术创新目标而建立的高校、政府、企业、科研机构、科技中介机构等相关创新主体，通过对自身所拥有的有价值的、稀缺性的、不可替代的人才、资金、技术和信息等创新资源的整合，各自发挥最大的优势和功能，优势互补，从而通过合作以独特竞争优势，更好地整合利用外部优势资源，从竞争力和抗风险层面，提高创新各行为主体能力与效益。

2. 创新环境具有动态共生性

协同创新是各创新主体及其要素，根植于开放式创新和网络化创新动态环境中，形成彼此连接、彼此依存、互通互动、共生共荣、有机集聚的具有动态性、开放性、多样性、适应性、不断演化和自我超越的生态系统。哈肯研究认为，协同学中的序参量的变化和质变是当系统从稳定到非稳定状态过渡时，打破原有状态的关键，因此系统变革的重要因素在于序参量的正确识别及改变。协同创新系统中任何一个序参量的变化，都会打破原有的生态竞争格局，重新分配利益、催生新的协作关系、建立新的协同创新生态系统。创新环境的生态共生性是保证协同创新系统高效运行的重要保障。

3. 创新合作具有关系契约性

协同创新是多个主体通过多次长时间协调和重复交易，研发合作交易复杂且不确定，容易产生机会主义行为，双方“缔结”有效的契约，以正式和非正式制度安排，缔结正式契约和成员之间基于声誉的非正式契约，实现“互相依赖、共担风险、共享收益”，是预防或减缓机会主义行为的有效途径。并且，契约很难一次完成，需要随着交易时间的延续而不断修正，关系具有嵌入性，自动履约机制在重复合作时显得更加重要，经济行为嵌入社会网络之中社会成本将大大降低交易费用。

4. 创新成果具有相融共享性

协同创新的过程是各主体隐性知识与显性知识的相互融合、转换和提升过程，每一次实现重大科技创新，都需要各参与主体通过技术人才、专利许可、项目培训、人员交流，实现创新资源共享，形成协同创新系统的竞争优势，其本质属于知识管理的协同发展，以转移、吸收、消化、共享、集成和利用与再创造，最终实现创新成果的相融与共享。

二、农业科技协同创新的内涵

协同与传统的合作与组合存在着不同，协同过程是各要素从非协同关系走向协同关系、经多次博弈形成趋于合作纳什均衡的复杂过程，协同最终体现的是系统整体最佳功能，而非要素最佳状态，即最大化的既定资源条件下的创新绩效[7]。农业科技协同创新作为农业经济发展的一种模式，是指围绕农业产业发展需求，基于共同利益，通过合理分工、资源共享、优势互补的协作，以科研机构、高校、农业企业、政府、各类中介服务机构和农户等的协同，开展农业创新资源的整合与创新主体的互动，依托技术环境、市场环境、制度和体制环境、社会和文化环境共同作用，形成农业科技协同创新能力，通过引进、消化、再创新、集成创新或原始创新的方式，进行产业共性、关键技术和前沿技术的研究、攻关、集成和示范，提升农业科技创新和成果产品化、商品化、产业化的转化水平，促进农业产业链与技术链双向融合，获取农业科技创新及农业科技成果转化的帕累托最优效果，提高农业综合生产力，实现农业增效、农民增收，有效供给农产品和保障国家粮食安全，持续推进现代化农业发展。

三、农业科技协同创新的特征

（一）农业科技协同创新具有差异性

农业科技协同创新既具有一般的协同创新特征，即创新资源、创新环境、创新成果、创新趋势等要素具有获取性、生态性、共享性、持续性。同时研究对象的特殊性、影响因素的复杂性、准公共产品特性和正外部效应，使得发明创造周期较长、难度较大，充满不确定性，单纯依靠科学技术和市场经济调节等因素不足以提供有效的创新支持环境，往往合作动机、目标的差异及冲突，使得合作关系处于不稳定状态甚至面临解体的危险，市场低效和市场失灵现象的同时存在，更使政府调控的作用显得尤为必要。与其他领域的协同创新相比，农业科技协同创新具有显著的差异性特征，受需求不足和供给不足的双重约束，具体表现为地域性、公共性、长期性、风险性。经济结构、制度类型、资源禀赋、技术条件、文化要素、生态环境的不同，这决定了农业科技协同创新模式的不同。因此，要充分发挥政府的主导作用，针对区域特有的植物和动物，依据自身地理气候、自然资源、环境条件，综合考量经济效益、社会效益和生态效益，因地制宜运用农业生产措施、物质手段、操作程序，构建农业科技协同创新体系，选择农业科技协同创新模式。

（二）农业科技协同创新具有明确的组织目标和共同愿景

美国麻省理工学院的彼得·葛洛研究员研究认为协同创新是“一种组织愿景，起源于自我激励，并通过组成资源互补的人脉网络实现相互交换信息、沟通、交流思想与构想等，以协同合作达成共同的组织目标”。价值取向和目标定位的一致性是协同创新形成明确目标和共同愿景的根本前提，能够激发各参与主体把焦点放在全过程追求的目标上，而非次要目标，实现组织系统的自我超越。农业科技协同创新的目标和共同愿景，一方面具有层次性。具体表现为从宏观层面上来看，通过构建现代农业科技协作攻关体系，推进国家、区域层面农业产业链与技术链双向融合，建立现代农业经济体系，保障国家、区域粮食安全，提升国家、区域农业竞争力，推进农业现代化建设。从微观层面上来看，通过农业科技创新主体与主体间、主体与外部环境间的知识、技术、资本、信息等多要素创新资源的多维度聚集、融合、互动及多元主体的深度合作，推进某个领域农业产业链与技术链的双向融合，激励协同创新主体努力寻求良好的运行机制，提高价值增值，实现利益最大化。另一方面具有阶段性。依据农业科技协同创新资源、创新条件、创新能力的发展阶段不同，可以通过引进、消化、再创新，集成创新或原始创新方式，实现不同农业发展阶段的农业科技协同创新组织目标和共同愿景。

（三）农业科技协同创新具有合理的内在机制

合理的内在机制决定了农业科技协同创新目标的实现。这种合理的内在机制主要包括农业科技协同动力系统、条件系统、过程系统、调控系统。动力系统给予农业科技协同创新以运行动力，条件系统给予农业科技协同创新以支撑和保障，过程系统给予农业科技协同创新以发展和持续，调控系统给予农业科技协同创新以规范和方向。正是动力系统、条件系统、过程系统、调控系统之间相互联系、相互作用，才使得农业科技协同创新得以成功实现。正是相互作用与协同的系统要素高效运转，从而提升了农业产业竞争优势与能力，使农业产业呈现持续发展、动态循环的协同创新必然趋势。

（四）农业科技协同创新需要内在、外在动力的共同作用

农业科技协同创新的前提在于拥有农业科技协同创新动力，它驱动农业科技协同创新得以开展和实施，是多种作用力协同、协调、共同作用的结果。正是通过外力系统的农业产业竞争动力、农业科技体制改革动力、区域粮食安全动力、科技创新推动力和内部动力系统的目标利益驱动与内部激励[9]，主体创新能力、农业协同创新文化、农业协同创新战略的推动，给予农业科技协同创新以活性、

组织维度和发展意义。农业科技协同创新的强度取决于外在动力系统拉力强度，而农业科技协同创新的动力源则来自内在动力的持续供给。农业科技协同创新只有在内在、外在动力的共同作用下，才能使农业科技协同创新得以动态、自组织、合理地朝着提高农业科技协同创新能力的方向发展。

（五）农业科技协同创新需要多种要素条件的支撑与协同

农业科技协同创新与其他领域协同创新的不同在于，其发生、发展及实现成果产业化需要严格、复杂、广泛的条件要素支撑，具体表现如下：第一，保障农业科技协同创新物质和信息的持续供给，需要构建农业科技协同创新平台。第二，形成区域农业独特竞争优势，需要充分利用区域内部、外部的农业知识资源。第三，保证农业科技协同创新巨额资金，需要进行农业科技协同创新投入资金的运作。第四，农业科技协同创新的制度需求，需要从产权、市场、政府层面不断进行农业科技协同创新的制度创新和供给。第五，确定农业科技协同创新方向，需要战略技术与战略产业的选择。因此，平台、知识资源、资金、制度、技术与战略协同项目等条件相互作用及协同所形成的条件系统的强力支撑，是农业科技协同创新成功得以实现的关键因素，否则无从谈起[10]。

（六）农业科技协同创新需要协同创新文化、战略、制度的调控

农业科技协同创新是科技资源合理配置和重新整合，以符合农业科技创新的进行及创新目标的实现。但基于各创新主体所持利益诉求和出发点的差异性，其发展方向的正确性和良性运行需要予以调控。因此，要制定农业科技协同创新战略，对区域农业产业发展的内部、外部条件及其相关要素所组成的系统，从区域全局和宏观层次上进行科学规划、定位和调控，保证其正确的方向。需要对各协同创新主体不断以协同创新文化的理念、心理定势、思维方式和价值取向等方式不断作用和调控，规范各创新主体的科技创新行为，使其所遵循的社会行动准则和价值体系的实现一致和协同[11]。需要以正式制度安排保障各创新主体权益，以持续的制度供给，调控农业科技协同创新过程中的不确定性和交易成本。协同创新文化、协同创新战略、协同创新制度安排的有效调控是农业科技协同创新得以按照既定方向运行的关键，正是这些要素的科学调控，从而使协同创新实现知识、资源、行为、绩效的全面整合，推动农业产业现代化发展。

（七）农业科技协同创新是农业产业开放式创新和系统创新的有机统一

农业科技协同创新贯穿于农业生产产前、产中和产后全过程，与第一、二、

三产业密切相关，分布于农业科技研发、转化、推广与应用等农业产业链各环节之中，并汇集生物学、信息科学、化学、营销经济管理等多门学科知识，集聚科研院所、企业、政府等多元主体参与，是一个复杂的综合创新系统[12]，所产生的协同创新增值效应依赖不同创新主体及创新资源从封闭、分散走向开放、整合和协同，突破了传统的线性和链式模式，呈现非线性、多角色、网络化、开放性的特征。农业科技协同创新，一方面要整合分散在不同部门、区域、学科农业科技创新主体之间的资源，加强农业科技协同创新主体间的交流沟通和合作研究，从而从外部和内部获得有价值的创新要素和资源，实现创新系统效率整体的大幅提升，最终形成优于各个要素之间整体的竞争优势与创新能力，产生协同效应或整体突变性。另一方面，农业科技协同创新作为一个系统工程，系统整体性协同度越高，互动性越强，协同度越低，互动性越低，功能整体性也越低。因此，农业科技协同创新内含了开放式创新与系统创新，正是这种“耦合的有机统一”为农业科技协同创新提供了信息、物质和能量，保证其自组织有序发展。

（八）农业科技协同创新是产业链与技术链双向融合的过程

产业发展和科技创新的互动内生关系，决定了产业创新是科技创新的终端，只有实现产业创新和科技创新之间的有效衔接，才能使科技创新成果充分转化为现实的生产力[13~15]。当前全球农业竞争是整个农业产业体系的竞争，许多发达国家农业产业体系始终保持着旺盛的创新能力，在很大程度上是因为整合了集产前、产中、产后环节在内的育种、生产与加工、储运与保鲜、包装与营销、科技等在内的整个产业链的力量进行协同创新[16]。农业科技协同创新正是以科研机构、高校、涉农企业等技术链主体与涉农生产企业、农户、专合组织协会等农业产业链主体的协同，实现创新资源的整合与创新主体的互动，以资源共享或优势互补所形成的共同利益为基础，借助合理分工协作，实现基础、应用和技术三个层面研究的交互性、融合性，使不同类型协同主体的探索性研究、需求导向研究与未来战略性产业有机结合，双向融合农业产业链与技术链，使农业科技协同创新及其科技成果转化的帕累托效果最优。

第二节　农业科技协同创新的实现机制

一、农业科技协同创新机制概述

“机制”是指有机体的结构、功能和相互关系的体系。农业科技协同创新机制是指农业成功实现科技协同创新的内在结构要素及其相互作用所形成的体系，主要由农业科技协同创新的动力系统、条件系统、过程系统、调控系统所组成（图 2-1）。正是这些农业科技协同创新要素及各系统之间的相互影响、相互作用，提升了农业综合生产力，实现了农业增效、农民增收，保障了有效供给农产品和国家粮食安全，推进了现代化农业持续发展。

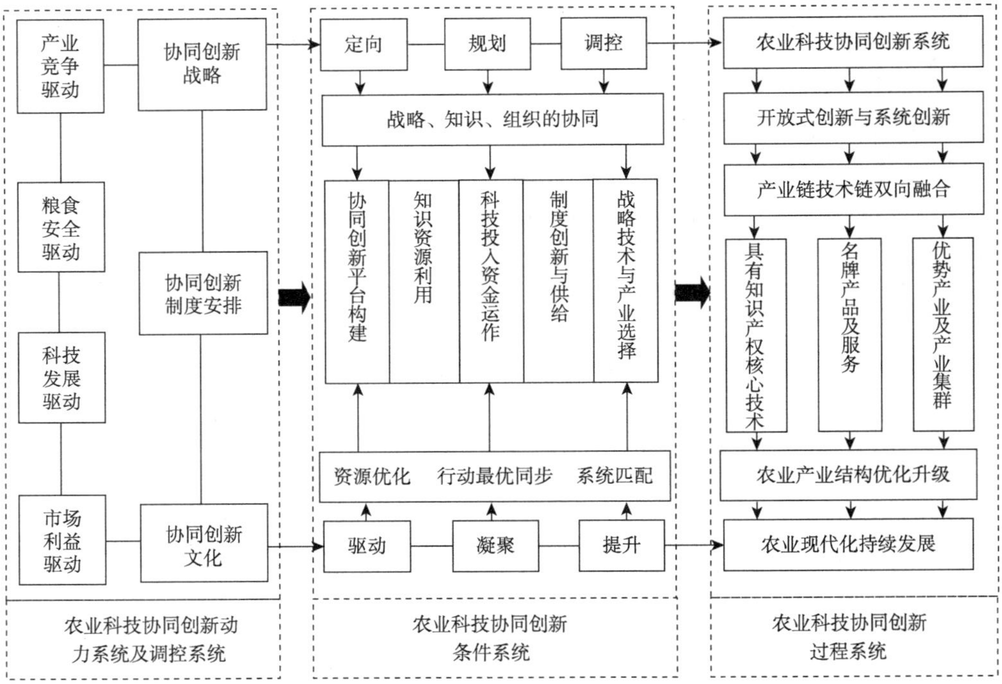

图 2-1　农业科技协同创新机制模型

农业科技协同创新，与其他领域的协同创新相比，具有显著的差异性特征，受需求不足和供给不足的双重约束，具体表现为地域性、公共性、长期性、风险性。因此，农业科技协同创新的实现需要充分发挥政府的主导作用，在外在动力的共同作用下，形成明确的组织目标和共同愿景，从平台构建、知识资源和科技投入提供、制度创新和供给、战略技术与战略产业选择等层面为农业科技协同创新给予多种要素条件的支撑，辅以协同创新文化、战略、制度的调控以保证其发展方向和良性运行，并构建适宜的农业科技协同创新系统，选择合适的农业科技协同创新模式，通过动力系统、条件系统、过程系统、调控系统及其内在相关要素之间的相互作用与协同，构建合理的实现机制，达到农业产业开放式创新与系统创新的有机统一，实现产业链与技术链的双向融合，使农业产业呈现协同创新持续发展、动态循环的必然趋势。

二、农业科技协同创新的动力系统

任何一项经济活动总是受驱于某一动力支配，由此得以开始、开展及持续。农业科技协同创新动机的产生来自农业科技协同创新动力的驱动，并最终变成物质的实际行动作用于农业科技协同创新行为的全过程。农业科技协同创新的前提是要有足够的内在、外在动力，并且这些多种作用力彼此互相协调、共同作用，从而形成农业科技协同创新的内部、外部驱动合力。外部动力系统主要包括农业产业竞争驱动力、区域粮食安全驱动力、科技发展驱动力、市场利益驱动力。内部动力系统主要包括协同创新文化驱动力、协同创新战略驱动力（图 2-2）。

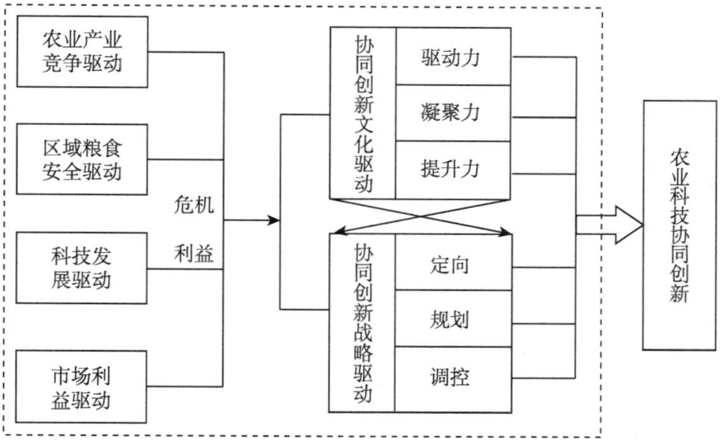

图 2-2　农业科技协同创新动力系统模型

（一）外部动力系统

1. 农业产业竞争驱动力

当前全球农业竞争是整个农业产业体系的竞争，许多发达国家农业产业体系始终保持着旺盛的创新能力，在很大程度上是因为整合了集育种、生产与加工、储运与保鲜、包装与营销、科技等产前、产中、产后环节在内的整个产业链的力量进行协同创新[16]。然而，当前我国农业科技创新面临着挑战。从类型上来看，常规技术多、重大关键技术和创新技术少，产量技术多、品质技术少，生产技术多、加工技术少，知识形态技术多、转化为现实生产力的技术少；从导向性上来看，目标从提高粮食产量、提升粮食质量向保障粮食安全转变；从空间上来看，从农业全产业链上游向中游、下游移动；从形式上来看，由以某一生产领域单个农业关键性技术突破为主转变为“从种子到餐桌”实现多种农业技术的功能集成为主[17]。我国农业发展已进入由生产主导型向技术主导型，由传统农业向现代农业转变的新阶段，参与全球农业产业竞争，构建完善的农业科技创新机制，有效整合部门、区域、学科的各类科技资源，大力开展农业科技协同创新已成为新时代农业科技创新的必然选择。

2. 区域粮食安全驱动力

随着国际粮食贸易的发展，跨国企业对国际粮食贸易各个环节的垄断加剧，纵向一体化格局明显；持续走高的粮价总趋势，价格波动的常态化；偏紧的供求趋势，以及粮食出口大国为自身利益通过休耕、发展生物质燃料等方式推高粮价，使国际粮价持续高位运行；粮食能源化及全球气候异常变化造成对粮食生产不稳定预期，使粮食价格不但持续走高，价格波动也更为频繁，导致各国粮食市场对国际粮价的反应越趋敏感，粮食消费高于生产的增速，进而引发供需缺口持续增加。21 世纪以来，我国粮食安全不仅表现为产品供给的不安全，还表现为土地、水等资源的约束及科技创新支撑能力不足、高成本低收益等引发的不安全。种种问题依靠传统创新模式已无法解决和面对，唯有进行全方位、开放式、网络化的农业科技协同创新，才是保证区域粮食安全的根本路径。

3. 科技发展驱动力

科技发展驱动力，一方面表现为农业科技发展日新月异呈跨越式发展，这种与时俱进的科技发展规律，自组织地推动区域适应环境变化和时代要求进行农业科技协同创新。另一方面表现为农业科技需求的拉动，如我国农业科技需求主要集中于农产品有效供给和食物安全、非优势农产品国际竞争力、优势农产品市场竞争力、提高产品质量、保护生物安全、增加农民收入、节约农业稀缺资源、保护生态环境、实现农业和农村可持续发展等方面的技术。而农作物生产往往需要优质土壤、作物良种、非生物与生物环境等多方面因素的综合调控和技术支撑，一个因素的突破需要多方面因素的互动，农业自身科学与技术的发展、融合与需要，推动了各主体之间的互动、合作与交流，催生了高校、科研院所、涉农企业、农户等主体的农业科技协同创新。

4. 市场利益驱动力

科技创新作用于经济增长所产生的实质结果在于科技成果转化为现实生产力。市场利益的强大驱动，一方面能够将高校被“冷冻”在实验室的科研成果，通过商业化手段的运作，转化为现实生产力，从而获得科研支持经费收入。另一方面，能够使涉农企业获得外部技术支持，突破自身研发资源不足、研发经费短缺的局面，从而有利于增强涉农企业在市场上的竞争地位，提高企业的经济效益。市场竞争规则所产生的优胜劣汰机制，使涉农企业不仅要居安思危，还要积极主动地寻求技术、资金、人才等外部创新要素，与不同的优势互补的创新主体进行合作，实现持续、卓越的发展。获取最大市场利益是农业科技协同创新的根本驱动力。

（二）内部动力系统

1. 协同创新文化驱动力

农业科技协同创新的动力源在于形成协同创新文化。文化协同在农业科技协同创新系统中具有“增效作用”，分为内在精神文化协同和外在制度文化协同，内在精神文化以组织文化、价值观、研究精神等方面使各协同创新主体形成内在意识形态集合，影响整个系统与个体的行为及心理；外在制度文化是以制度、规则、规定等方面使各协同创新主体形成知识生产及创新制度规范，驱动各创新主体调节合作的深度、广度及松紧程度，形成利益共同体。在协同创新文化的三种作用中，驱动力给予农业科技协同创新以发展的活力，凝聚力给予农业科技协同创新以组织的效能，提升力给予农业科技协同创新以发展的意义。

2. 协同创新战略驱动力

农业科技协同创新的定位、规划来自协同创新战略的有效实施。协同创新战略是应对区域农业发展的挑战与机遇。根据农业发展的优势竞争力与综合条件及农业科技协同创新要求和发展目标，所形成的高层次全局性宏观战略谋划，正是通过科学定位和规划，高起点谋划农业科技协同创新战略，才有力保证了农业科技协同创新的实现。区域政府、农业企业家、首席农业科学家等是农业科技协同创新战略制定的重要主体，是农业科技协同创新重要的推动力量。因此，农业科技协同创新战略的设计与制定，通过定向和规划功能给予农业科技协同创新以巨大的动力作用。

三、农业科技协同创新的条件系统

农业科技协同创新条件是农业科技协同创新得以实现不可或缺的因素，是在一定条件下产生、在一定条件下发展，是农业科技协同创新顺利开展的必要基点，是与农业科技协同创新相联系的、对它的存在和发展发生作用的诸要素综合。离开必要的条件要素，农业科技协同创新则无从谈起。如何驾驭和把握条件要素，对农业科技协同创新的成功实现具有不可替代、举足轻重的作用。农业科技协同创新条件系统主要包括农业科技协同创新平台、知识资源、资金、制度、技术与产业五个方面（图 2-3）。

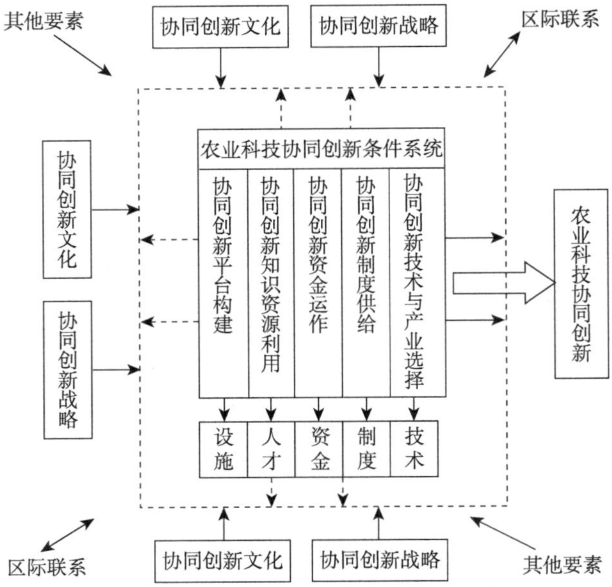

图 2-3　农业科技协同创新条件系统模型

（一）农业科技协同创新平台

农业科技协同创新能力的重要体现在于构建高水平的农业科技协同创新平台。农业科技协同创新平台的支撑能力的大小、共享程度的高低、资源整合的力度及与农业经济发展相适宜的程度，直接决定农业科技协同创新效率。因此，农业科技协同创新平台对农业科技协同创新具有整合、保障、供给、集聚、支撑、催化、协调、提升农业产业竞争力等功能。根据农业科技协同创新需要，通过科学进行平台功能定位、建立高效运行机制、构建平台优秀人才队伍，从而夯实农业科技协同创新科技基础条件平台、产品农业协同创新平台、农业科技协同创新服务平台，保障农业科技协同创新体系高效运行、实现农业科技协同创新。

（二）知识资源

知识资源是农业科技协同创新的首要资源，其重要载体主要有人才、技术及专利，如何高效、优化利用农业科技协同创新系统内部、外部知识资源是农业科技协同创新的关键。提高农业科技协同创新知识资源利用效率，与农业科技协同创新所形成的知识资源利用社会网络及利用途径息息相关。构建农业科技协同创新体系，整合产业链，打造农业科技协同创新战略联盟，加强顶尖人才有效流入、知识产权贸易等途径，来满足农业科技协同创新对专利、顶尖人才、具有自主知识产权技术等知识资源载体的需求。

（三）资金

农业科技投入水平是衡量一个国家或地区农业科技实力的关键性因素，投入强度超过3%已成为世界发达国家农业科技水平的重要标志。农业科技协同创新的重要保证来自构建强大而坚实的科技投入支撑体系，其对农业科技协同创新具有支撑、导向和促进作用，其中的资金运作是保证农业科技协同创新投入的关键。实现农业科技协同创新投入资金高效运作，需要借鉴发达国家农业科技投入资金运作经验与模式，立足农业技术创新生命周期资金需求规律，充分发挥政府引导作用，建立由区域政府、涉农企业、金融机构等组成的多元化农业科技协同创新资金投入体系。

（四）制度

农业科技协同创新有效实施的复杂性、不确定性和艰巨性，需要建立适宜和高效的制度安排，提高农业科技协同创新资源配置效率、强化农业科技协同创新激励、降低农业科技协同创新交易费用和减少风险、优化农业科技协同创新交易行为，从而提高农业科技协同创新产出增长率。因此，建立高效、科学、适宜的制度安排是农业科技协同创新顺利实施的重要保障，一方面要实现农业科技协同创新制度供给充分，对农业科技协同创新各个环节起到保障作用。另一方面要实现农业科技协同创新制度供给有效性，所提供的制度能够真正落实，对保障农业科技协同创新平台构建、农业科技协同创新资金运作、农业科技协同创新知识资源利用和文化建设切实发挥作用。因此，需要通过政府职能的变革、农业科技协同创新人才制度的完善、农业科技协同创新知识产权保护的加强、农业科技协同创新科技体制改革等方面，建立农业科技协同创新合作共享机制，不断完善农业科技协同创新制度政策环境，从根本上激励、保障、推动、促进农业科技协同创新的高效发展。

（五）技术与产业

农业科技协同创新的方向在于正确选择农业科技协同创新的关键技术与产业。经济结构、制度类型、资源禀赋、文化要素、生态环境的不同，一方面，决定了农业科技协同创新技术与产业的选择要与区域经济发展相适宜，如国家层面可以选择跨省共性关键技术；省域层面选择跨地州共性关键技术；地州市县选择本地特色农业重大技术；镇乡选择本土农业个性技术。另一方面，技术与产业的选择要体现战略性，以区域农业发展战略为导向，通过建立独特的技术轨道，从而确定农业科技协同创新的领域和方向，保证农业科技协同创新高起点、高水平发展和成功实现。

四、农业科技协同创新的过程系统

农业科技协同创新是通过合理分工协作，以科研机构、高校、农业企业、政府、各类中介服务机构和农户的协同，开展农业创新资源的整合与创新主体的互动，依托技术环境、市场环境、制度和体制环境、社会和文化环境共同作用，集育种、生产与加工、储运与保鲜、包装与营销、科技等产前、产中、产后环节在内的整个产业链与技术链的双向融合，以及涉及技术、制度、管理、市场、文化等方面协同创新，达到农业产业开放式创新与系统创新的有机统一，形成农业科技协同创新能力。通过引进、消化、再创新、集成创新或原始创新的方式，进行产业共性、关键技术和前沿技术的研究、攻关、集成和示范，提升农业科技创新和成果产品化、商品化、产业化的转化水平，获取农业科技创新及农业科技成果转化的帕累托最优效果，促进农业综合生产力的提高，实现农业增效、农民增收，保障农产品有效供给和国家粮食安全，推进现代化农业持续发展的过程。图 2-4 为农业科技协同创新过程系统模型。

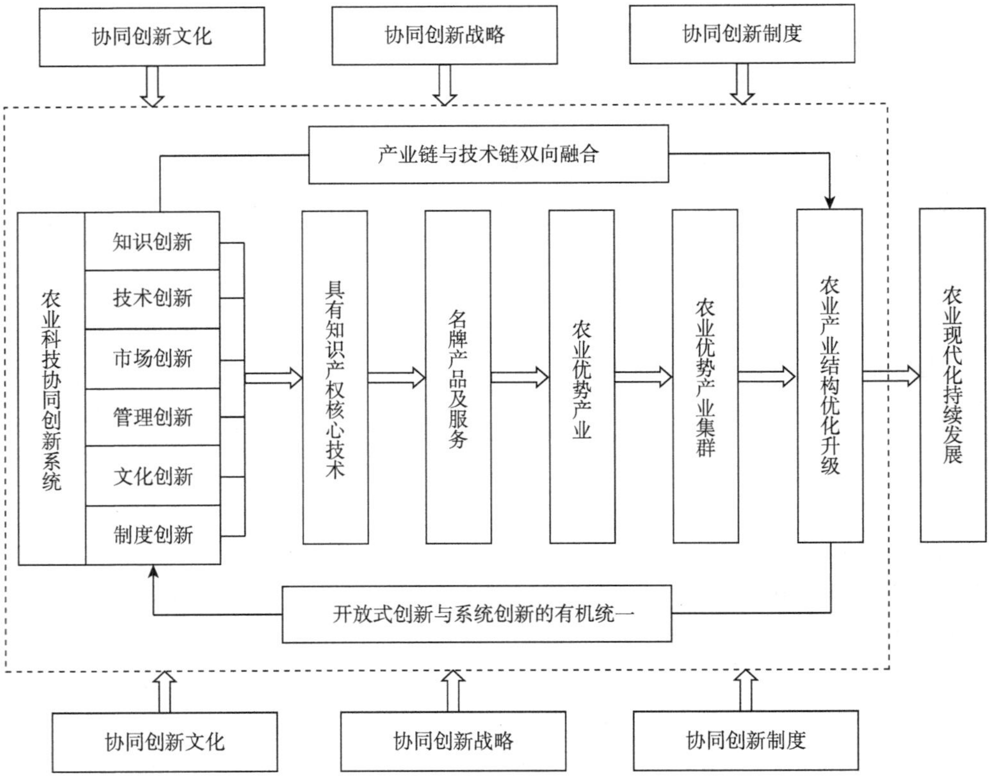

图 2-4　农业科技协同创新过程系统模型

五、农业科技协同创新的调控系统

对农业科技协同创新行为及过程进行调控可以有效地保证农业科技协同创新方向的正确性和良性运行。协同创新文化、协同创新战略及协同创新制度安排是农业科技协同创新调控系统。一方面，协同创新的过程也是文化价值观整合的过程，由协同需求驱动文化接触、文化差异，导致文化冲突、文化调试，促进文化整合、文化认同，激发文化创新等过程组成。农业科技协同创新文化不仅是农业科技协同创新的动力，同时对协同创新行动的相关主体的心理定势、思维方式和价值取向具有支配和影响作用，从而使各创新主体能够依从协同创新文化规范价值谋求社会认同，做出协同创新行动的正确选择和决策，开启、展开和实现农业科技协同创新，最终实现对农业科技协同创新行为的良性调控。另一方面，农业科技协同创新是系统工程，需要根据技术环境、市场环境、制度和体制环境、社会和文化环境的不断变化，与时俱进制定协同创新战略，对农业科技协同创新的方向、模式、重点发展目标和实现途径等方面进行调控。此外，制度不仅可以作为农业科技协同创新条件要素的重要组成部分，同时还可以通过制度供给和制度创新，满足农业科技协同创新制度需求，是调控农业科技协同创新行为及全过程的重要力量。

本 章 小 结

我国农业发展已进入由传统农业向现代农业、由生产主导型农业向技术主导型农业转变的新阶段，“持续稳定实现农业发展、确保农产品长期有效供给，科技是根本出路”①。农业科技协同创新作为农业经济发展中的一种创新活动、一种创新理论，与农业科技协同创新动力系统、条件系统、过程系统、调控系统及要素之间相互联系、相互作用的内容和方式密切相关，其成功实现是多种要素相互作用的结果。正是这些系统及要素之间的相互作用与协同，提升了农业综合生产力，实现了农业增效、农民增收，保障了有效供给农产品和国家粮食安全，推进了农业现代化持续发展。因此，农业科技协同创新理论研究重要内容之一是深入研究农业科技协同创新机制。

本章在研究协同创新、农业科技协同创新内涵及特征的基础上，重点研究了农业科技协同创新的实现机制，构建了农业科技协同创新机制模型，并对农业科

① 中共中央、国务院印发《关于加快推进农业科技创新持续增强农产品供给保障能力的若干意见》（全文）. http://www.moa.gov.cn/ztzl/yhwj/zywj/201202/t20120215_2481552.htm，2012-02-02.

技协同创新机制的动力系统、条件系统、过程系统、调控系统进行了分析。

研究认为，农业科技协同创新是指围绕农业产业发展需求，基于共同利益，通过合理分工、资源共享、优势互补的协作，以科研机构、高校、农业企业、政府、各类中介服务机构和农户等的协同，开展农业创新资源的整合与创新主体的互动，依托技术环境、市场环境、制度和体制环境、社会和文化环境共同作用，形成农业科技协同创新能力。通过引进、消化、再创新、集成创新或原始创新的方式，进行产业共性、关键技术和前沿技术的研究、攻关、集成和示范，提升农业科技创新和成果产品化、商品化、产业化的转化水平，促进农业产业链与技术链双向融合，获取农业科技创新及农业科技成果转化的帕累托最优效果，提高农业综合生产力，实现农业增效、农民增收，保障国家粮食安全和农产品有效供给，持续推进现代化农业发展。

研究认为，农业科技协同创新的特征主要包括：农业科技协同创新具有差异性；农业科技协同创新具有明确的组织目标和共同愿景；农业科技协同创新具有合理的内在机制；农业科技协同创新需要内在、外在动力的共同作用；农业科技协同创新需要多种要素条件的支撑与协同；农业科技协同创新需要协同创新文化、战略、制度的调控；农业科技协同创新是农业产业开放式创新和系统创新的有机统一；农业科技协同创新是产业链与技术链双向融合的过程。

研究认为，农业科技协同创新的机制是指，农业成功实现科技协同创新的内在结构要素及其相互作用所形成的体系，主要由农业科技协同创新的动力系统、条件系统、过程系统、调控系统所组成。正是这些农业科技协同创新要素及各系统之间的相互影响、相互作用，提升了农业综合生产力，实现了农业增效、农民增收，保障了有效供给农产品和国家粮食安全，推进了现代化农业持续发展。农业科技协同创新与其他领域的协同创新相比，具有显著的差异性特征，受需求不足和供给不足的双重约束，具体表现为地域性、公共性、长期性、风险性。因此，农业科技协同创新的实现需要充分发挥政府的主导作用，在内、外动力共同作用下，形成明确的组织目标和共同愿景，从平台构建、知识资源和科技投入提供、制度创新和供给、战略技术与战略产业选择等层面为农业科技协同创新给予多种要素条件的支撑，辅以协同创新文化、战略、制度的调控以保证其发展方向和良性运行，并构建适宜的农业科技协同创新系统，选择合适的农业科技协同创新模式，通过动力系统、条件系统、过程系统、调控系统及其内在相关要素之间的相互作用与协同，构建合理的实现机制，达到农业产业开放式创新与系统创新的有机统一，实现产业链与技术链的双向融合，使农业产业呈现协同创新持续发展、动态循环的必然趋势。

研究认为，任何一项经济活动总是受驱于某一动力支配，由此得以开始、开展及持续。农业科技协同创新动机的产生来自农业科技协同创新动力的驱动，并最终变成物质的实际行动作用于农业科技协同创新行为的全过程。农业科技协同创新的前提是要有足够的内在、外在动力，并且多种作用力彼此互相协调、共同作用，从而形成农业科技协同创新的内部、外部驱动合力。外部动力系统主要包括农业产业竞争驱动力、区域粮食安全驱动力、科技发展驱动力、市场利益驱动力。内部动力系统主要包括协同创新文化驱动力、协同创新战略驱动力。

研究认为，农业科技协同创新条件是农业科技协同创新开展的必要基点。条件是农业科技协同创新得以实现不可或缺的因素，是在一定条件下产生、在一定条件下发展，是农业科技协同创新顺利开展的必要基点，是与农业科技协同创新相联系的、对它的存在和发展发生作用的诸要素综合。离开必要的条件要素，农业科技协同创新则无从谈起。如何驾驭和把握条件要素，对农业科技协同创新的成功实现具有不可替代、举足轻重的作用。农业科技协同创新条件系统主要包括农业科技协同创新平台、知识资源、资金、制度、技术与产业五个方面。其中，农业科技协同创新能力的重要体现在于构建高水平的农业科技协同创新平台。农业科技协同创新平台的支撑能力的大小、共享程度的高低、资源整合的力度及与农业经济发展相适宜的程度，直接决定农业科技协同创新效率。知识资源是农业科技协同创新的首要资源，其重要载体主要有人才、技术及专利，如何高效、优化利用农业科技协同创新系统内部、外部知识资源是农业科技协同创新的关键。农业科技协同创新的重要保证来自构建强大而坚实的科技投入支撑体系，其对农业科技协同创新具有支撑、导向和促进作用，其中的资金运作是保证农业科技协同创新投入的关键。高效的制度安排是农业科技协同创新顺利实施的重要保障。技术与产业的选择是农业科技协同创新的方向。经济结构、制度类型、资源禀赋、文化要素、生态环境的不同，一方面，决定了农业科技协同创新技术与产业的选择要与区域经济发展相适宜，如国家层面可以选择跨省共性关键技术；省域层面选择跨地州共性关键技术；地州市县选择本地特色农业重大技术；镇乡选择本土农业个性技术。另一方面，技术与产业的选择要体现战略性，以区域农业发展战略为导向，通过建立独特的技术轨道，从而确定农业科技协同创新的领域和方向，保证农业科技协同创新高起点、高水平发展和成功实现。

研究认为，农业科技协同创新的过程系统是通过合理分工协作，以科研机构、高校、农业企业、政府、各类中介服务机构和农户的协同，开展农业创新资源的整合与创新主体的互动，依托技术环境、市场环境、制度和体制环境、社会和文化环境共同作用，集良种、生产、加工、储运、保鲜、包装、营销、科技等产前、产中、产后环节在内的整个产业链与技术链的双向融合，以及涉及技术、制度、管理、市场、文化等方面协同创新，达到农业产业开放式创新与系统创新的有机统一，形成农业科技协同创新能力。通过引进、消化、再创新、集成创新或原始创新的方式，进行产业共性、关键技术和前沿技术的研究、攻关、集成和示范，提升农业科技创新和成果产品化、商品化、产业化的转化水平，获取农业科技创新及农业科技成果转化的帕累托最优效果，提高农业综合生产力，实现农业增效、农民增收，保障国家粮食安全和农产品有效供给，推进农业现代化持续发展的过程。

研究认为，农业科技协同创新的调控系统是为保证农业科技协同创新方向的正确性和良性运行，需要对农业科技协同创新行为及过程进行调控。农业科技协同创新调控系统主要包括协同创新文化、协同创新战略及协同创新制度安排。协同创新文化与协同创新战略既是农业科技协同创新实现机制的动力系统组成部分，又是调控系统的构成要素，而协同创新制度既是农业科技协同创新机制的条件系统构成部分，又是农业科技协同创新调控系统的构成要素。

参考文献

[1] 洪银兴. 关于创新驱动和协同创新的若干重要概念[J]. 经济理论与经济管理，2013，（5）：5-12.

[2] 洪银兴. 产学研协同创新的经济学分析[J]. 经济科学，2014，（1）：56-64.

[3] 赵立雨. 基于协同创新的技术创新网络扩张研究[J]. 科技进步与对策，2012，29（22）：11-14.

[4] 刘丹，闫长乐. 协同创新网络结构与机理研究[J]. 管理世界，2013，（12）：1-4.

[5] 李文博. 高校协同创新的内涵、运作机理及保障机制[J]. 教育与职业，2015，（35）：14-17.

[6] 解学梅，刘丝雨. 协同创新模式对协同效应与创新绩效的影响机理[J]. 管理科学，2015，28（2）：27-39.

[7] 王新新. “协同创新”的涵义、特征及发展路径研究[J]. 商业经济研究，2017，（7）：142-144.

[8] 石贵舟. 产学研协同创新驱动下的高校内涵发展研究[J]. 学术论坛，2016，39（3）：150-154.

[9] 王广，郭翔宇. 农业科技创新动力机制影响因素与创新[J]. 学术交流，2016，（5）：136-141.

[10] 王燕. 区域经济发展的自主创新理论研究[D]. 东北师范大学博士学位论文，2007.

[11] 王燕，张宗益. 论区域自主创新文化的特性、作用机制及建设路径[J]. 东北师大学报（哲学社会科学版），2010，（2）：15-19.

[12] 王雅鹏，吕明，范俊楠，等. 我国现代农业科技创新体系构建：特征、现实困境与优化路

径[J]. 农业现代化研究，2015，36（2）：161-167.

[13] 洪银兴. 现代化的创新驱动：理论逻辑与实践路径[J]. 江海学刊，2013，（6）：20-27.

[14] 洪银兴. 产业化创新及其驱动产业结构转向中高端的机制研究[J]. 经济理论与经济管理，2015，（11）：5-14.

[15] 洪银兴. 科技创新体系的完善与协同发展探讨[J]. 经济学动态，2016，（2）：4-9.

[16] 郝世绵，韦文联，程亮. 现代农业协同创新的关系契约模型及治理机制[J]. 湖南社会科学，2014，（5）：160-163.

[17] 曹博，赵芝俊. 基于产业结构升级的现代农业科技创新体系研究[J]. 农村经济，2017，（1）：99-104.

第三章　西部地区农业科技协同创新能力测评

西部地区是我国区域经济重要的战略组成部分，其大部分地区属于我国经济欠发达和需要加强开发的地区，因此，其农业持续稳定高效发展关系到西部地区的经济发展和区域安全，严峻的自然环境和生态环境，决定了西部地区要不断提升农业科技协同创新能力，大力开展区域内及区际农业科技协同创新，为区域经济发展与农业产业价值增值提供发展动力。

第一节　西部地区农业科技协同创新的基础

西部地区主要包括甘肃省、陕西省、云南省、贵州省、广西壮族自治区、四川省、青海省、宁夏回族自治区、西藏自治区、内蒙古自治区、新疆维吾尔自治区、重庆市 12 个省（自治区、直辖市）。其土地面积辽阔，约 681 万平方千米，占据了全国总面积的 71%；全国总人口的 28%为西部地区人口。同时，西部地区在国际经济环境中具有明显的区位优势，与哈萨克斯坦、塔吉克斯坦、巴基斯坦、不丹、蒙古、阿富汗、尼泊尔、俄罗斯、印度、老挝、吉尔吉斯斯坦、越南、缅甸等 13 个国家接壤，1.8 万余千米的陆地边境线，约占全国陆地边境线的 91%；与东南亚许多国家隔海相望，有大陆海岸线 1 595 千米，约占全国海岸线的 1/11。

一、西部地区的农村经济发展基础

（一）农林牧渔业总产值情况

西部地区农林牧渔业总产值由 1995 年的 4 690.6 亿元，增加到 2015 年的

29 478.2 亿元，占全国的比重由 1995 年的 23.1%，提高到 2015 年的 27.5%。其中农业占比由 1995 年的 61.6%，降低到 2015 年的 58.5%，产值由 1995 年的 2 890.8 亿元，增加到 2015 年的 17 240.5 亿元，总产值占全国的比重由 1995 年的 24.3%，提高到 2015 年的 29.9%；林业占比由 1995 年的 3.8%，增加到 2015 年的 4.5%，产值由 1995 年的 177.4 亿元，增加到 2015 年的 1 313.2 亿元，总产值占全国的比重由 1995 年的 24.1%，提高到 2015 年的 29.6%；牧业占比由 1995 年的 32.3%，降低到 2015 年的 30.6%，产值由 1995 年的 1 516.5 亿元，增加到 2015 年的 9 006.8 亿元，总产值占全国的比重由 1995 年的 24.7%，提高到 2015 年的 30.2%；渔业占比由 1995 年的 2.3%，增加到 2015 年的 3.2%，产值由 1995 年的 105.9 亿元，增加到 2015 年的 949.9 亿元，总产值占全国的比重由 1995 年的 6.2%，提高到 2015 年的 8.7%（表 3-1）。

表 3-1　西部地区农林牧渔业总产值情况

指标		1995 年	2015 年
农林牧渔业	总产值/亿元	4 690.6	29 478.2
	占全国的比重	23.1%	27.5%
农业	在农林牧渔业的占比	61.6%	58.5%
	产值/亿元	2 890.8	17 240.5
	占全国的比重	24.3%	29.9%
林业	在农林牧渔业的占比	3.8%	4.5%
	产值/亿元	177.4	1 313.2
	占全国的比重	24.1%	29.6%
牧业	在农林牧渔业的占比	32.3%	30.6%
	产值/亿元	1 516.5	9 006.8
	占全国的比重	24.7%	30.2%
渔业	在农林牧渔业的占比	2.3%	3.2%
	产值/亿元	105.9	949.9
	占全国的比重	6.2%	8.7%

资料来源：《中国农村统计年鉴（2016）》

（二）农林牧渔业增加值及中间消耗情况

西部地区农林牧渔业增加值由 1995 年的 2 962.2 亿元，增加到 2015 年的 17 832.4 亿元，中间消耗由 1995 年的 1 728.4 亿元，增加到 2015 年的 11 645.7 亿元。其中，农业增加值总量由 1995 年的 1 953.6 亿元，增加到 2015 年的 11 187.2 亿元；增加值占比由 1995 年的 66.0%，降低到 2015 年的 62.7%；中间消耗由 1995 年的 937.2 亿元，增加到 2015 年的 6 053.3 亿元，占比由 1995 年的 54.2%，降低到2015年的52.0%。林业增加值总量由1995年的133.2亿元，增加到2015年的885.4亿元；增加值占比由1995年的4.5%，增加到2015年的5.0%；中间消耗由1995年的44.2亿元，增加到2015年的427.8亿元，占比由1995年的2.6%，增加到2015年的3.7%。牧业增加值由1995年的800.1亿元，增加到2015年的4 676.0亿元；增加值占比由1995年的27.0%，降低到2015年的26.2%；中间消耗由1995年的716.4亿元，增加到2015年的4 330.8亿元，占比由1995年的41.5%，降低到2015年的37.2%；渔业增加值由1995年的75.3亿元，增加到2015年的613.7亿元；增加值占比由1995年的2.5%，增加到2015年的3.4%；中间消耗由1995年的30.6亿元，增加到2015年的336.2亿元，占比由1995年的1.8%，增加到2015年的2.9%（表3-2）。

表3-2　西部地区农林牧渔业增加值及中间消耗情况

指标		1995年	2015年
农林牧渔业	增加值/亿元	2 962.2	17 832.4
	中间消耗/亿元	1 728.4	11 645.7
农业	增加值/亿元	1 953.6	11 187.2
	增加值在农林牧渔业的占比	66.0%	62.7%
	中间消耗/亿元	937.2	6 053.3
	中间消耗在农林牧渔业的占比	54.2%	52.0%
林业	增加值/亿元	133.2	885.4
	增加值在农林牧渔业的占比	4.5%	5.0%
	中间消耗/亿元	44.2	427.8
	中间消耗在农林牧渔业的占比	2.6%	3.7%
牧业	增加值/亿元	800.1	4 676.0
	增加值在农林牧渔业的占比	27.0%	26.2%
	中间消耗/亿元	716.4	4 330.8
	中间消耗在农林牧渔业的占比	41.5%	37.2%
渔业	增加值/亿元	75.3	613.7
	增加值在农林牧渔业的占比	2.5%	3.4%
	中间消耗/亿元	30.6	336.2
	中间消耗在农林牧渔业的占比	1.8%	2.9%

资料来源：《中国农村统计年鉴（2016）》

（三）农业固定资产投资的情况

西部地区农业固定资产投资由2005年的692.31亿元，增加到2016年的8 238.54亿元。占全国的比重由2005年的29.79%，增加到2016年的33.15%（图3-1），2005~2016年西部地区农业固定资产投资年平均增长速度达到25.25%。

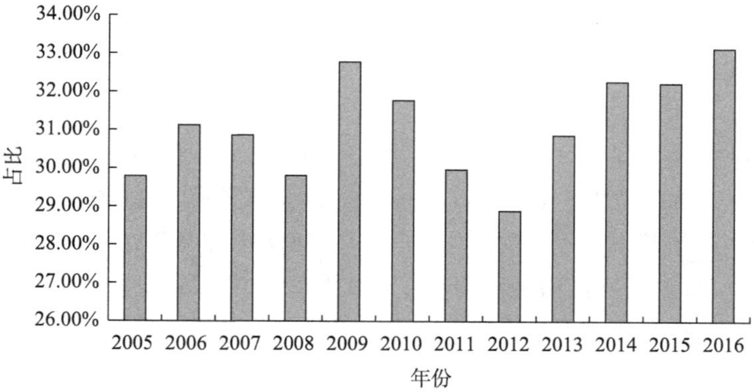

图 3-1　2005~2016 年西部地区农业固定资产投资占全国的比重

资料来源：国家统计局统计数据库

（四）农村居民人均可支配收入情况

西部地区名义价格计算的农村居民人均可支配收入由 2005 年的 2 355.63 元，增加到 2016 年的 9 706 元（图 3-2），2005~2016 年西部地区农村居民人均可支配收入年增长率达到 13.74%。

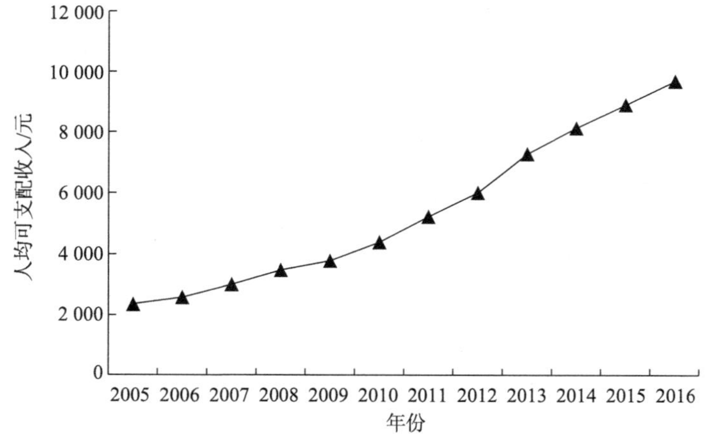

图 3-2　2005~2016 年西部地区农村居民人均可支配收入变化

由于数据统计口径改变，2012 年之前的数据是以农村居民人均纯收入来代替农村居民人均可支配收入

资料来源：国家统计局统计数据库

（五）农业机械拥有量情况

西部地区农用机械总动力由 1990 年的 5 906.2 万千瓦，增加到 2015 年的 28 967.1 万千瓦；大中型拖拉机由 1990 年的 20.3 万混合台，增加到 2015 年的 218.6 万混合台；小型拖拉机由 1990 年的 152.3 万台，增加到 2015 年的 312.5 万

台；大中型拖拉机配套农具由 1990 年的 20.0 万部，增加到 2015 年的 291.4 万部；小型拖拉机配套农具由 1990 年的 108.9 万部，增加到 2015 年的 486.6 万部；农用排灌柴油机由 1990 年的 38.6 万台，增加到 2015 年的 198.6 万台；农用排灌电动机由 1990 年的 44.6 万台，增加到 2015 年的 265.0 万台；农用水泵由 1990 年的 78.0 万台，增加到 2015 年的 468.0 万台；节水灌溉机械由 1990 年的 2.4 万套，增加到 2015 年的 42.6 万套；联合收获机由 1990 年的 0.8 万台，增加到 2015 年的 18.3 万台；机动脱粒机由 1990 年的 37.4 万台，增加到 2015 年的 532.0 万台；农用运输车由 1990 年的 5.3 万辆，增加到 2015 年的 233.5 万辆（表 3-3）。

表 3-3　西部地区农业机械拥有量情况

指标	单位	1990 年	2015 年
农用机械总动力	万千瓦	5 906.2	28 967.1
大中型拖拉机	万混合台	20.3	218.6
小型拖拉机	万台	152.3	312.5
大中型拖拉机配套农具	万部	20.0	291.4
小型拖拉机配套农具	万部	108.9	486.6
农用排灌柴油机	万台	38.6	198.6
农用排灌电动机	万台	44.6	265.0
农用水泵	万台	78.0	468.0
节水灌溉机械	万套	2.4	42.6
联合收获机	万台	0.8	18.3
机动脱粒机	万台	37.4	532.0
农用运输车	万辆	5.3	233.5

资料来源：《中国农村统计年鉴（2016）》

（六）农村电力和农田水利建设情况

西部地区乡村办水电站由 1990 年的 17 623 个，下降到 2015 年的 14 705 个；装机容量由 1990 年的 138.4 万千瓦，增加到 2015 年的 3 984.6 万千瓦；农村用电量由 1990 年的 145.7 亿千瓦时，增加到 2015 年的 870.0 亿千瓦时；农田水利根底灌溉面积由 1990 年的 1 268.59 万公顷，增加到 2015 年的 1 939.08 万公顷（表 3-4）。

表 3-4　西部地区农村电力和农田水利建设情况

指标	单位	1990 年	2015 年
乡村办水电站	个	17 623	14 705
装机容量	万千瓦	138.4	3 984.6
农村用电量	亿千瓦时	145.7	870.0
农田水利根底灌溉面积	万公顷	1 268.59	1 939.08

资料来源：《中国农村统计年鉴（2016）》

（七）农用化肥、农膜、柴油和农药使用量情况

西部地区化肥施用量由1990年的570.8万吨，增加到2015年的1 806.5万吨。其中，氮肥由1990年的371.1万吨，增加到2015年的782.7万吨；磷肥由1990年的105.5万吨，增加到2015年的298.0万吨；钾肥由1990年的28.8万吨，增加到2015年的193.7万吨；复合肥由1990年的65.4万吨，增加到2015年的532.1万吨（表3-5）。

表3-5　西部地区农用化肥使用量情况　　单位：万吨

指标	1990年	2015年
化肥施用量	570.8	1 806.5
氮肥	371.1	782.7
磷肥	105.5	298.0
钾肥	28.8	193.7
复合肥	65.4	532.1

资料来源：《中国农村统计年鉴（2016）》

农用塑料薄膜使用量由1995年的21.9万吨，增加到2015年的100.2万吨。其中，地膜使用量由1995年的16.7万吨，增加到2015年的72.7万吨；地膜覆盖面积由1995年的257.37万公顷，增加到2015年的974.66万公顷。农用柴油使用量由1995年的253.2万吨，增加到2015年的566.1万吨。农药使用量由1995年的15.4万吨，增加到2015年的38.1万吨（表3-6）。

表3-6　西部地区农膜、柴油和农药使用量情况

指标	单位	1995年	2015年
农用塑料薄膜使用量	万吨	21.9	100.2
地膜使用量	万吨	16.7	72.7
地膜覆盖面积	万公顷	257.37	974.66
农用柴油使用量	万吨	253.2	566.1
农药使用量	万吨	15.4	38.1

资料来源：《中国农村统计年鉴（2016）》

（八）自然灾害情况

西部地区受灾面积由1990年的1 169.20万公顷，降低到2015年的829.93万公顷。其中，旱灾面积由1990年的720.93万公顷，降低到2015年的470.70万公顷；水灾面积由1990年的217.40万公顷，降低到2015年的140.10万公顷；风雹灾面积由1990年的156.07万公顷，降低到2015年的153.57万公顷；霜冻灾面积由1990年的74.80万公顷，降低到2015年的49.37万公顷。成灾面积由1990年的548.40万公顷，降低到2015年的496.24万公顷。其中，旱灾面积由1990年的335.07万公顷，降低到2015年的265.42万公顷；水灾面积由1990年的108.00万

公顷，降低到2015年的86.67万公顷；风雹灾面积由1990年的65.20万公顷，增加到2015年的108.19万公顷；霜冻灾面积由1990年的40.13万公顷，降低到2015年的28.84万公顷。成灾面积占受灾面积的比重由1990年的46.9%增加到2015年的59.8%（表3-7）。

表3-7　西部地区自然灾害情况　　　　单位：万公顷

指标		1990年	2015年
受灾面积	受灾面积	1 169.20	829.93
	旱灾	720.93	470.70
	水灾	217.40	140.10
	风雹灾	156.07	153.57
	霜冻灾	74.80	49.37
成灾面积	成灾面积	548.40	496.24
	旱灾	335.07	265.42
	水灾	108.00	86.67
	风雹灾	65.20	108.19
	霜冻灾	40.13	28.84
成灾面积占受灾面积的比重		46.9%	59.8%

资料来源：《中国农村统计年鉴（2016）》

（九）农作物播种面积及构成情况

西部地区农作物总播种面积，由1990年的4 350.77万公顷，增加到2015年的5 604.30万公顷。粮食作物面积由1990年的3 366.85万公顷，增加到2015年的3 462.06万公顷。其中，稻谷面积由1990年的782.35万公顷，降低到2015年的682.06万公顷；小麦面积由1990年的930.28万公顷，降低到2015年的580.60万公顷；玉米面积由1990年的645.85万公顷，增加到2015年的1 164.47万公顷；谷子面积由1990年的60.35万公顷，降低到2015年的29.57万公顷；高粱面积由1990年的31.82万公顷，降低到2015年的31.19万公顷；大豆面积由1990年的133.30万公顷，增加到2015年的147.39万公顷；薯类面积由1990年的374.39万公顷，增加到2015年的569.63万公顷，其中，马铃薯面积由1990年的184.79万公顷，增加到2015年的426.42万公顷。油料作物面积由1990年的330.03万公顷，增加到2015年的479.77万公顷。其中，花生面积由1990年的41.51万公顷，增加到2015年的68.85万公顷；油菜籽面积由1990年的182.00万公顷，增加到2015年的300.78万公顷；芝麻面积由1990年的3.99万公顷，降低到2015年的3.95万公顷；胡麻籽面积由1990年的50.04万公顷，降低到2015年的20.21万公顷；向日葵籽面积由1990年的31.25万公顷，增加到2015年的77.79万公顷。棉花面积由1990年的68.28万公顷，增加到2015年的197.17万公顷。麻类面积由

1990 年的 10.21 万公顷，降低到 2015 年的 4.58 万公顷。其中，黄红麻面积由 1990 年的 5.69 万公顷，降低到 2015 年的 0.40 万公顷。糖类面积由 1990 年的 69.39 万公顷，增加到 2015 年的 144.20 万公顷。其中，甘蔗面积由 1990 年的 49.26 万公顷，增加到 2015 年的 132.79 万公顷；甜菜面积由 1990 年的 20.13 万公顷，增加到 2015 年的 11.41 万公顷。烟叶面积由 1990 年的 76.17 万公顷，增加到 2015 年的 83.23 万公顷，其中，烤烟面积由 1990 年的 63.11 万公顷，增加到 2015 年的 78.31 万公顷。药材面积由 1990 年的 5.94 万公顷，增加到 2015 年的 133.08 万公顷；蔬菜及瓜类面积由 1990 年的 176.67 万公顷，增加到 2015 年的 785.18 万公顷；其他农作物面积由 1990 年的 203.94 万公顷，增加到 2015 年的 315.02 万公顷（表 3-8）。

表 3-8　西部地区农作物播种面积及播种情况　　单位：万公顷

指标			1990 年	2015 年
农作物总播种面积			4 350.77	5 604.30
粮食作物	粮食作物面积		3 366.85	3 462.06
	谷物	稻谷	782.35	682.06
		小麦	930.28	580.60
		玉米	645.85	1 164.47
		谷子	60.35	29.57
		高粱	31.82	31.19
	豆类	大豆	133.30	147.39
	薯类	薯类面积	374.39	569.63
		马铃薯	184.79	426.42
油料作物	油料作物面积		330.03	479.77
	花生		41.51	68.85
	油菜籽		182.00	300.78
	芝麻		3.99	3.95
	胡麻籽		50.04	20.21
	向日葵籽		31.25	77.79
棉花			68.28	197.17
麻类	麻类面积		10.21	4.58
	黄红麻		5.69	0.40
糖类	糖类面积		69.39	144.20
	甘蔗		49.26	132.79
	甜菜		20.13	11.41
烟叶	烟叶面积		76.17	83.23
	烤烟		63.11	78.31
药材			5.94	133.08
蔬菜及瓜类			176.67	785.18
其他农作物			203.94	315.02

资料来源：《中国农村统计年鉴（2016）》

（十）主要农作物产量情况

西部地区粮食作物总产量由 1990 年的 11 168.3 万吨，增加到 2015 年的 16 500.9 万吨。其中，稻谷由 1990 年的 4 506.9 万吨，增加到 2015 年的 4 548.4 万吨；小麦由 1990 年的 2 512.2 万吨，减少到 2015 年的 2 295.1 万吨；玉米由 1990 年的 2 372.9 万吨，增加到 2015 年的 6 699.9 万吨；谷子由 1990 年的 87.3 万吨，降低到 2015 年的 61.4 万吨；高粱由 1990 年的 99.3 万吨，增加到 2015 年的 126.1 万吨；大豆由 1990 年的 166.6 万吨，增加到 2015 年的 267.3 万吨；薯类产量由 1990 年的 854.4 万吨，增加到 2015 年的 1 950.0 万吨，其中，马铃薯由 1990 年的 370.2 万吨，增加到 2015 年的 1 410.4 万吨。油料作物总产量由 1990 年的 433.3 万吨，增加到 2015 年的 1 042.2 万吨。其中，花生由 1990 年的 64.0 万吨，增加到 2015 年的 175.4 万吨；油菜籽由 1990 年的 239.6 万吨，增加到 2015 年的 599.3 万吨；芝麻由 1990 年的 2.1 万吨，增加到 2015 年的 4.7 万吨；胡麻籽由 1990 年的 41.3 万吨，降低到 2015 年的 30.4 万吨；向日葵籽由 1990 年的 67.0 万吨，增加到 2015 年的 218.0 万吨。棉花由 1990 年的 67.1 万吨，增加到 2015 年的 359.8 万吨。麻类总产量由 1990 年的 17.0 万吨，降低到 2015 年的 8.9 万吨，其中，黄红麻由 1990 年的 10.9 万吨，降低到 2015 年的 1.0 万吨。糖类总产量由 1990 年的 3 013.1 万吨，增加到 2015 年的 10 349.7 万吨。其中，甘蔗由 1990 年的 2 423.7 万吨，增加到 2015 年的 9 655.0 万吨；甜菜由 1990 年的 589.4 万吨，增加到 2015 年的 694.7 万吨。烟叶总产量由 1990 年的 117.7 万吨，增加到 2015 年的 171.3 万吨，其中，烤烟由 1990 年的 99.9 万吨，增加到 2015 年的 160.4 万吨。茶叶由 1990 年的 13.8 万吨，增加到 2015 年的 88.6 万吨；水果由 1990 年的 462.9 万吨，增加到 2015 年的 8 827.3 万吨（表 3-9）。

表 3-9　西部地区主要农作物产量情况　　单位：万吨

指标			1990 年	2015 年
粮食作物	粮食作物总产量		11 168.3	16 500.9
	谷物	稻谷	4 506.9	4 548.4
		小麦	2 512.2	2 295.1
		玉米	2 372.9	6 699.9
		谷子	87.3	61.4
		高粱	99.3	126.1
	豆类	大豆	166.6	267.3
	薯类	薯类产量	854.4	1 950.0
		马铃薯	370.2	1 410.4

续表

指标		1990 年	2015 年
油料作物	油料作物总产量	433.3	1 042.2
	花生	64.0	175.4
	油菜籽	239.6	599.3
	芝麻	2.1	4.7
	胡麻籽	41.3	30.4
	向日葵籽	67.0	218.0
棉花		67.1	359.8
麻类	麻类总产量	17.0	8.9
	黄红麻	10.9	1.0
糖类	糖类总产量	3 013.1	10 349.7
	甘蔗	2 423.7	9 655.0
	甜菜	589.4	694.7
烟叶	烟叶总产量	117.7	171.3
	烤烟	99.9	160.4
茶叶		13.8	88.6
水果		462.9	8 827.3

资料来源：《中国农村统计年鉴（2016）》

（十一）主要农作物单位面积产量情况

西部地区粮食作物单位面积产量由 1990 年的 3 317.1 万吨，增加到 2015 年的 4 766.2 万吨。其中，稻谷由 1990 年的 5 760.7 万吨，增加到 2015 年的 6 668.7 万吨；小麦由 1990 年的 2 700.5 万吨，增加到 2015 年的 3 952.9 万吨；玉米由 1990 年的 3 674.1 万吨，增加到 2015 年的 5 753.6 万吨；谷子由 1990 年的 1 446.5 万吨，增加到 2015 年的 2 077.4 万吨；高粱由 1990 年的 3 120.7 万吨，增加到 2015 年的 4 043.7 万吨；大豆由 1990 年的 1 249.8 万吨，增加到 2015 年的 1 813.3 万吨；薯类单位面积产量由 1990 年的 2 282.1 万吨，增加到 2015 年的 3 423.3 万吨，其中，马铃薯由 1990 年的 2 003.4 万吨，增加到 2015 年的 3 307.6 万吨。油料作物单位面积产量由 1990 年的 1 313.0 万吨，增加到 2015 年的 2 172.3 万吨，其中，花生由 1990 年的 1 543.1 万吨，增加到 2015 年的 2 546.8 万吨；油菜籽由 1990 年的 1 316.4 万吨，增加到 2015 年的 1 992.5 万吨；芝麻由 1990 年的 538.0 万吨，增加到 2015 年的 1 196.5 万吨；胡麻籽由 1990 年的 825.0 万吨，增加到 2015 年的 1 504.4 万吨；向日葵籽由 1990 年的 2 142.7 万吨，增加到 2015 年的 2 803.2 万吨。

棉花由 1990 年的 982.6 万吨，增加到 2015 年的 1 824.8 万吨。麻类单位面积产量由 1990 年的 1 669.7 万吨，增加到 2015 年的 1 942.9 万吨，其中，黄红麻由 1990 年的 1 916.5 万吨，增加到 2015 年的 2 490.5 万吨。糖类单位面积产量由 1990 年的 43 425.3 万吨，增加到 2015 年的 71 772.5 万吨，其中，甘蔗由 1990 年的 49 202.2 万吨，增加到 2015 年的 72 710.4 万吨；甜菜由 1990 年的 29 286.2 万吨，增加到 2015 年的 60 861.0 万吨。烟叶单位面积产量由 1990 年的 1 544.7 万吨，增加到 2015 年的 2 058.6 万吨，其中，烤烟由 1990 年的 1 583.4 万吨，增加到 2015 年的 2 047.8 万吨（表 3-10）。

表 3-10　西部地区主要农作物单位面积产量情况　　单位：万吨

指标			1990 年	2015 年
粮食作物	粮食作物单位面积产量		3 317.1	4 766.2
	谷物	稻谷	5 760.7	6 668.7
		小麦	2 700.5	3 952.9
		玉米	3 674.1	5 753.6
		谷子	1 446.5	2 077.4
		高粱	3 120.7	4 043.7
	豆类	大豆	1 249.8	1 813.3
	薯类	薯类单位面积产量	2 282.1	3 423.3
		马铃薯	2 003.4	3 307.6
油料作物	油料作物单位面积产量		1 313.0	2 172.3
	花生		1 543.1	2 546.8
	油菜籽		1 316.4	1 992.5
	芝麻		538.0	1 196.5
	胡麻籽		825.0	1 504.4
	向日葵籽		2 142.7	2 803.2
棉花			982.6	1 824.8
麻类	麻类单位面积产量		1 669.7	1 942.9
	黄红麻		1 916.5	2 490.5
糖类	糖类单位面积产量		43 425.3	71 772.5
	甘蔗		49 202.2	72 710.4
	甜菜		29 286.2	60 861.0
烟叶	烟叶单位面积产量		1 544.7	2 058.6
	烤烟		1 583.4	2 047.8

资料来源：《中国农村统计年鉴（2016）》

（十二）按人口平均主要农产品、畜产品、水产品产量情况

西部地区按人口平均粮食作物产量由 1990 年的 348.0 千克，增加到 2015 年的

446.1 千克。其中，稻谷由 1990 年的 140.4 千克，降低到 2015 年的 123.0 千克；小麦由 1990 年的 78.3 千克，降低到 2015 年的 62.1 千克；玉米由 1990 年的 73.9 千克，增加到 2015 年的 181.2 千克；谷子由 1990 年的 2.7 千克，降低到 2015 年的 1.7 千克；高粱由 1990 年的 3.1 千克，增加到 2015 年的 3.4 千克；大豆由 1990 年的 5.2 千克，增加到 2015 年的 7.2 千克；薯类由 1990 年的 26.6 千克，增加到 2015 年的 52.7 千克，其中，马铃薯由 1990 年的 11.5 千克，增加到 2015 年的 38.14 千克。油料作物按人口平均产量由 1990 年的 13.5 千克，增加到 2015 年的 28.2 千克，其中，花生由 1990 年的 2.0 千克，增加到 2015 年的 4.7 千克；油菜籽由 1990 年的 7.5 千克，增加到 2015 年的 16.2 千克；芝麻 1990 年和 2015 年均为 0.1 千克；胡麻籽由 1990 年的 1.3 千克，降低到 2015 年的 0.8 千克；向日葵籽由 1990 年的 2.1 千克，增加到 2015 年的 5.9 千克。棉花由 1990 年的 2.1 千克，增加到 2015 年的 9.7 千克。麻类按人口平均产量由 1990 年的 0.5 千克，降低到 2015 年的 0.2 千克，其中，黄红麻由 1990 年的 0.3 千克，降低到 2015 年的 0 千克。糖类按人口平均产量由 1990 年的 93.9 千克，增加到 2015 年的 279.8 千克，其中，甘蔗由 1990 年的 75.5 千克，增加到 2015 年的 261.0 千克；甜菜由 1990 年的 18.4 千克，增加到 2015 年的 18.8 千克。水果由 1990 年的 14.4 千克，增加到 2015 年的 238.7 千克。烟叶按人口平均产量由 1990 年的 3.7 千克，增加到 2015 年的 4.6 千克，其中，烤烟由 1990 年的 3.1 千克，增加到 2015 年的 4.3 千克（表 3-11）。

表 3-11　按人口平均主要农产品产量情况　　单位：千克

指标			1990 年	2015 年
粮食作物	粮食作物按人口平均产量		348.0	446.1
	谷物	稻谷	140.4	123.0
		小麦	78.3	62.1
		玉米	73.9	181.2
		谷子	2.7	1.7
		高粱	3.1	3.4
	豆类	大豆	5.2	7.2
	薯类	薯类按人口平均量	26.6	52.7
		马铃薯	11.5	38.14
油料作物	油料作物按人口平均产量		13.5	28.2
	花生		2.0	4.7
	油菜籽		7.5	16.2
	芝麻		0.1	0.1
	胡麻籽		1.3	0.8
	向日葵籽		2.1	5.9

续表

指标		1990 年	2015 年
棉花		2.1	9.7
麻类	麻类按人口平均产量	0.5	0.2
	黄红麻	0.3	0
糖类	糖类按人口平均产量	93.9	279.8
	甘蔗	75.5	261.0
	甜菜	18.4	18.8
水果		14.4	238.7
烟叶	烟叶按人口平均产量	3.7	4.6
	烤烟	3.1	4.3

资料来源：《中国农村统计年鉴（2016）》

西部地区按人口平均猪牛羊肉产量由 1990 年的 37.3 千克，增加到 2015 年的 58.6 千克，其中，猪肉产量由 1990 年的 31.4 千克，增加到 2015 年的 44.4 千克；牛肉产量由 1990 年的 3.1 千克，增加到 2015 年的 7.2 千克；羊肉产量由 1990 年的 2.8 千克，增加到 2015 年的 7.0 千克。奶类产量由 1990 年的 7.5 千克，增加到 2015 年的 42.2 千克，其中，牛奶产量由 1990 年的 6.5 千克，增加到 2015 年的 40.1 千克。禽蛋产量由 1990 年的 6.3 千克，增加到 2015 年的 11.7 千克。西部地区按人口平均水产品产量由 1990 年的 8.0 千克，增加到 2015 年的 18.9 千克；鱼类产量由 1990 年的 5.7 千克，增加到 2015 年的 14.8 千克；虾蟹类产量由 1990 年的 0.4 千克，增加到 2015 年的 1.1 千克（表 3-12）。

表 3-12　西部地区按人口平均畜产品、水产品产量　　单位：千克

指标		1990 年	2015 年
猪牛羊肉	猪牛羊肉产量	37.3	58.6
	猪肉产量	31.4	44.4
	牛肉产量	3.1	7.2
	羊肉产量	2.8	7.0
奶类	奶类产量	7.5	42.2
	牛奶产量	6.5	40.1
禽蛋产量		6.3	11.7
水产品	水产品产量	8.0	18.9
	鱼类产量	5.7	14.8
	虾蟹类产量	0.4	1.1

资料来源：《中国农村统计年鉴（2016）》

（十三）林业生产情况

西部地区营林情况，其中，人工造林面积2014年为184.0万公顷，2015年为230.4万公顷，2015年占2014年的125.2%；飞播造林面积2014年为9.2万公顷，2015年为11.5万公顷，2015年占2014年的124.4%；当年新封山（沙）育林面积2014年为93.2万公顷，2015年为109.8万公顷，2015年占2014年的117.8%；人工更新面积2014年为10.2万公顷，2015年为6.2万公顷，2015年占2014年的60.3%；森林抚育面积2014年为364.3万公顷，2015年为267.0万公顷，2015年占2014年的73.3%；年末实有封山（沙）育林面积2014年为1 325.4万公顷，2015年为1 451.3万公顷，2015年占2014年的109.5%；四旁（零星）植树面积2014年为6 673.0万公顷，2015年为7 085.9万公顷，2015年占2014年的106.2%；育苗面积2014年为31.5万公顷，2015年为29.7万公顷，2015年占2014年的94.4%。主要林产品产量，其中，板栗2014年为423 907吨，2015年为500 477吨，2015年占2014年的118.1%；竹笋干2014年为203 603吨，2015年为259 858吨，2015年占2014年的127.6%；油茶籽2014年为291 161吨，2015年为315 499吨，2015年占2014年的108.4%；核桃2014年为1 962 546吨，2015年为2 350 999吨，2015年占2014年的119.8%；生漆2014年为11 726吨，2015年为14 491吨，2015年占2014年的123.6%；油桐籽2014年为234 026吨，2015年为223 069吨，2015年占2014年的95.3%；乌桕籽2014年为5 222吨，2015年为6 569吨，2015年占2014年的125.8%；五倍子2014年为14 648吨，2015年为14 347吨，2015年占2014年的97.9%；棕片2014年为24 124吨，2015年为23 976吨，2015年占2014年的99.4%；松脂2014年为786 307吨，2015年为762 790吨，2015年占2014年的97.0%；紫胶（原胶）2014年为1 845吨，2015年为2 209吨，2015年占2014年的119.7%。木竹采伐情况，其中，木材2014年为3 371万立方米，2015年为3 042万立方米，2015年占2014年的90.3%；竹材2014年为74 412万根，2015年为86 247万根，2015年占2014年的115.9%（表3-13）。

表3-13　西部地区林业生产情况

指标		单位	2014年	2015年	2015年占2014年的百分比
营林情况	人工造林面积	万公顷	184.0	230.4	125.2%
	飞播造林面积	万公顷	9.2	11.5	124.4%
	当年新封山（沙）育林面积	万公顷	93.2	109.8	117.8%
	人工更新面积	万公顷	10.2	6.2	60.3%
	森林抚育面积	万公顷	364.3	267.0	73.3%
	年末实有封山（沙）育林面积	万公顷	1 325.4	1 451.3	109.5%
	四旁（零星）植树面积	万公顷	6 673.0	7 085.9	106.2%

续表

指标		单位	2014 年	2015 年	2015 年占 2014 年的百分比
营林情况	育苗面积	万公顷	31.5	29.7	94.4%
主要林产品产量	板栗	吨	423 907	500 477	118.1%
	竹笋干	吨	203 603	259 858	127.6%
	油茶籽	吨	291 161	315 499	108.4%
	核桃	吨	1 962 546	2 350 999	119.8%
	生漆	吨	11 726	14 491	123.6%
	油桐籽	吨	234 026	223 069	95.3%
	乌桕籽	吨	5 222	6 569	125.8%
	五倍子	吨	14 648	14 347	97.9%
	棕片	吨	24 124	23 976	99.4%
	松脂	吨	786 307	762 790	97.0%
	紫胶（原胶）	吨	1 845	2 209	119.7%
木竹采伐	木材	万立方米	3 371	3 042	90.3%
	竹材	万根	74 412	86 247	115.9%

资料来源：《中国农村统计年鉴（2016）》

（十四）渔业及畜牧业生产情况

西部地区水产品总产量由 1990 年的 716 131 吨，增加到 2015 年的 6 929 445 吨。其中，按海水、内陆分，海水产品产量由 1990 年的 202 672 吨，增加到 2015 年的 1 797 194 吨；内陆水产品产量由 1990 年的 513 459 吨，增加到 2015 年的 5 132 251 吨。按生产性质分，捕捞产量由 1990 年的 283 759 吨，增加到 2015 年的 993 477 吨；养殖产量由 1990 年的 432 372 吨，增加到 2015 年的 5 935 968 吨。按品种分，鱼类由 1990 年的 673 010 吨，增加到 2015 年的 5 431 761 吨；甲壳类由 1990 年的 30 234 吨，增加到 2015 年的 420 043 吨；贝类由 1990 年的 12 286 吨，增加到 2015 年的 923 821 吨；藻类由 1990 年的 7 吨，增加到 2015 年的 2 412 吨；其他类由 1990 年的 594 吨，增加到 2015 年的 151 408 吨。水产养殖面积由 1990 年的 60.22 万公顷，增加到 2015 年的 109.71 万公顷。其中海水养殖面积由 1990 年的 0.54 万公顷，增加到 2015 年的 5.50 万公顷；内陆养殖面积由 1990 年的 59.68 万公顷，增加到 2015 年的 104.21 万公顷（表 3-14）。

表 3-14　西部地区渔业生产情况

指标			单位	1990 年	2015 年
水产品	水产品总产量		吨	716 131	6 929 445
	按海水、内陆分	海水产品产量	吨	202 672	1 797 194
		内陆水产品产量	吨	513 459	5 132 251

续表

指标			单位	1990 年	2015 年
水产品	按生产性质分	捕捞产量	吨	283 759	993 477
		养殖产量	吨	432 372	5 935 968
	按品种分	鱼类	吨	673 010	5 431 761
		甲壳类	吨	30 234	420 043
		贝类	吨	12 286	923 821
		藻类	吨	7	2 412
		其他类	吨	594	151 408
水产养殖	水产养殖面积		万公顷	60.22	109.71
	海水养殖面积		万公顷	0.54	5.50
	内陆养殖面积		万公顷	59.68	104.21

资料来源：《中国农村统计年鉴（2016）》

西部地区畜牧业牲畜出栏量，其中，牛由 1990 年的 1 071.1 万头，增加到 2015 年的 2 054.4 万头；马由 1990 年的 67.6 万头，增加到 2015 年的 112.1 万头；驴由 1990 年的 65.6 万头，增加到 2015 年的 110.6 万头；骡由 1990 年的 14.4 万头，增加到 2015 年的 21.0 万头；骆驼由 1990 年的 6.7 万头，增加到 2015 年的 9.4 万头；猪由 1990 年的 15 371.9 万头，增加到 2015 年的 21 529.7 万头；羊由 1990 年的 7 228.5 万只，增加到 2015 年的 15 739.2 万只；家禽由 1990 年的 120 780.6 万只，增加到 2015 年的 230 864.7 万只；兔由 1990 年的 6 845.0 万只，增加到 2015 年的 28 943.0 万只。肉类总产量由 1990 年的 1 639.2 万吨，增加到 2015 年的 2 621.6 万吨。其中，猪肉产量由 1990 年的 1 194.0 万吨，增加到 2015 年的 1 640.7 万吨；牛肉产量由 1990 年的 123.0 万吨，增加到 2015 年的 267.4 万吨；羊肉产量由 1990 年的 117.7 万吨，增加到 2015 年的 257.9 万吨；家禽产量由 1990 年的 183.3 万吨，增加到 2015 年的 374.7 万吨；兔肉产量由 1990 年的 9.2 万吨，增加到 2015 年的 43.1 万吨；其他肉产量由 1990 年的 12.0 万吨，增加到 2015 年的 13.5 万吨。奶类产量由 1990 年的 320.1 万吨，增加到 2015 年的 1 561.9 万吨，其中，牛奶产量由 1990 年的 281.0 万吨，增加到 2015 年的 1 481.7 万吨。山羊粗毛产量由 1990 年的 11 718.0 吨，增加到 2015 年的 20 955.1 吨；绵羊毛产量由 1990 年的 182 044.0 吨，增加到 2015 年的 305 519.5 吨，其中，细羊毛产量由 1999 年的 74 101.0 吨，增加到 2015 年的 105 863.9 吨；半细羊毛产量由 1999 年的 35 706.0 吨，增加到 2015 年的 64 816.0 吨。山羊绒产量由 1999 年的 6 984.0 吨，增加到 2015 年的 14 044.1 吨。蜂蜜产量由 1999 年的 5.0 万吨，增加到 2015 年的 12.0 万吨；禽蛋产量由 1999 年的 244.4 万吨，增加到 2015 年的 432.1 万吨（表 3-15）。

表 3-15　西部地区畜牧业生产情况

指标			单位	1990 年	2015 年
牲畜出栏量	大牲畜出栏	牛	万头	1 071.1	2 054.4
		马	万头	67.6	112.1
		驴	万头	65.6	110.6
		骡	万头	14.4	21.0
		骆驼	万头	6.7	9.4
	猪		万头	15 371.9	21 529.7
	羊		万只	7 228.5	15 739.2
	家禽		万只	120 780.6	230 864.7
	兔		万只	6 845.0	28 943.0
肉类总产量	猪牛羊肉产量	肉类总产量	万吨	1 639.2	2 621.6
		猪牛羊肉产量	万吨	1 434.7	2 166.1
		猪肉产量	万吨	1 194.0	1 640.7
		牛肉产量	万吨	123.0	267.4
		羊肉产量	万吨	117.7	257.9
		家禽产量	万吨	183.3	374.7
		兔肉产量	万吨	9.2	43.1
		其他肉产量	万吨	12.0	13.5
其他畜产品产量	奶类产量	奶类产量	万吨	320.1	1 561.9
		牛奶产量	万吨	281.0	1 481.7
	山羊粗毛产量		吨	11 718.0	20 955.1
	绵羊毛产量	绵羊毛产量	吨	182 044.0	305 519.5
		细羊毛产量	吨	74 101.0	105 863.9
		半细羊毛产量	吨	35 706.0	64 816.0
	山羊绒产量		吨	6 984.0	14 044.1
	蜂蜜产量		万吨	5.0	12.0
	禽蛋产量		万吨	244.4	432.1

资料来源：《中国农村统计年鉴（2016）》

二、西部地区的农业科技创新发展基础

（一）农林高等院校情况

2015 年全国共有理工农医类高校 1 713 个，西部地区理工农医类高校占全国

的 27.85%，从服务于本地区理工农医类从业人员数来看，2015 年西部地区为 562 547 人。在农业高等院校自主研发方面，西部高等院校研发经费内部支出占全国的 15.20%（表 3-16）。

表 3-16　西部地区高等院校研发经费内部支出情况

地区	研发经费内部支出
全国/万元	9 985 884
东部地区/万元	5 881 588
西部地区/万元	1 518 205
西部地区占全国比重	15.20%

资料来源：《中国科技统计年鉴（2016）》

（二）农民受教育情况

2016 年西部地区每十万人拥有本科和专科受教育程度人口的数量分别为 786 277 人和 891 372 人，农村户口人数达 18 801 万人，农民人均受教育年限由 2005 年的 7.24 年提高到 2016 年的 7.95 年（图 3-3）。

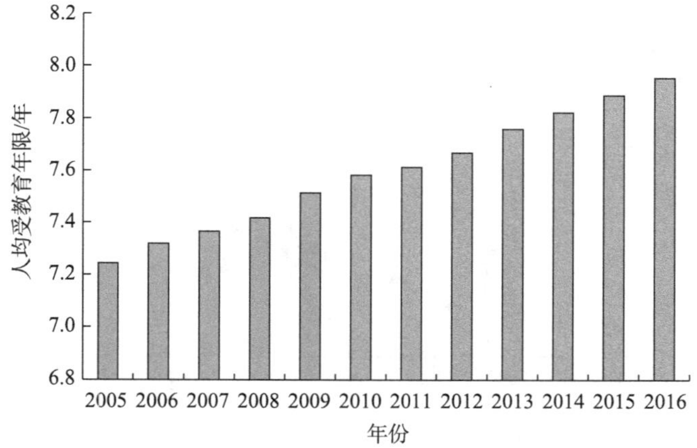

图 3-3　2005~2016 年西部地区农民人均受教育年限

把农民按照受教育程度分为文盲或半文盲、小学、初中、高中及中专、大专及以上五个层次，同时将每个层次的受教育年限分别设定为 2 年、6 年、9 年、12 年、16 年，分别乘以每个受教育层次农民的比例，再加总得到每个地区每年的人均受教育年限。由于统计口径发生改变，故 2013 年以后数据根据相间年份平均增长率估算得到

资料来源：历年《中国农村统计年鉴》

（三）研究与试验发展人员情况

2015 年西部地区研发人员全时当量为 467 761 人，其中，研究人员为 243 747 人，基础研究人员为 52 540 人，应用研究人员为 84 812 人，试验发展人员为

330 415 人（表 3-17）。

表 3-17 2015 年各地区研究与试验发展人员情况 单位：万人

地区	研发人员全时当量	研究人员	基础研究人员	应用研究人员	试验发展人员
全国	3 758 848	1 619 028	253 155	430 449	3 075 291
东部地区	2 467 662	995 135	134 483	239 286	2 093 922
中部地区	632 186	275 620	37 204	68 978	526 017
西部地区	467 761	243 747	52 540	84 812	330 415
东北地区	191 239	104 526	28 930	37 373	124 937

资料来源：《中国科技统计年鉴（2016）》

（四）科学研究、技术服务新增固定资产投资情况

西部地区科学研究、技术服务新增固定资产投资从 2005 年的 53.31 亿元增加到 2016 年的 490.08 亿元（图 3-4），年均增长速度为 22.35%。

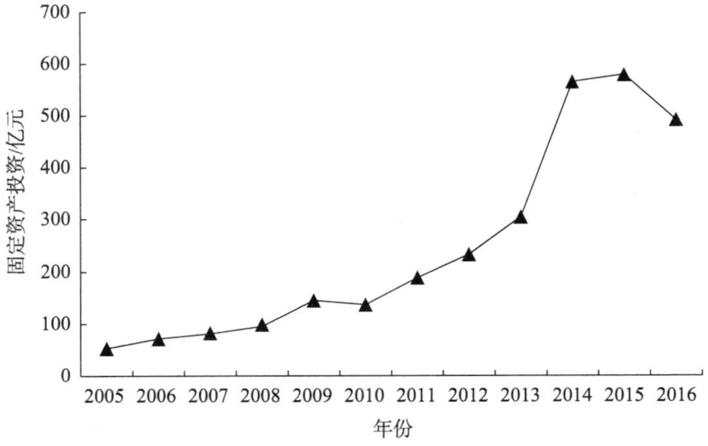

图 3-4 2005~2016 年西部地区科学研究、技术服务新增固定资产投资

资料来源：国家统计局统计数据库

（五）农业领域研究与开发机构科技活动经费内部支出情况

2016 年西部地区农业领域研究与开发机构科技活动经费内部支出为 351 433 万元（图 3-5），比 2005 年的 170 659 万元增长了 1 倍多，年均增长速度为 6.79%。

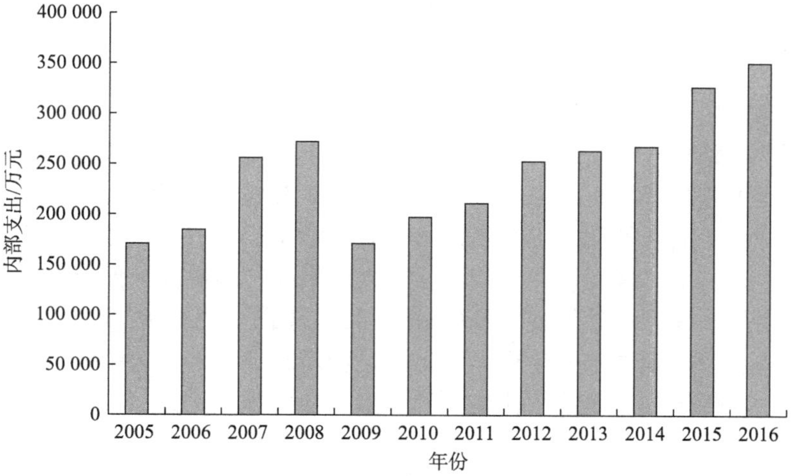

图 3-5　2005~2016 年西部地区农业领域研究与开发机构科技活动经费内部支出情况

资料来源：历年《中国科技统计年鉴》

第二节　农业科技协同创新能力评价指标体系构建[1]

一、指标体系建立意义

农业科技协同创新是系统工程，其系统要素互动与流通的频率与水平决定了系统投入和产出高效与否。本书对西部地区（除西藏外）农业科技协同创新效率进行测评并进行纵向比较，而构建指标体系是评价农业科技协同创新效率的前提，其作用在于：第一，系统、客观地进行评价分析。本书研究指标体系，依据指标群各项指标的设定，从而进行系统、科学的定性分析与描述，如只依据单个指标对农业科技协同创新能力进行评价，不能全面反映系统整体投入效率情况，仅能反映出某个因素的投入效率结果，依据多指标体系可以比较客观地反映农业科技协同创新整体情况，得出较科学、客观的评价结果。第二，有利于统一影响因素。农业科技协同创新过程是一个系统运作的过程，涉及多个主体及创新系统，创新系统由系统搭建成一个有机整体。该系统的投入、产出与运作效率不可能仅用单一指标代表。因此，分层次的多个指标体系评价解决了单一建模评价局限性的问题，多个指标的建立是对研究对象进行系统深入分析的过程，抽出核心指标，这样分析既能简化问题，又能全面说明问题。

二、基本假设

学者拉卡托斯认为，任何系统都有其理论硬核和保护带。农业科技协同创新作为系统，一是其各要素相互协同作用，是产生农业科技创新成果的关键，农业协同创新能力的高低将直接影响一个地区农业经济增长和社会福利增长。二是农业科技协同创新的条件及基础对其效率具有决定作用。三是农业科技协同创新系统中的投入和产出体现在农业科技创新与农业实际产出数据，但制度安排的影响会导致产出效率评价结果不理想及失效等问题。四是学习是区域内农业科技协同创新各主体获取知识的重要途径，产出则是创新成果绩效的集中体现。五是农业科技协同创新传导机制属性与科技协同创新传导机制相一致，具有同质性。六是农业科技创新系统各要素要充分流动，实现效益和效率最大化。

三、研究方法

（一）研究方法选取

区域创新理论的发展与实践，表明基于产业的区域创新系统评价与定位相对更易实现，但仍有难度，而大多数采用的理论归纳演绎和案例研究方法分析创新系统，缺乏普遍一般性。国外部分学者越来越倾向将专利、科技投入等指标作为因变量评估与经济发展指标的相互关系，并通过内生增长理论的创新系统理论，将更多的指标引入系统对于区域创新系统能力进行绩效综合测评，从而评估出整个系统能力水平。农业科技协同创新能力评价方法是基于整个系统开展评价的，并以各个子系统的控制参量和序参量进行机制分析，通常采用结构方程分析、因子分析和层次分析法等方法进行系统分析，但这三种方法对数据的一致性要求较高，而本书研究所检测农业科技协同创新程度，主要依据的投入指标统计口径具有多元性，产出指标科技成果的衡量具有多维度，因此本书研究采用的评价方法为数据包络分析（data envelopment analysis，DEA）方法，有学者认为 DEA 是一种非参数统计方法，是基于数理模型评价同类型多投入、多产出决策单元有效性的分析方法，并于 20 世纪 80 年代将该方法引进，随后被应用于制造业、服务业和区域技术经济等方面的评价，并日渐成熟，但有关应用于技术系统评价的研究较少，国外有学者采用 DEA 对国家创新系统效率进行比较研究。

（二）具体研究方法

DEA 以效率概念为评价核心，评价方法不需进行参数估计。其基本思路是按决策单元（decision making unit，DMU）对每一个对象进行评价，从而组成由多个DMU所构成的被评价群体，综合分析投入和产出，并依据DMU各个投入和产出指标权重所形成的变量来界定有效生产前沿面，再根据各有效生产前沿面与DMU的距离状况，确定各DMU是否对DEA有效，同时还可用投影方法分析非DEA有效的原因及其改进的方向和程度。

DEA优势如下：第一，具有客观性。规避主观臆断，在设定评价指标后不必人为为指标赋予权重。第二，具有单一性。处理多投入、多产出问题，也不必对投入产出设定模型假设。第三，具有简化性。运行DEA时，不需要统一各个指标单位，也不需要对参数估计的有效性和合理性进行前提假定，也不用探究生产函数的具体函数形式，可以凭借所观测的点数据对生产前沿包络面上相对有效点进行界定，对DMU的效率评价可以依据投入最小化和产出最大化来评判，DEA被广泛运用于金融投资、生产力进步和技术创新等领域的能力测评。因此本书研究对决策单位选择DEA进行指标评价。

DEA数学模型如下：每个省市农业为一个DMU，假设有 n 个 DMU_i，$i\in(1,2,\cdots,n)$，有 m 种输入和 p 种产出存在于每个科研活动中。用 $\boldsymbol{x}_i=(x_{1i},x_{2i},\cdots,x_{mi})^{\mathrm{T}}$ 表示第 i 个决策单元的 DMU_i 输入；$\boldsymbol{v}=(v_1,v_2,\cdots,v_m)^{\mathrm{T}}$ 表示其权重；$\boldsymbol{y}_i=(y_{1i},y_{2i},\cdots,y_{ni})^{\mathrm{T}}$ 表示第 i 个决策单元的输出；$\boldsymbol{u}=(u_1,u_2,\cdots,u_m)^{\mathrm{T}}$ 表示其权重，满足 $x_{ai}\geqslant 0$，$y_{bi}\geqslant 0$，$a\in(1,2,3,\cdots,m)$，$b\in(1,2,3,\cdots,p)$。

第 i 个省市农业 DMU_i 效率评价指数为

$$h_i=\frac{\boldsymbol{u}^{\mathrm{T}}\boldsymbol{y}_i}{\boldsymbol{v}^{\mathrm{T}}\boldsymbol{x}_i},\ i=1,2,\cdots,n \tag{3-1}$$

h 值越大，表明该省市农业创新效率较高，即以较小科技投入带来较大产出效益。评价DMU效率，其条件是各指标小于1才可能使 h 达到最大值。

$$\text{s.t.}=\begin{cases}\mathrm{Max}h_0=\dfrac{\boldsymbol{u}^{\mathrm{T}}\boldsymbol{y}_i}{\boldsymbol{v}^{\mathrm{T}}\boldsymbol{x}_i}\\ h_i=\dfrac{\boldsymbol{u}^{\mathrm{T}}\boldsymbol{y}_i}{\boldsymbol{v}^{\mathrm{T}}\boldsymbol{x}_i}\leqslant 1\quad i=1,2,3,\cdots,n\\ \boldsymbol{u}\geqslant 0\\ \boldsymbol{v}\geqslant 0\end{cases} \tag{3-2}$$

而对指标估计值有效性的确定是通过Charess-Cooper变量对分式规划模型与线性规划模型进行转化。并基于对偶理论，采用对偶模型进行深入分析。

引入松弛变量 $\boldsymbol{s}^-$、$\boldsymbol{s}^+$（$\boldsymbol{s}^-\geqslant 0$，$\boldsymbol{s}^+\geqslant 0$）和非阿基米德无穷小量 ε，建立线性规划模型：

$$
\text{s.t.}=\sum_{i=1}^{n}\begin{cases}\text{Min}\left[\phi-\varepsilon\left(\boldsymbol{e}_m^{\text{T}}\boldsymbol{s}^- +\boldsymbol{e}_s^{\text{T}}\boldsymbol{s}^+\right)\right]=V_0(\varepsilon)\\ \sum_{i=n}^{n}\boldsymbol{x}_i\lambda+\boldsymbol{s}^-=\theta\boldsymbol{x}_0\\ \boldsymbol{y}_i\lambda_i-\boldsymbol{s}^+=\boldsymbol{y}_0\\ \lambda_i\geqslant 0(1\leqslant i\leqslant n)\\ \boldsymbol{s}^-\geqslant 0,\boldsymbol{s}^+\geqslant 0\end{cases} \tag{3-3}
$$

其中，ε 大于零且小于任何正数，输入、输出松弛向量分别为 $\boldsymbol{s}^-$、$\boldsymbol{s}^+$，$\boldsymbol{e}_m^{\text{T}}=$（1,1,⋯,1）$^{\text{T}}\in$ Rm，$\boldsymbol{e}_s^{\text{T}}=$（1,1,⋯,1）$^{\text{T}}\in$ Rs。设最优解 λ_0、$\boldsymbol{s}_0^-$、$\boldsymbol{s}_0^+$、θ^0 存在以下几个解：

（1）若 $\theta^0<1$，则表示该地区农业科技产出非 DEA 有效，既非规模最佳又非技术效率最佳，需要进行经济结构调整。

（2）若 $\theta^0=1$，$\boldsymbol{e}_m^{\text{T}}\ \boldsymbol{s}^-+\boldsymbol{e}_s^{\text{T}}\ \boldsymbol{s}^+>0$，则表示该地区的农业科技投入产出为弱 DEA 有效，即在投入 $\boldsymbol{x}_0$ 不变时可将产出提高 $\boldsymbol{s}^+$，或将投入 $\boldsymbol{x}_0$ 减少 $\boldsymbol{s}^-$ 而保持原产出不变，其经济活动不能同时满足规模最佳和技术最佳的条件。

（3）若 $\theta^0=1$，$\boldsymbol{e}_m^{\text{T}}\ \boldsymbol{s}^-+\boldsymbol{e}_s^{\text{T}}\ \boldsymbol{s}^+=0$，则表示该地区农业科技创新投入产出为 DEA 有效，即在原投入 $\boldsymbol{x}_0$ 的基础上获得最优产出 $\boldsymbol{y}_0$，其经济活动同时达到规模有效和技术有效。

根据 Caves、Christensen 等学者的研究，将 t 时刻和 t+1 时刻的规模报酬可变的面向产出的生产率指数定义为

$$
m_0\left(\boldsymbol{y}_{t+1},\boldsymbol{x}_{t+1},\boldsymbol{x}_t\right)=\frac{d_0^t\left(\boldsymbol{x}_{t+1},\boldsymbol{y}_{t+1}\right)}{d_0^t\left(\boldsymbol{x}_t,\boldsymbol{y}_t\right)}\bullet\frac{d_0^{t+1}\left(\boldsymbol{x}_{t+1},\boldsymbol{y}_{t+1}\right)^{1/2}}{d_0^{t+1}\left(\boldsymbol{x}_t,\boldsymbol{y}_t\right)}=\text{effech}\times\text{techch}
$$

$$
\text{effech}=\frac{d_0^t\left(\boldsymbol{x}_t,\boldsymbol{y}_t\right)}{d^s\left(\boldsymbol{x}_s,\boldsymbol{y}_s\right)}=\text{pech}\times\text{sech}
$$

$$
\text{techch}=\left[\frac{\boldsymbol{y}_t/\boldsymbol{y}_b}{\boldsymbol{y}_t/\boldsymbol{y}_c}\times\frac{\boldsymbol{y}_s/\boldsymbol{y}_a}{\boldsymbol{y}_s/\boldsymbol{y}_b}\right]
$$

其中，effech 表示技术效率变化；techch 表示技术水平变化；测度从 t 时刻到 t+1 时刻的每一个 DMU 对生产可能性边界的追赶程度。数值大于 1 表示技术创新带来技术改进，技术进行了进步和革新，数值小于 1 则正好相反。进行 DEA-Malmquist 度量则需要 5 年以上的数据。

DEA 模型当中有许多模型，上述模型为最初的 CCR 模型，其他最具代表的经典模型包括：Charnes 和 Cooper 于 1985 年提出的 BCC 模型，此模型是专门评价 DMU 的技术有效性；同年，Charnes 和 Cooper 由此基础上提出的加法模型——C^2GS^2，以确定对应点对应生产函数图像的 DMU；1986 年，Charnes、

Cooper和魏权龄提出无穷多个DMU的无线规划的DEA模型——C^2W；1988年由Charnes、Cooper、魏权龄和Yue提出的综合DEA模型——C^2WY，使得DEA模型达到统一。

评价系统效率的影响因素和影响程度则使用在DEA分析的基础上建立的两步法，也就是先采用DEA评估出决策单位的效率值，再将效率值作为因变量，影响因素作为自变量建立回归模型。

（三）评价指标设计原则

1. 科学性原则

评价过程应遵循科研客观规律，客观评价研究分析的结果，要选取具有代表性和科学性的指标，通过设定的指标如实客观反映西部地区农业科技协同创新活动投入和产出情况。

2. 综合性原则

西部地区农业科技协同创新是一个复杂系统，不仅其投入涉及多主体，还要基于现有指标全面、科学监测区域农业科技协同创新投入产出运行绩效。因此要从农业组织、农业企业及大学等领域全面选择农业科技投入及政府的投入指标，保证指标科学合理。

3. 可操作性原则

指标数据的获取要容易且具有可操作性，数据应简明扼要且包含的信息含量大。同时样本个数须大于指标个数。

（四）评价指标体系建立

1. 分析指标解释

农业科技协同创新体系的投入和产出与区域的投入和产出具有相似性，分为资本投入、劳动力投入、创新投入和技术投入，而创新协同程度也可从这四个方面讨论。

关于资本投入，本书研究选取了政府投入经费、各地区理工农医高校的研发投入经费作为实现农业科技协同创新必要资本投入。由政府、企业和高校提供的研发经费直接影响农业科学技术生产效率与质量，而随着对科技创新越来越重视，科技投入已成为政府投资的重要领域，多以财政投资对农业系统直接注入资金或者杠杆融资支持农业发展。对农业财政支出的测算可以分析政府财政投资情况，其中与农业科技创新相关费用主要包括农业科技三项费用，即重点科学研究补助费、新产品试制费和中间试验费。

通过上述指标的集合测评可以反映农业科技协同创新主体合作程度，将农业高校用于研发部分中政府资金占高校研发所用资金比重作为政府和农业高校协同作用当中的指标之一，高校研发资金依据市场体制会由农业企业提供资金，因此，农业企业和高校研发协同合作程度，可以高校研发资金中农业企业来源部分资金占高校研发费用比重来表示。同理可知，科研机构研究过程中来自政府支持和企业提供给科研机构的研发资金占科研机构研发费用比重，分别可以表示政府、企业和科研机构的协同程度。

在劳动力合作层面，劳动力投入涉及两方面，一是农村基础教育质量，这影响了农村科技创新成果推广的效率和质量，农村基础教育水平一直都是影响农业创新扩散的重要因素之一。农民是农业产业生产者，也是将创新转化为农业生产力的重要因素，农民若缺少相关教育就会降低对新技术和种植新品种的吸纳能力，而目前农村教育的落后状况和农村行政人员受教育程度不高会影响创新扩散，为农业科技协同创新带来负面影响，并且西部偏僻地区长期受制于计划经济时期的交易方式，农民对新技术和种植新品种采纳的有限性及信息不对称性，往往造成市场失灵。二是教育资源流动性有限、共享程度差，导致农村教育硬件和软件条件不足，而观念开放程度及高素质劳动力、师资和管理者的拥有量、农村基础设施和收入情况与城市相比差距较大，从而进一步加剧了教育落后水平，导致农村教育质量无法保障，从而影响农业科技创新传播、推广和扩散效果。因此，可以采用农村居民接受农校培训的人数、农村居民家庭大专以上文化劳动人数等指标代表劳动力作为人员创新合作协同程度指标。其中，农村居民家庭大专以上文化劳动人数是由农村劳动力×每 100 个农民大专程度文化人数来计算的。此外，科研人员的流动体现了创新合作的协同程度，而高校和科研院所的研究人员从应用课题当中体现了对政府农业科技发展课题和企业农业研发课题的劳动力支持，因此可以采用高校研发当中应用课题的人员人数、研究与开发机构当中参与应用课题的人员个数作为人员合作的投入指标。

2. 产出指标解释

本书研究的农业科技协同创新产出指标由农业科技创新直接产出组成，其中包括在外文数据库检索到的我国农业科技论文的发表数量、授权的农业科技专利、技术转让合同成交金额，因为这三个指标直接表示了农业科技协同创新所带来的直接效益。本书只以农学、工科的技术转让为准。

通过上述投入产出指标分析与研究，由于西藏地区的农业经济数据缺失，本书最终选取西部地区的陕西、甘肃、宁夏、青海、内蒙古、新疆、广西、贵州、云南、四川、重庆作为研究样本。

3. 评价指标体系设计

综上所述，区域农业协同创新系统能力评价指标体系如表 3-18 所示。

表 3-18　区域农业协同创新系统能力评价指标体系

<table>
<tr><th>一级指标</th><th>二级指标</th><th>三级指标</th><th>代号</th><th>备注</th></tr>
<tr><td rowspan="11">投入</td><td rowspan="4">资本投入</td><td>政府科技三项费用/万元</td><td>GI（S）</td><td>中国科技统计年鉴（除以固定资产价格指数）</td></tr>
<tr><td>高校研发资金政府来源部分占高校研发费用比重</td><td>GU（K）</td><td></td></tr>
<tr><td>研发机构研发资金政府来源部分占研发机构研发费用比重</td><td>GI（K）</td><td></td></tr>
<tr><td>研发机构研发资金农业企业来源部分占研发机构研发费用比重</td><td>EI（K）</td><td></td></tr>
<tr><td rowspan="4">劳动力投入</td><td>农村居民接受培训机构人数/个</td><td>UF（L）</td><td></td></tr>
<tr><td>农村居民家庭大专以上文化劳动力/万人</td><td>UL（L）</td><td>每 100 个农民大专程度文化人数</td></tr>
<tr><td>研究与开发机构从事应用课题研发人员/个</td><td>EI（L）</td><td></td></tr>
<tr><td>农业高校从事应用课题研发人员/个</td><td>EU（L）</td><td></td></tr>
<tr><td>创新投入</td><td>高等院校与企业合作研发课题/个</td><td>EU（A）</td><td></td></tr>
<tr><td rowspan="2">技术投入</td><td>高校研发资金农业企业来源部分占高校研发费用比重</td><td>EU（K）</td><td></td></tr>
<tr><td>研究与开发机构与高校合作研发课题/个</td><td>UI（A）</td><td></td></tr>
<tr><td colspan="2" rowspan="3">产出</td><td>外文数据库检索到的我国农业科技论文的发表数量/个</td><td>P</td><td></td></tr>
<tr><td>授权的农业科技专利个数/个</td><td>A</td><td></td></tr>
<tr><td>技术转让合同成交金额/万元</td><td>C</td><td>（除价格指数）归一处理</td></tr>
</table>

资料来源：熊华怡. 西部农业科技协同创新能力提升研究[D]. 重庆工商大学硕士学位论文，2014

本书研究选择我国西部 11 个省（自治区、直辖市）（西藏地区因为农业发展数据缺失不在考察之内）的数据作为区域农业创新系统效率测度的 DMU。本书数据来自 2016 年相关统计数据。

4. 评价过程

评价协同能力大小指标是通过测度协同程度与创新产出来进行的。协同程度的高低不在于数量，而在于协同过程中主体之间协同的相对指标偏离，协同程度越小，协同程度越好，而最佳协同程度的规定和参量的性质有关。

第三节　西部地区农业科技协同创新能力实证分析[1]

一、西部农业区域界定

在地区的界定上，本书研究选取西部地区 12 省（自治区、直辖市）的农业科技创新统计数据作为分析对象，由于西藏地区的农业经济极少形成产业化，在查询过程中遇到数据缺失，故不利于进行统计分析。因此，选取甘肃、陕西、青海、新疆、内蒙古、宁夏、广西、云南、四川、贵州和重庆 11 个省（自治区、直辖市）的经济数据。

二、数据测算方法

在统计的数据当中，高校研发人员、农村居民劳动力文化程度、高校和科研机构的研发课题数目、被国外期刊引用的论文数、技术市场的合同成交数量等统计指标可以直接引用，而比重指标从经查阅之后的数据处理而成。对于政府投入经费和机构的内部投入仅为比重。因此，不需要使用当期的物价指数或者固定资产价格指数进行修正，再代入评价模型研究。

$$z'_{ij} = \frac{Z_{ij} - \min Z_{ij}}{\max Z_{ij} - \min Z_{ij}}$$

三、西部地区农业科技协同创新能力测算与评价

（一）分析方法

本书研究首先对采集数据运用 DEA 软件进行分析，对 2015 年我国各地区农业创新科技投入产出效率分析，运用的是投入导向的规模收益变化模型和规模报酬不变模型。基于对结果分析的便利性，研究中 DMU 以序号表示，并选取西部地区 11 个省（自治区、直辖市）（西藏无数据）科技协同创新的相关数据。为了更好地解释制度变迁对区域科技创新效果的影响，本书研究还回归分析了 2005~2015 年相关协同科技创新指标，从而证明制度变迁情况下协同度与创新产出所呈现的显著相关性。

（二）西部地区农业科技协同创新体系计量评价

1. 西部地区农业科技协同创新能力指标构建说明

鉴于有关的西部地区农业科技协同创新相关数据的稀少且不足，以及科技成果发明、传播和推广的原理具有同质性，以及农业科技协同创新成果与科技协同创新成果的投入和产出具有一定程度的相似性，因此，本书研究分析农业科技协同创新的效果时以西部地区 11 个省（自治区、直辖市）科技协同创新的相关数据进行替代。

2. 西部农业科技协同创新能力评价

依据DEA评价模型计算结果可知（表3-19），满足规模有效和技术有效的西部地区主要有陕西、甘肃、青海、宁夏、新疆、广西、贵州和重庆，并同时构成了我国西部区域农业创新系统效率前沿面。也就是说，上述地区除非部分或者全部增加投入量，或者减少产出量，在现有技术水平量下无法增加产出量。在规模报配不变模型下非有效的决策单元可以考察纯技术有效性和规模有效性，而内蒙古既非技术有效也非规模有效。也就是说，即使减少部分投入，也可能保持当前产出水平不变。

表 3-19　基于 DEA 求得的区域农业协同创新系统效率值

地区	effech 变化	techch 变化	pech 纯技术效率变化	sech 变化	Tfpch 变化
陕西	1	2.37	1	1	2.37
甘肃	1	1.21	1	1	1.21
青海	1	0.893	1	1	0.893
宁夏	1.512	1.212	1	1.512	1.832
新疆	1.089	1.793	1.003	1.085	1.952
内蒙古	0.816	1.123	0.913	0.894	0.916
广西	2.626	1.430	2.401	1.094	3.755
云南	0.960	1.586	1.721	0.558	1.522
贵州	1.183	1.293	1	1.813	1.529
四川	1.413	1.414	1.527	0.925	1.997
重庆	1.823	0.677	1.763	1.034	1.234
均值	1.236	1.297	1.235	1.001	1.604

注：effech 为总效率；techch 为纯技术效率；sech 为规模效率；effech=techch × sech

资料来源：11 个省（自治区、直辖市）汇总的全要素生产率指数

规模效应部分的“drs”和“ins”分别表示规模效应递减和递增；“-”表示规模效应不变；处于效率边界上的DMU则表示规模效益不变，规模递增的DMU

是适当投入得来的更大的产出回报，而这些 DMU 适宜增大投入，而规模报酬递减的单元在增加投入后得到小于 1 的投入产出比，即不适合再增加投入，需要改变或调整农业科技协同创新的组织架构。陕西、甘肃、青海已经呈现规模效应不变的情况，技术创新已呈饱和迹象，而内蒙古、云南、四川甚至呈现规模效应下降的情况，西部地区规模效应递增的地区为宁夏、新疆、广西、重庆和贵州。

根据计算结果可知，西部地区有陕西、甘肃、青海、宁夏、新疆、广西、贵州和重庆规模有效和技术有效，构成了我国西部地区区域农业协同创新系统的效率前沿面。也就是说，上述地区除非部分或者全部增加投入量，或者减少产出量，在现有技术水平下可以全部增加产出量或者产出更多。在 CCR 模型下非有效的单元可以考察纯技术有效性和规模有效性。大多数地区呈技术有效，而规模效益大于或者等于 1 的地区很少，说明协同创新的制度因素影响了协同创新的产出因素。

（三）西部地区农业科技协同创新回归计量评价及结果解释

1. 分析对象的确定

本书研究的对象是西部地区农业科技协同创新，其协同过程分为两部分，一部分是在市场经济调节之下的农业科技创新，为农业企业、政府、高校和农业科研机构组成的产学研链条，另一部分则是在政府下的科研机构直接对农民的技术推广，可以理解为技术市场上的“分配”。因此本书研究此单元着重分析市场配置下的“产学研”协同创新部分，这个单元同时也是工业发展带动农业科技协同创新的部分。目前农业协同创新相关数据缺失，且受限于现有研究能力，运用西部地区科技协同创新数据对西部企业的产学研合作进行评价。其中样本的指标为 2005~2015 年我国西部 11 个省（自治区、直辖市）（西藏除外）的投入产出的面板数据分别进行 DEA-Malmquist 评价和时间序列回归。

2. 指标体系的确定

目前，西部科技协同创新随着相关制度变迁，产学研合作程度越来越深化，不仅关系到主体之间合作总量还关系到合作的绩效。但东部地区科技协同创新程度高于西部地区，不仅从比重上来看投入较多，从绩效评估来看也相差甚远。本书研究通过分析西部地区科技协同创新绩效状况，有助于分析农业科技协同创新存在的问题。本书研究采用 2005~2015 年我国西部地区 11 个省（自治区、直辖市）（西藏除外）的政府、企业、高校和科研机构协同创新的数据，由于境内研发机构和高校主要为科技成果的供给方，因此选取境内研究机构支出占企业研发经费支出作为研究机构和企业的协同程度（IE），选取境内高校支出占企业研发经费支出作为高校和企业的协同程度（UE）。企业、高校和研究机构通过申请政府补助进行研发，因此选取政府资金占研究与开发机构内部支出作为政府与研发机构的协同程度（GI），政府资金占高校研发款项作为政府和高校的协同程度（GU），政府资金占企业研发的内部支出作为政府和企业的协同程度（GE）。以上 5 种指标代表目前广泛存在的合作形式。因变量则以国外主要工具检索我国农业科技论文数（*P*）、国内农业科技专利申请授权（*A*）、技术转让合同成交金额（*C*）代表区域内创新的产出。

3. 指标分析

由于代表产出的指标有三个（*P*、*A*、*C*），故首先将产出指标进行 DEA-Malmquist 分析，提取一个变量作为三个产出变量的代表。得出汇总效率结果如表 3-20 所示。

表 3-20　2005~2015 年 DEA-Malmquist 效率值

地区	2005 年	2006 年	2007 年	2008 年	2009 年	2010 年	2011 年	2012 年	2013 年	2014 年	2015 年
内蒙古	0.491	0.719	0.622	1.046	1.221	0.487	0.722	1.001	1.414	1.114	1.015
广西	0.985	1.026	0.889	0.768	0.906	0.571	0.986	0.797	1.085	0.985	0.93
重庆	0.946	1.057	1	0.649	0.861	1.788	0.616	1.224	0.952	0.937	0.851
四川	1	1	1	1	1	1	0.356	0.941	1.012	1.019	0.804
贵州	0.423	0.86	1.893	2.458	0.277	2.652	0.983	0.62	0.96	1.061	0.888
云南	1.354	0.527	0.889	0.439	1.355	0.695	0.445	0.877	0.839	1.148	0.783
陕西	1	1	1	1	1	1	0.368	1.012	1.217	1.662	1.159
甘肃	0.627	1.355	0.797	1.102	0.824	0.652	0.678	1.03	1.013	1.171	1.007
青海	0.196	5.09	1	0.97	1.031	0.06	0.738	0.959	1.598	1.056	1.065
宁夏	0.13	0.919	2.009	2.3	2.707	1	1.209	0.813	1.106	1.014	1.044
新疆	0.459	1.091	1.997	1	0.717	0.262	0.485	1.186	1.097	1.012	1.086

通过整理 2005~2015 年（其中，2004 年国外发表论文数缺失）各个省（自治区、直辖市）效率产出绩效，内蒙古、甘肃、青海、宁夏和新疆的总效率变化大于等于 1，表明这些省（自治区、直辖市）的科技协同效果较好。其他地区则小于 1，西部整体的均值也未达成 1，表明西部大多数地区科技协同产出的效率并未随着年份增长而提高。

4. 回归分析

再次将每年效率终值与协同创新投入比例进行回归，以证明协同程度会随着改革体制的深入影响科技产出。由于第一年也就是 2004 年作为基期，因此没有结果。本书最终将 2005~2015 年的 DEA-Malmquist 效率值和研究机构研发款项比重（GI）、企业支出占研究机构研发款项比重（EI）、政府资金占高校研发款项比重（GU）、企业对高校支出占高校研发比重（EU）的企业和高校协同创新投入作为面板数据进行回归。

1）单位根检验

回归各样本以前需先进行单位根检验，检测面板数据是否非平稳，发现能表现出共同的变化趋势，却不存在直接关系，尽管回归有较高的 R^2，但其结果没有任何实际意义。为了避免伪回归或者虚假回归，确保估计有效，所以进行单位根检验，其检验结果如表 3-21 所示。

表 3-21　单位根检验

Method	Statistic	Prob.**	Cross-sections	Obs
Null：Unit root （assumes common unit root process）				
Levin，Lin & Chu t*	−14.749 0	0.000 0	45	520
Null：Unit root （assumes individual unit root process）				
Im，Pesaran and Shin W-stat	−11.699 2	0.000 0	45	520
ADF - Fisher Chi-square	296.600	0.000 0	45	520
PP - Fisher Chi-square	339.081	0.000 0	45	540
** Probabilities for Fisher tests are computed using an asymptotic Chi				

如表 3-21 所示，在置信区间小于 0.05 的情况下通过原假设，表示单位根不存在。

2）协整检验

在检验了变量和被解释变量单位根检验时为同阶单位的情况下，检验模型变量之间是否存在长期稳定的关系。

从表 3-22 可以看出，模型仅没有通过 PP 统计量的协整检验，其他协整检验的指标已通过，表明变量之间存在长期稳定的均衡关系，因此在此基础上进行回归的结果应该是比较精确的。

表 3-22　协整检验

	Statistic	Prob.	Weighted Statistic	Prob.
Panel v-Statistic	−1.026 656	0.847 7	−2.466 946	0.993 2
Panel rho-Statistic	0.767 180	0.778 5	1.322 371	0.907 0
Panel PP-Statistic	−8.940 992	0.000 0	−5.774 474	0.000 0
Panel ADF-Statistic	−0.979 463	0.163 7	−1.092 964	0.137 2

续表

Alternative hypothesis：individual AR coefs.（between-dimension）				
	Statistic	Prob.		
Group rho-Statistic	2.547 855	0.994 6		
Group PP-Statistic	−10.456 32	0.000 0		
Group ADF-Statistic	−1.129 209	0.129 4		

接下来便进行模型的回归，首先进行混合估计模型、固定效应模型和随机效应模型三种回归。回归结果如表 3-23~表 3-25 所示。

表 3-23　变系数归

Effects Specification			
Cross-section fixed （dummy variables）			
R-squared	0.339 974	Mean dependent var	1.109 490
Adjusted *R*-squared	−0.065 042	S.D. dependent var	0.678 931
S.E. of regression	0.700 663	Akaike info criterion	2.410 143
Sum squared resid	43.201 70	Schwarz criterion	3.549 699
Log likelihood	−117.325 2	Hannan-Quinn criter.	2.873 204
F-statistic	0.839 408	Durbin-Watson stat	2.258 293
Prob（*F*-statistic）	0.754 458		

表 3-24　变距回归

Effects Specification			
Cross-section fixed （dummy variables）			
R-squared	0.118 362	Mean dependent var	1.109 490
Adjusted *R*-squared	0.021 933	S.D. dependent var	0.678 931
S.E. of regression	0.671 444	Akaike info criterion	2.140 204
Sum squared resid	57.707 16	Schwarz criterion	2.450 992
Log likelihood	−138.024 6	Hannan-Quinn criter.	2.266 493
F-statistic	1.227 453	Durbin-Watson stat	2.275 159
Prob（*F*-statistic）	0.263 441		

表 3-25 混模型估计

Effects Specification			
Cross-section fixed （dummy variables）			
R-squared	0.118 362	Mean dependent var	1.109 490
Adjusted R-squared	0.021 933	S.D. dependent var	0.678 931
S.E. of regression	0.671 444	Akaike info criterion	2.140 204
Sum squared resid	57.707 16	Schwarz criterion	2.450 992
Log likelihood	−138.024 6	Hannan-Quinn criter.	2.266 493
F-statistic	1.227 453	Durbin-Watson stat	2.275 159
Prob（F-statistic）	0.263 441		

将回归的方差平方和（S_1、S_2、S_3）做运算而得到 F_1 和 F_2 统计量，其中，F_1 和 F_2 的计算公式如下：

$$F_1 = \frac{S_2 - S_1/\left[(N-1)K\right]}{S_1/\left[\mathrm{NT} - N(K+1)\right]} \sim \left[(N-1)K, N(T-K-1)\right]$$

$$F_2 = \frac{S_3 - S_1/\left[(N-1)(K+1)\right]}{S_1/\left[\mathrm{NT} - N(K+1)\right]} \sim \left[(N-1)(K+1), N(T-K-1)\right]$$

以检验以下两个假设：

H_1：$\beta_1 = \beta_2 = \beta_3 = \cdots = \beta_N$，$H_2$：$\alpha_1 = \alpha_2 = \alpha_3 = \cdots = \alpha_N$，$\beta_1 = \beta_2 = \beta_3 = \cdots = \beta_N$

其中，N 为截面个体数量；K 为解释变量个数；α 为常数项；β_i（i=1,2,⋯,N）为系数向量变系数回归。得到的 F_1=0.642 6、F_2=0.514 044 5 都小于给定的显著性水平下相应的临界值，接受假设条件 H_2，使用混合模型拟合样本。

3）结果分析

如表 3-26 结果显示，回归的质量不高，协同相关性系数只有 34%，与现实分析有较大出入，可能存在以下原因。

一是选择的产出指标不能很好地表现科技协同创新的结果，与之最相关的是各个主体投入情况，主体之间不能相互对接，这也是很多涉农企业更倾向直接出资从发达国家市场购买农业科技创新成果，引进、消化、吸收发达国家农业创新生产方式，而减少或不进行与政府、高校和科研机构的协同合作的原因。

二是由于体现产出的系列指标与协同程度非直接相关，以及协同程度仅是影响科技创新产出的方式，而科技产出方式在近 10 年当中没有产生较大的变化，基于产学研协同合作深入程度当前未使得创新产出具有显著效果，故检验结果不明显。

三是基于 DEA 模型的测度表明，样本协同创新产出并不高，再经回归测度时协同程度与创新产出的回归效果并不明显，因此本书研究推测还需要更久远的数据或者是集合全国的样本进行测度，回归会更明显。

四是样本区域内的涉农主体并不一定依赖协同创新，某些技术在企业或者高校内部的自主研发已经达到帕累托最优，并且能够自主经营、自负盈亏，不倾向进行协同创新。因此本书研究的对象应该具体到需要进行协同创新的主体，并关注农业企业发展的共性、关键技术层面。

表 3-26　回归结果

Effects Specification			
Cross-section fixed （dummy variables）			
R-squared	0.339 974	Mean dependent var	1.109 490
Adjusted R-squared	−0.065 042	S.D. dependent var	0.678 931
S.E. of regression	0.700 663	Akaike info criterion	2.410 143
Sum squared resid	43.201 70	Schwarz criterion	3.549 699
Log likelihood	−117.325 2	Hannan-Quinn criter.	2.873 204
F-statistic	0.839 408	Durbin-Watson stat	2.258 293
Prob（F-statistic）	0.754 458		

第四节　西部地区农业科技协同创新的制约因素[2]

农业产业是一种高度依赖自然资源和生物资源的、受市场环境和政策环境等外部关联因素强烈制约的特殊产业。当前，我国农业发展从总体上来看，存在区域特色不明显、产业构成雷同、互补性不强，龙头企业竞争力弱、带动能力不足、数量有限，自我经营与组织能力乏力、商业生态环境亟待构建与规范，集群层次低、产业价值链短、技术创新能力有待提高，与农业关联的服务支撑机构不完善等共性问题，导致农业科技协同创新不足。基于对西部地区农业科技协同创新能力的实证分析，西部地区农业科技协同创新制约因素具体表现为以下几个方面。

一、农业人口素质有待提升，农业科技成果吸纳能力不足

农业科技协同创新作为一种科技知识创新复杂网络，其核心是农业科技知识的创新与科技成果的产业化，而家庭农场和农户作为技术需求方，是农业科技协同创新的重要主体。然而，西部总人口约 3.8 亿人，其中大概 3/4 的人口从事农业相关的行业，而文盲半文盲人数约占 10%，其中西藏、贵州、青海、甘肃 4 个省（自治区）在 2011 年我国乡村 15 岁及以上文盲人口比例分别为 29.54%、12.24%、10.60%、9.77%，排在全国前四位，文盲比例普遍高于全国 7.26%的水平。

2005~2016 年西部地区农民受教育年限比东部地区平均低 1.41 年，比中部地区平均低 0.89 年（图 3-6），就全国总体水平来看，西部地区农业发展滞后，农业科技创新主体的文化和技能素质均偏低，严重制约了农民对农业科技成果的吸纳能力[3]。

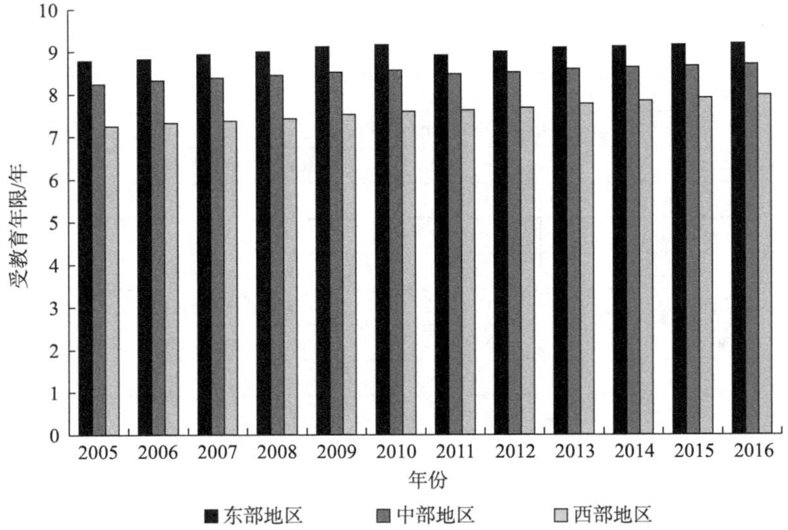

图 3-6　2005~2016 年东、中、西部地区农民人均受教育年限

把农民按照受教育程度分为文盲或半文盲、小学、初中、高中及中专、大专及以上五个层次，同时将每个层次的受教育年限分别设定为 2 年、6 年、9 年、12 年、16 年，分别乘以每个受教育层次农民的比例，再加总得到每个地区每年的人均受教育年限。由于统计口径发生改变，故 2013 年以后数据根据相间年份平均增长率估算得到

资料来源：历年《中国农村统计年鉴》

二、科技投入强度不足，农业科技水平落后

科技投入是农业科技协同创新的重要保证和关键性因素。科技投入对于农业科技协同创新具有支撑、导向和促进作用，强大而坚实的科技投入支撑体系是农业科技协同创新的关键和重要保证[4]。世界农业发达国家实践表明，一个国家农业科技能够实现原始创新，并且农业与国民经济其他部门实现协调发展，其农业科技投入占农业产值的比重须大于 2%[5]。按这一标准，我国农业投资强度远低于该水平，财政的“三农”投入主要用于农业生态环保、农业生产基础条件建设、生产粮食补贴等领域。我国财政“三农”投入中用于农业科技创新的投入相对比较少，从国家层面来看，2005 年农业科技投入强度仅为 0.49%，相当于国内科技投入平均强度的 1/3，还不到 20 世纪 90 年代发展中国家农业科技投入强度平均水平的 1/2，远低于世界平均水平，与美国等农业科技投入强度超过 3%的发达国家相比，差距显著[6]。2016 年西部地区农业领域研究与开发机构科技活动经费内部

支出为 351 433 万元，虽比 2005 年的 170 659 万元增长了 1 倍多，年均增长速度为 6.79%，但仍低于东部地区 7.06%和中部地区 7.59%的增速（图 3-7）。2005~2016 年西部地区农业领域研究与开发机构科技活动经费内部支出累计为 292.78 亿元，与东部地区的 792.81 亿元相比，农业科技研发投入差距较大。财政资金困难、农业企业资金不足、个人资金匮乏、农业信贷资金所占比重较小[7]，导致科技投入强度不足的问题更是严峻，决定了西部农业的弱质、农民的相对贫困和农业科技水平的落后，难以有效带动西部地区农业科技创新发展。

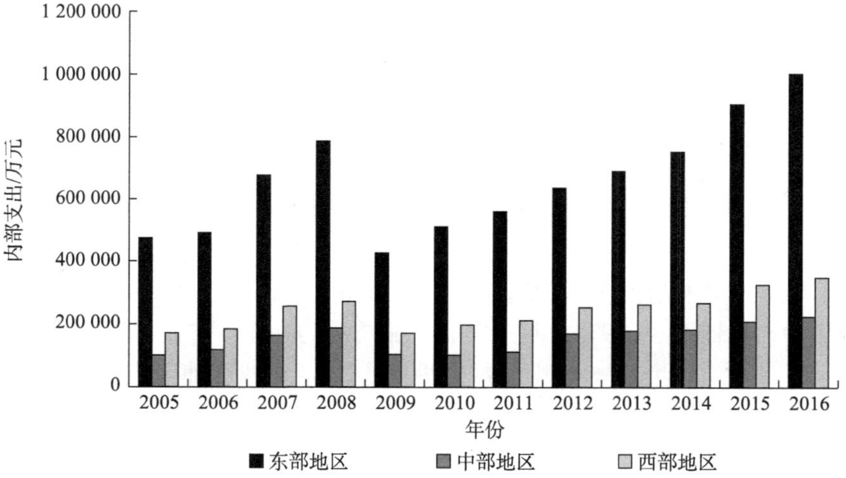

图 3-7　2005~2016 年东、中、西部地区农业研究与开发机构科技活动经费内部支出
资料来源：历年《中国科技统计年鉴》

三、科技平台支撑力度不够，区域科技创新指数水平较低

实施西部大开发战略以来，国家高度重视西部科技发展，建设了一定规模的科技平台。西部地区科学研究、技术服务业新增固定资产投资从 2005 年的 53.31 亿元增加到 2016 年的 490.08 亿元，其年均增长速度为 22.35%，远低于东部地区 31.16%和中部地区 34.93%的年均增长率，且 2005~2016 年西部地区科学研究、技术服务业新增固定资产投资累计 2 939.33 亿元，与东部地区的 10 158.62 亿元和中部地区的 4 839.26 亿元相比（图 3-8），科研基础设施亟待更新，科技支撑力度不够。《中国区域创新能力监测报告 2016-2017》显示，全国综合科技创新水平指数为 67.57，西部 12 个省（自治区、直辖市）低于全国平均水平，但高于 50 的主要有重庆、陕西、四川、甘肃；低于 50 的全国共有 11 个省（自治区、直辖市），其中西部地区有 8 个，分别是宁夏、内蒙古、广西、青海、云南、贵州、新疆和西藏。总体来看，西部地区科技创新水平较低，对农业科技协同创新具有一定的制约性。

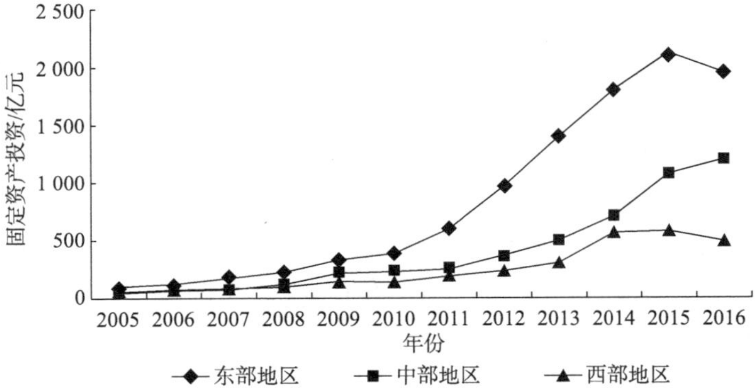

图 3-8　2005~2016 年东、中、西部地区科学研究、技术服务业新增固定资产投资

资料来源：国家统计局统计数据库

四、农业机械化程度较低，农业生产效率不高

西部地区农业机械化程度较低，2005~2016 年西部地区农作物播种面积在全国的份额为 31.85%~33.99%，但其农业机械总动力在全国占比最高的年份仅达到 26.97%（图 3-9）。以 2015 年细分数据为例，2015 年西部地区农作物播种面积在全国的份额为 27.48%，而农业机械总动力占全国农用机械总动力的 25.93%；农村用电量和农用柴油使用量分别占全国的 9.64%和 25.76%；小型拖拉机及其配套农具分别占全国的 18.35%和 16.00%；农用排灌柴油机、农用排灌电动机、农用水泵和节水灌溉机械分别占全国的 21.13%、20.34%、20.81%和 19.12%，各项指标与其生产份额不匹配，农业生产囿于较低效率水平。

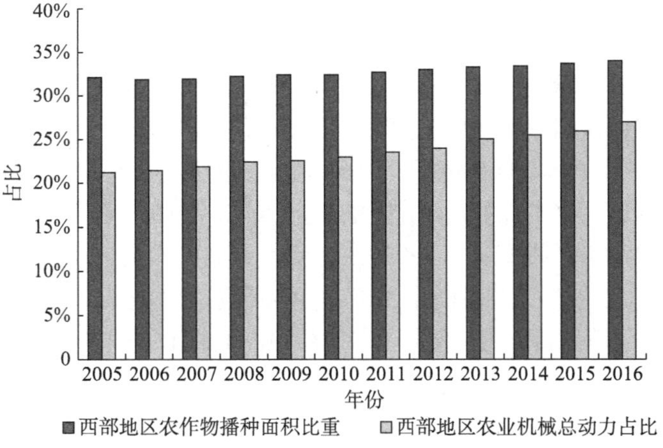

图 3-9　2005~2016 年西部地区农作物播种面积及农业机械总动力占全国的比重

资料来源：国家统计局统计数据库

五、农村基础设施建设滞后，农业生产条件亟待改善

坚实的农业基础设施是农业科技协同创新的重要保障。然而，2005~2016 年西部地区农业固定资产投资虽然年平均增长速度达到 25.84%，但其在全国层面所占份额变化不明显（图 3-10），相对于东、中部地区的农业固定资产投资更显不足。

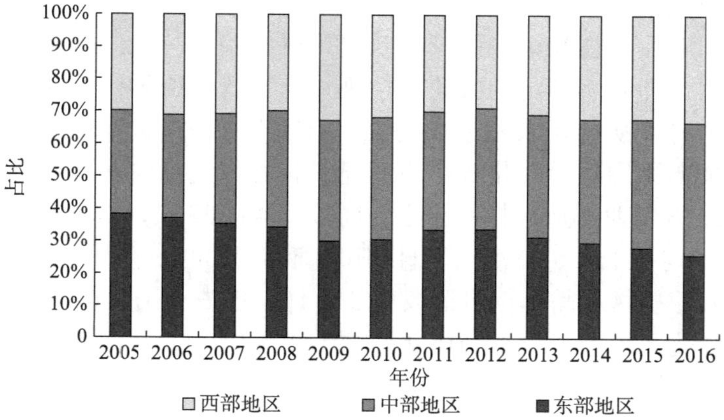

图 3-10　2005~2016 年东、中、西部地区农业固定资产投资占全国的比重

资料来源：国家统计局统计数据库

农村基础设施建设滞后，导致西部地区成灾面积占全国总成灾面积的比重一直处于较高水平，最低的 2006 年为 31.85%，最高的 2011 年甚至达到 50.13%，2005~2015 年西部地区农业成灾面积大部分高于东、中部地区，特别是近年来的趋势更加明显（图 3-11），2015 年西部地区农业成灾面积达到 496.1 万公顷，而中、东部地区则只有 370.2 万公顷和 371.5 万公顷，农业生产条件亟待改善。

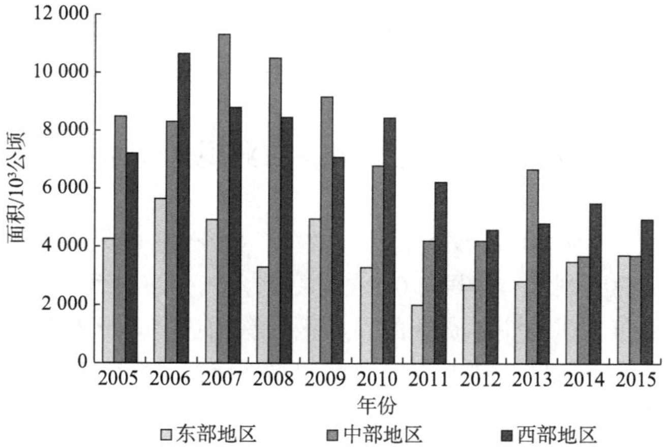

图 3-11　2005~2015 年东、中、西部地区农业成灾面积

资料来源：国家统计局统计数据库

六、农业产学研合作利益协调机制短缺，各主体协同性不足

西部地区农业协同创新利益协调机制短缺，导致农业产学研利益和风险不明确，产、学、研、管各主体之间定位模糊，导致各方分工和职责不明确，产学研结合与相互配合不够紧密，推广机构服务意识有待提升。这使得宏观、中观、微观层面农业科技政策在国家与政府、科研院所与推广机构及专业协会与农户出现断层，即政府制定的农业科技规划与科研院所发明的新技术和新品种难以与需求方专业协会及农户形成精准、有效对接[8]，协同创新合作不足，导致所产生的横向课题成果转化效果不明显，技术成交量较匮乏。从科技研发数量上来看，2016 年西部地区技术输出合同数为 48 607 项，占全国技术合同总数的 15.16%，平均每个省（自治区、直辖市）有 4 050 项，低于全国 8 901 项的平均水平，而农业植物新品种权申请数为 342 件，仅占全国申请总数的 14.51%。从科技成果转化运用上来看，2016 年西部 12 个省（自治区、直辖市）技术市场上的技术输入合同数为 55 827 项，平均每省（自治区、直辖市）4 652 项，也远低于全国 8 901 项的平均值。

七、农业科技交流合作协商机制不完善，盲目竞争

目前西部地区农业发展科技交流合作机制不健全，缺少顶层设计，盲目竞争导致发展不是依据自身条件，更多的是根据政绩需要，采用指令性发展，如遂宁的“百万头无公害猪”、龙泉的“万亩观光果园”等，两个或多个地区经常出现重复发展、攀比发展。长期地盲目追求规模、同质发展，不但造成资源浪费而且导致生态破坏。例如，宁夏、陕西等西北地区发菜和甘草造成的植被破坏导致土壤沙化严重，部分地区高耗水项目也由于水资源短缺难以持续。

八、农业发展微观基础效能乏力，农业现代化水平不均衡

西部地区总人口中 81%为农业人口，农民 80%经济收入来自农业。在我国脱贫攻坚战取得全面胜利前，全国 70%农村贫困人口分布在西部地区[9]，西部贫困地区不仅大多分布于耕地资源贫乏的石山区、深山区，还分布于荒漠地区、高寒山区、干旱、半干旱地区、地方病多发区及水库淹没区[10]。区域地理环境恶劣，自然资源禀赋和生产要素拥有量有限，使得农业生产一般以农户为单位，存在小规模农户组织和行为缺陷，超小规模、高度分散及“小而全”，并缺乏流动与重组的内在动力，使得农业发展的微观基础效能乏力，不利于农业生产力的高效组

织及向农业引入现代生产要素，滞缓了西部地区传统农业的改造，导致其现代农业与传统农业并存及不均衡发展的农业现代化。这种不平衡性势必延缓了西部地区农业现代化进程[11]，不利于西部地区农业科技创新的协同。

九、农业信息相关服务不足，现代信息手段利用率有待加强

信息网、西部农机网、中国生态农业网等几个门户网站，为广大需求者提供农业信息及相关服务。这些网站以电子化商业运营为主要内容，涉及部分农业新产品信息。但就目前情况来看，网站涉及内容面比较窄，以电子商务为主，虽然也新增了部分“三农”的政策解读等内容，但整体来看，服务的主要领域是市场交易。对于农业科技创新来讲，除去产品市场之外，还有科研成果转化、技术共享、政策解读、人员素质培训、监督管理等内容需要重视，农业信息相关服务短缺。

此外，西部地区农村居民科技信息产品拥有量不足，现代信息手段利用率有待加强。2012 年，西部地区农村居民拥有计算机数量为 10.38 台/百户，虽然较 2005 年的 0.38 台/百户有很大进步，但是与东、中部地区相比，农村居民计算机拥有量仍然存在较大差距。2012 年，东部地区农村居民拥有计算机数量为 37.35 台/百户，是西部地区的 3.6 倍，中部地区农村居民拥有计算机数量为 18.34 台/百户，是西部地区的 1.77 倍（图 3-12）。由此可见，在科技信息产品拥有量上，西部地区与东、中部地区相比劣势明显，成为西部地区农业科技协同创新制约因素。

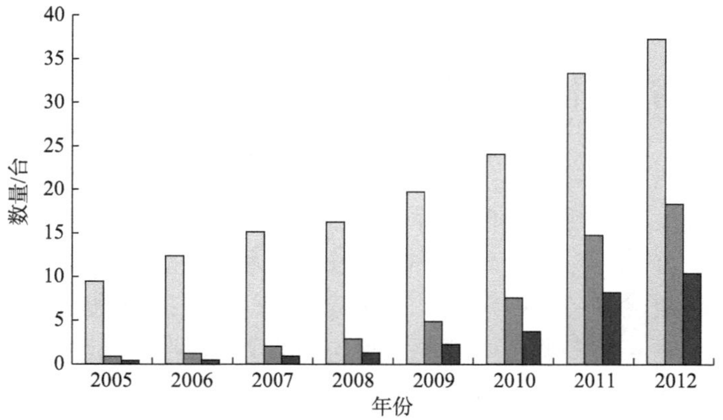

图 3-12　2005~2012 年东、中、西部地区农村居民每百户拥有计算机数量

由于数据统计口径改变，2013 年之后该指标只有全国层面的平均数据，缺少分地区的数据

资料来源：国家统计局统计数据库

本章小结

西部地区是我国区域经济重要的战略组成部分，其大部分地区属于我国经济欠发达和需要加强开发的地区，因此，其农业持续稳定高效发展关系到西部地区的经济发展和区域安全，西部地区严峻的自然环境和生态环境，决定了西部地区要不断提升农业科技协同创新能力，大力开展区域内及区际农业科技协同创新，为区域经济发展与农业产业价值增值提供发展动力。

本章分析了西部地区农业科技协同创新的基础。一是基于农林牧渔业总产值情况，农林牧渔业增加值及中间消耗情况，农业固定资产投资的情况，农村居民人均可支配收入情况，农业机械拥有量情况，农村电力和农田水利建设情况，农用化肥、农膜、柴油和农药使用量情况，自然灾害情况，农作物播种面积及构成情况，主要农作物产量情况，主要农作物单位面积产量情况，按人口平均主要农产品、畜产品、水产品产量情况，林业生产情况，渔业及畜牧业生产情况等层面，研究了西部地区农村经济发展基础。二是基于农林高等院校情况、农民受教育情况、研究与试验发展人员情况、科学研究及技术服务新增固定资产投资情况、农业领域研究与开发机构科技活动经费内部支出情况等层面，研究了西部地区农业科技创新发展基础。

本章构建了农业科技协同创新能力评价指标体系，并对西部地区农业科技协同创新能力进行实证分析，结果显示回归的质量不高，协同相关性系数只有34%，与现实分析有较大出入，可能存在以下原因：一是选择的产出指标不能很好地表现科技协同创新的结果，与之最相关的是各个主体投入情况，主体之间不能相互对接，使很多涉农企业更倾向直接出资从发达国家市场购买农业科技创新成果，引进、消化、吸收发达国家农业创新生产方式，而减少或不进行与政府、高校和科研机构的协同合作。二是由于体现产出的系列指标与协同程度非直接相关，以及协同程度仅是影响科技创新产出的方式，而科技产出方式在近10年当中没有产生较大的变化，基于产学研协同合作深入程度当前未使得创新产出具有显著效果的原因，故检验结果不明显。三是基于DEA模型的测度表明，样本协同创新产出并不高，再经回归测度时协同程度与创新产出的回归效果并不明显，因此本书研究推测还需要更久远的数据或者是集合全国的样本进行测度，回归会更明显。四是样本区域内的涉农主体并不一定依赖协同创新，某些技术在企业或者高校内部的自主研发已经达到帕累托最优，并且能够自主经营、自负盈亏，不倾向进行协同创新。因此本书研究的对象应该具体到需要进行协同创新的主体，并关注农业企业发展的共性、关键技术层面。

本章在西部地区农业科技协同创新能力评价研究的基础上，分析了西部地区农业科技协同创新的制约因素，认为西部地区农业科技协同创新存在以下几方面的制约因素：农业人口素质有待提升，农业科技成果吸纳能力不足；科技投入强度不足，农业科技水平落后；科技平台支撑力度不够，区域科技创新指数水平较低；农业机械化程度较低，农业生产效率不高；农村基础设施建设滞后，农业生产条件亟待改善；农业产学研合作利益协调机制短缺，各主体协同性不足；农业科技交流合作协商机制不完善，盲目竞争；农业发展微观基础效能乏力，农业现代化水平不均衡；农业信息相关服务不足，现代信息手段利用率有待加强等。

参 考 文 献

[1] 熊华怡. 西部农业科技协同创新能力提升研究[D]. 重庆工商大学硕士学位论文，2014.
[2] 王燕，刘晗，赵连明，等. 乡村振兴战略下西部地区农业科技协同创新模式选择与实现路径[J]. 管理世界，2018，（6）：12-23.
[3] 卢国华，杨海芬，赵瑞琴. 我国发达地区农业科技成果技术转移的经验及启示[J]. 北方园艺，2013，（2）：198-200.
[4] 韩俊. 农村新产业新业态的发展[J]. 中国金融，2017，（3）：19-21.
[5] 张骞. 爱尔兰农业科技创新的成功经验对中国的借鉴与启示[J]. 世界农业，2015，（8）：153-156.
[6] 彭宇文，吴林海. 中美农业科技资金投入比较及对策分析[J]. 中国科技论坛，2007，（12）：89-92.
[7] 韩建民，尚明瑞. 西部农业产业化发展的理论研究[J]. 北京理工大学学报（社会科学版），2002，（1）：43-47.
[8] 赵国锋，高征，段禄峰. 国外农业科技体系对中国西部地区农业发展的借鉴[J]. 世界农业，2012，（9）：14-17.
[9] 黄国勤. 西部大开发与西部农业地区可持续发展[J]. 江西农业大学学报，2002，（1）：117.
[10] 窦骏涛. 西部贫困地区农业企业化探微[J]. 天水师范学院学报，2007，（3）：32-35.
[11] 曾纪芬，黄启发. 加快西部地区农业现代化进程的财政政策分析[J]. 经济研究参考，2015，（41）：12-15.

第四章　新时代乡村振兴战略下西部地区农业科技协同创新模式

西部地区的环境与地理条件的限制，使得山区、半山区、平原、高原等不同的地区有着不同的农业科技协同创新模式，而每一种协同创新模式又都会有不同的构建模式，是靠政策引导、政府扶持、市场激发、大学帮扶、农民自发、龙头企业带动还是靠品牌农业带动，西部地区需要立足自身资源禀赋和发展实际，依据乡村振兴战略目标，西部地区农业科技协同创新的模式必须要与时俱进有新发展、新开拓、新转变，从而推动西部地区乡村振兴战略。

第一节　新时代乡村振兴战略下西部地区农业科技协同创新的重要意义

当前，我国农业农村发展已进入“结构升级、方式转变、动力转换”的紧要“关口”[1]。乡村振兴战略的实施意味着我国全面进入提升农业自我发展能力、提高农民综合素质、改善农村发展环境的新时代。乡村振兴战略作为系统工程，其中“产业兴旺”是乡村振兴战略中最主要的政策实施要点[2]；加强农村资源环境保护，坚持人与自然和谐共生是乡村振兴生态宜居的前提；农民素质的高低从根本上决定了乡村振兴的水平与质量[3]；弘扬社会正气，提升农民精神面貌是乡村振兴农村治理有效的重要基石；大力发展农村生产力，实现农业增效、农民增收是乡村振兴农民生活富裕的根本保证。因此，新时代乡村振兴战略下，西部地区农业科技协同创新的重要意义主要体现在以下五个方面。

一、农业科技协同创新是西部地区乡村振兴产业兴旺的加速器

产业是经济活动的载体，“产业兴旺”是乡村产业振兴战略中最主要的政策实施要点，其本质是通过最大限度地调动广大农民群众的积极性、创造性，打造更多的新型农业经营主体，引导和推动更多的资本、技术、人才等要素向农业农村流动，以促进产业发展为中心，形成现代农业产业体系，促进农村一二三产业融合发展，实现农业农村经济发展持续的旺盛活力[4]。当前，我国农业农村发展的结构、方式、动力都已进入“升级、转变、转换”的紧要“关口”，要强化科技创新驱动，引领现代农业加快发展。西部地区作为我国农业传统劳动密集型耕作方式的典型区域，经营方式过于分散、劳动力资源结构性短缺、产业化发展程度偏低、生产力水平普遍低下、产业结构失调，导致西部地区农业产业内涵差异较大，大多处于有资源无产业、有产品无市场、有需求无供给状态，西部地区农业现有生产要素的配置已接近饱和状态，如果没有新的生产要素引入，很难使其焕发新的活力[5]。产业升级实质上是技术升级，产业链最大的问题就是，二三产业与农民的割裂，没有真正建立起一种协作的供应链，缺失载体的有效协作与互动[6]。农业科技协同创新的过程实现了农业产业链与技术链的双向融合，是乡村振兴“产业兴旺”的加速器。西部地区农业发展，亟须突破惯性思维，大力开展区域内外农业科技协同创新，找准区域农业发展的主导产业和支柱产业，通过不同形式将农业全链条发展中涉及的多元化主体（高校、科研机构、企业、农村合作社、农户、科技中介机构和政府相关部门等）联合起来，将各种分散的农业资源创新要素高效整合、优势互补、优化组合，使其发挥规模效应和聚集效应，不断提高资源利用效率和效益，壮大新产业新业态，完善供应链，继续进一步推动一二三产业的融合发展。西部地区要以产业链价值链为切入点、以多功能性价值增值为目标，不断延长和拓展农业产业，实现西部农业现代化。

二、农业科技协同创新是西部地区乡村振兴生态宜居的重要保障

加强农村资源环境保护，坚持人与自然和谐共生，实现经济、社会和生态协调发展是西部地区乡村振兴生态宜居的前提。西部地区作为我国大江大河的发源地和南水北调工程的重要水源地，生态地位至关重要。西部地区农业资源相对丰富，但资源分布不均且利用效率较低，如西北地区干旱少雨，水资源极度匮乏，西南地区多山和丘陵，全国大约 70%的坡耕地和 95.8%沙化土地分布在西部地区，水土流失严重，超过 50%的水土流失治理面积发生在西部地区，陕西、甘肃、内蒙古、云南、贵州和四川 6 个省（自治区）尤为严重。此外，粗放的农业

生产方式及农药、化肥、农业薄膜和过度放牧及开垦，造成生态脆弱，面源污染严重，自然灾害频发。1991~2014 年，西部地区化肥、农药和农用塑料薄膜消耗的年均增长率分别为 4.55%、2.97%和 22.13%，均高于同期全国年均增长率水平。西部地区农业经济增长与环境污染相关性研究表明，化肥、农药和农业薄膜的大量投入是西部 12 个省（自治区、直辖市）农业经济增长的主要推动力，农业经济效益的增加以牺牲环境为代价[6]。2014 年西部地区农业遭遇各类自然灾害面积达 1 066.01 万公顷，约为全国受灾面积的 42%。要改变这种困境，西部地区迫切需要以农业科技协同创新，改变当前的农业生产方式，大力发展有利于生态修复的农业生产技术、高效利用技术、耕地保护与替代技术、精确施用技术、重大农业生物灾害防控技术、生态农业与环境工程技术、劳动节约型技术等，农业科技协同创新已成为西部地区乡村振兴生态宜居的重要保障。

三、农业科技协同创新是西部地区乡村振兴乡风文明的有力推动

人力资本是农业经济增长的主要源泉[7]，人才振兴是乡村振兴的关键，乡村振兴的水平与质量最终取决于农民素质的高低。进一步提升农民综合素质、进一步提高农村文明程度是西部地区乡村振兴实现乡风文明的关键。西部大开发战略的实施，较大地提高了西部地区乡村人口平均受教育水平，2014 年西部各省（自治区、直辖市）除西藏外均接近甚至超过全国平均水平的 7.69 年，其中陕西和新疆超过 8 年。但与发达国家相比所属阶段还处于较低的水平，如日本早在 20 世纪 70 年代农民的平均受教育年限就已经超过 11 年[8]。农业科技协同创新的绩效，一方面是发挥协同效应，实现创新资源的有效聚集和融合；另一方面是发挥学习效应，加强创新主体之间的互动。农业科技协同创新所构成的科技知识创新网络，其核心是农业科技知识的创新与科技成果的产业化，家庭农场和农户作为技术需求方，是农业科技协同创新的重要主体。农业科技协同创新以农业重大技术、终端产品或产品群为指引，对囊括上中下游及服务配套的全产业链条，通过技术指导等方式，将先进的经验传授给协同创新的各参与主体，帮助其改进产品或者技术工艺。农业科技协同创新的过程，也是农业科技知识资源利用的过程，不断扩大了知识存量、增大了知识流量、提高了知识资源需求度、加大了知识流速，促进了知识资源科学整合和利用，从而形成独特的知识资源优势[9]。因此，农业科技协同创新的过程，对培育“有文化、懂技术、会经营”的新型农民，不断提升农民文化教育水平、农业技术技能和生产经营管理能力，提高农民综合素质，促进西部地区农村乡风文明起到重要的推动作用。

四、农业科技协同创新是西部地区乡村振兴农村治理有效的重要基石

充分发挥协同创新先进文化的驱动功能、导向功能、凝聚功能、提升功能，弘扬社会正气，提升农民精神面貌，是西部地区乡村振兴农村治理有效的重要基石。文化作为非正式制度安排，通过激发与推动、凝聚与协调、提升与开拓的作用机制，与集体行动联系在一起。作为一种公共物品，为某一社会中的众多人所共同接受和遵守，深刻支配着各主体的心理定势、思维方式和价值取向，对整个社会的思想情感、行为活动起着制约作用，当形成一种被大多数人所认同的先进文化时，就会营造出积极的精神氛围，把各个方面、各个层次的主体团结在彼此认同的文化周围。长期以来，西部地区受传统小农经济思想的禁锢，农耕文化影响深远，市场经济观念尚未深入人心，农业经济发展长期处于依赖性文化背景下，一元性的价值观，导致故步自封、路径依赖，缺乏开放合作、求新求异的人文精神，造成农业经济发展的惰性。不仅缺乏冒险和忧患意识，满足现状；更缺乏面对开放、挑战、发展的战略思维，弱化了农业经济发展的动力和活性。农业科技协同创新所展现的科技协同创新文化，具有其自身的特性，不仅具有独特的科学精神气质，同时兼具竞争与合作的文化规范，其内在的精神文化和外在的制度文化从不同角度影响各创新主体的协同创新活动，能够形成激发和凝聚创新的社会氛围，调动和整合各个领域创新资源，人尽其才，物尽其用，实现某一领域的重大突破。农业科技协同创新的过程既是价值观和文化整合的过程，也是新思想、新观念、新理念不断汇集的过程，对于西部地区弘扬社会正气、提升农民精神面貌有质的推动，是西部地区乡村振兴农村治理有效的重要基石。

五、农业科技协同创新是西部地区乡村振兴农民生活富裕的根本保证

大力发展农村生产力，实现农业增效、农民增收，是西部地区乡村振兴农民生活富裕的根本保证。西部地区是中国“三农”问题的重灾区，家庭耕地的有限性、未成规模难以就业的村域产业、小型零散的兼业化方式，使得西部地区农民收入难以提高。2015 年农村居民人均可支配收入东部地区为 14 297.4 元，中部地区为 10 919.0 元，西部地区为 9 093.4 元，位列全国最低。从 31 个省（自治区、直辖市，不含港澳台）来看，共有 6 个省（自治区）农村居民人均可支配收入低于 9 000 元，分别为甘肃 6 936.2 元、贵州 7 386.9 元、青海 7 933.4 元、云南 8 242.1 元、西藏 8 243.7 元、陕西 8 688.9 元，均来自西部地区，占西部地区省（自治区、直辖市）总量的 50%。2016 年西部地区农村居民人均可支配收入仅为 9 706 元，低于中部地区的 11 780 元，与东部地区的 17 135 元相差甚远。2016 年全国共有 7 个

省（自治区、直辖市）农村居民人均可支配收入低于 10 000 元，全部来自西部地区。从农村居民收入差距变化来看，按照当年价格计算，2005 年西部地区农村居民人均可支配收入与东、中部地区的差距分别是 2 767 元和 673 元，但 2016 年差距则扩大到 7 429 元和 2 074 元，与东、中部地区差距越来越大（图 4-1）。农民生活富裕的需求迫切而严峻，意味着打破传统农业发展模式和农业科技创新模式已迫在眉睫，亟须切实发挥政府职能作用，大力开展多层面、多领域、多主体农业科技协同创新，全面实现农业产业的开放式创新和系统创新，协调推进科技创新与农业增长机制创新，调动农业科技人员的主动性和创造性，提高广大农民的生产积极性，建立农业增效、农民增收的长效机制，不断提升西部农业自我发展能力，打造西部农业经济增长点，实现西部农业跨越式、突变式发展，为西部地区农民生活富裕提供保证。

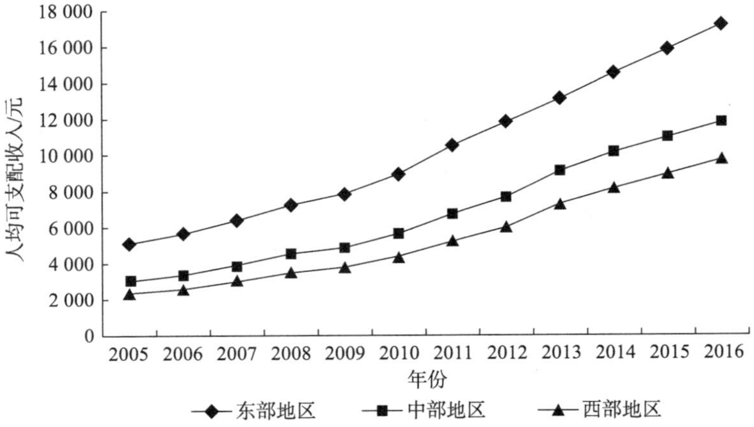

图 4-1　2005~2016 年东、中、西部地区农村居民人均可支配收入变化

由于数据统计口径改变，2012 年之前的数据是以农村居民人均纯收入来代替农村居民人均可支配收入的

资料来源：国家统计局统计数据库

第二节　西部地区农业科技协同创新典型实践

一、农业科技协同创新的内蒙古和林格尔实践

（一）内蒙古农业经济发展情况

2015 年内蒙古农林牧渔业总产值 2 719.3 亿元，全国占比 2.79%，其中农业产值 1 474.5 亿元、林业产值 99.4 亿元、牧业产值 1 114.6 亿元、渔业产值 30.8 亿

元。农作物播种总面积由 1990 年的 472.24 万公顷，增加到 2015 年的 756.79 万公顷；农用化肥施用量 229.4 万吨，其中氮肥 98.7 万吨，磷肥 41.4 万吨；耕地灌溉面积 308.69 万公顷，乡村办水电站 40 个，装机容量 9.5 万千瓦，发电量 16 853 万千瓦时，农村用电量 72.3 亿千瓦时，农用柴油使用量 80.4 万吨，农药使用量 32 961 吨，农用塑料薄膜使用量 95 021 吨，地膜使用量 69 669 吨，地膜覆盖面积 1 181 606 公顷；农村固定资产投资 173.1 亿元，农村居民可支配收入 10 775.9 元，农业机械总动力 3 805.1 万千瓦①。

（二）和林格尔以"小农户科技园"为载体、以改良本土农牧品种及配套技术为主攻方向的农业科技协同创新实践

和林格尔实践以改良本土农牧品种及配套技术为主攻方向，以一家一户为生产单元的"小农户科技园"为载体，以政府为主导，以政策为引导，通过"组织创新、规模经营、整合资源、共享利益"，积极推动各主体优势资源的整合，形成农牧技术推广人员与农民的利益共同体，实现农牧新技术推广、农牧科技与农村经济紧密结合，提升农牧业规模经营，转变农牧业增长方式，推动现代农牧业良性发展。

和林格尔县总面积 3 436 平方千米，位于内蒙古自治区中南部，自然资源匮乏，总人口 20 万人，所辖乡、镇和经济开发区分别为 4 个、3 个、1 个。1994 年以前被划为国家级贫困县，在呼和浩特市所属区县中，以 1997 年为例，其生产总值和农民人均纯收入分别为 3.81 亿元、1 308 元，位于倒数第一[10]。为促进粮食增产、牧业增收，使农民增收致富，2008 年和林格尔县农牧业局决定，在国家级农业示范区内蒙古和林格尔国家农业科技园区附近的古力半忽洞村开始尝试建设小农户科技园，2010 年出台了《2010 年小农户科技园星火燎原工程实施方案》，并做出在全县范围大规模推广小农户科技园建设的决定，以"小农户科技园"为载体，将农户整合到国家级农业示范园区内，由内蒙古蒙牛乳业等知名企业、英国剑桥大学及中国农业大学等国内外著名高校和研究机构、各类农业科技中介所形成的农业科技协同创新体系，形成了"市场牵龙头、龙头带基地、基地连农户"的运行机制和"产+销"、贸工农一体的经营机制[11]。"小农户科技园"以户为单位，其"地块、投入、辐射、收益、推广"具有"小、少、宽、好、易"等特点，到 2014 年，和林格尔县通过采取"连村+连户+连片"的经营模式，县乡和乡镇因地制宜共建立了 500 个小农户科技园，其中共建 120 个、自建 380 个。2008~2014 年小农户科技园的数量已从初创的 1 个发展为 500 个、作物面积从 1.17 公顷扩大为 0.73 万公顷，2014 年牲畜达到 16.15

① 资料来源：《内蒙古统计年鉴》。

万头，经济总产值实现 502 亿元，纯增收达到 8 868.32 万元。其中，种植业科技园实现经济总产值 2.22 亿元，纯增收 6 697.23 万元，惠及人口 1 万多人，人均增收 6 293 元；养殖业科技园实现经济总产值 2.802 亿元，纯增收 2 171.09 万元，惠及人口 1 400 多人，人均增收 1.54 万元[10]，并协同创新研发推广了一批农牧业新优品种及配套新技术，经济社会效益显著，为全县农民增收、农牧业增产增效起到典型示范、推广和辐射带动作用。

二、农业科技协同创新的甘肃金塔实践

（一）甘肃农业经济发展情况

甘肃地处西北内陆，其干旱区的地理环境，使得其气候表征为温带大陆性干旱、半干旱气候，土地资源有限，昼夜温差大，水资源相对匮乏，属严重缺水地区，全省总面积 70%以上为山地和高原，地形地貌复杂，生态环境脆弱。2015 年农林牧渔业总产值 1 204.0 亿元，全国占比 1.2%，其中农业产值 951.2 亿元、林业产值 33.9 亿元、牧业产值 217.5 亿元、渔业产值 1.4 亿元。农作物播种总面积由 1990 年的 361.13 万公顷，增加到 2015 年的 422.93 万公顷；农用化肥施用量 97.9 万吨，其中氮肥 40.6 万吨，磷肥 19.1 万吨；耕地灌溉面积 130.67 万公顷，乡村办水电站 673 个，装机容量 248.8 万千瓦，发电量 859 026 万千瓦时，农村用电量 54.0 亿千瓦时，农用柴油使用量 42.7 万吨，农药使用量 78 848 吨，农用塑料薄膜使用量 183 735 吨，地膜使用量 114 295 吨，地膜覆盖面积 1 394 900 公顷；农村固定资产投资 127.6 亿元，农村居民可支配收入 6 936.2 元，农业机械总动力 2 685.0 万千瓦①。

（二）金塔以“信息平台”为载体、以粮棉全产业链数字技术服务为主攻方向的农业科技协同创新实践

金塔实践以“信息平台”为载体、以粮棉全产业链数字技术服务为主攻方向、以政府为主导，发挥政府服务功能，以“互联网+农业”为战略理念，以“本地化、专业化、实用化、综合化、实时性”为原则，应用数字化技术、网络技术、通信技术等现代信息技术，整合科研高校及研究机构专家、农业企业、农业合作社、种养大户、农民等农业创新优势资源，打造农村信息服务网络平台，形成农业全价值链、全产业链、全生态链信息服务的农业科技协同创新模式。

甘肃省金塔县位于河西走廊中段北部，地处蒙新荒漠和巴丹吉林沙漠边

---

① 资料来源：2015 年甘肃省国民经济和社会发展统计公报，《甘肃统计年鉴》。

缘，全县辖5镇5乡，89个行政村，总人口14.7万人，其中农村人口11万人。金塔县既是农业大县，也是全国商品粮基地县和甘肃省最大的产棉县。由于深处西北内陆，山高壑深、地理位置偏僻，被称为312国道上的“盲肠”。农业生产的分散性、时空的变异性、灾害的突变性和农民区域的分散性[12]，决定了金塔县战略谋划如何充分应用数字化技术、网络技术、通信技术等现代信息技术，整合社会资源，调动各方力量，以“信息平台”服务网络为载体整合有效的创新资源，突破农业信息化“最后一公里”，推动农业科技协同创新。“金塔模式”实施以来，把科技、信息、资本、管理等生产要素导入现代农业生产经营中，该县90%的种植业品种、80%的畜牧业品种实现了更新换代，推广各类实用技术30多项[13]，农业结构得到进一步优化，在农产品市场信息服务、农村人才培养、农民增收、产业结构调整、扩大就业和农业技术研发与推广等方面取得了显著效果，2016年全县实现农业增加值19.6亿元，增长6.4%；实现农村居民可支配收入14 637元，增长7.6%①。

三、农业科技协同创新的新疆实践

（一）新疆农业经济发展情况

新疆作为交界邻国最多的省区和对外开放的门户，其面积和国境线长度居全国首位，是闻名世界的古代丝绸之路要冲和连接中西亚地区的核心枢纽，其独特的温带大陆性气候环境，形成了具有浓厚地域特色的农产品及绿洲农业生产方式，不仅是“瓜果之乡”，还是我国优质长绒棉唯一生产省和彩棉主产区，牛奶、牛羊肉、细羊毛三大畜产品在全国占有重要地位，小麦和玉米是主要粮食作物。

2015年农林牧渔业总产值2 822.14亿元，全国占比2.9%，其中农业产值2 037.59亿元、林业产值53.15亿元、牧业产值709.7亿元、渔业产值21.7亿元。农作物播种总面积由1990年的297.95万公顷，增加到2015年的575.73万公顷；农用化肥施用量248.1万吨，其中氮肥109.8万吨，磷肥66.2万吨；耕地灌溉面积494.49万公顷，乡村办水电站366个，装机容量186.6万千瓦，发电量629 126万千瓦时，农村用电量104.1亿千瓦时；农用柴油使用量86.3万吨，农药使用量25 838吨，农用塑料薄膜使用量268 901吨，地膜使用量231 471吨，地膜覆盖面积3 463 530公顷；农村固定资产投资287.6亿元，农村居民可支配收入9 425.1

① 资料来源：2016年金塔县国民经济和社会发展统计公报. http://www.ahmhxc.com/tongjigongbao/8042.html。

元；农业机械总动力 2 489.3 万千瓦①。

新疆地处边疆，60%以上的国土为沙漠、戈壁、荒漠，交通不便，生态环境恶劣，农田水利基础设施落后，自然灾害频发，导致农业损失巨大；社会经济基础薄弱，财政赤字县达 70%，农业投入严重不足[14]；农民受教育程度较低，农村劳动力平均受教育年限仅为 8.3 年（2010 年第六次全国人口普查数据），其中文盲半文盲占 2.91%；畜牧业生产方式落后，50%为退化草原，属动植物疫病的多发区和高发区，农业保障体系支撑不足；在我国脱贫攻坚战取得全面胜利前，地处丘陵区、高寒山区和干旱缺水地区的边境、贫困团场自我发展能力有限，贫困农民人口量大面广，南北疆区域经济发展不平衡，城乡居民收入差距大，2015 年比 2000 年城乡居民人均可支配收入差距扩大 2.59 倍②。

（二）新疆以"关键技术"为载体、以干旱地区节水关键技术为主攻方向的农业科技协同创新实践

新疆实践以农业发展"关键技术"为载体、以干旱地区节水关键技术为主攻方向、以企业为主体，以产、学、研合作为纽带，整合企业内部及行业优势科技资源形成协同创新体系，通过引进、消化、再创新、集成创新或原始创新的方式，建立"契约式、联合研发、风险共担、成果共享"[15]的农业科技协同创新模式。

新疆经济属欠发达地区，其远离海洋，干旱少雨，为典型大陆性干旱、半干旱气候，节水不仅是经济问题，更是涉及农业增产、农民增收、农村发展的政治问题。1996 年为了实现新疆农业节水、高效、增产的可持续发展目标，新疆天业（集团）有限公司作为大型国有企业，通过内部构建"研发机构建设工程、人才培养工程、创新投入工程、知识产权管理工程、创新文化建设工程、产学研合作工程"整合内部创新资源，并在政府支持下，立足新疆，面向全国并联合清华大学、浙江大学、西北农林科技大学、石河子大学和新疆农垦科学院等国内知名院校与科研院所形成农业科技创新体系，采取了"引进—消化—吸收—本地化"的技术创新模式，开展农业科技协同创新，成功发明了具有自主知识产权的膜下滴灌技术，并生产出了"农民用得起"的滴灌产品，价低质优，每亩初始一次性投资是国外同类产品投资的 1/8，在国内市场的占有率达到 58%[16]。小麦每亩耗水比常规地面灌溉减少 170 立方米，节水 60%以上；棉花、番茄、甜菜节水 50%以上；内地旱作水稻、甘蔗节水 60%左右；玉米、大豆节水 50%左右[17]，已实现从大棚到大田、从兵团到全疆、从经济作物到粮食作物、从北方旱作农业区到南方

① 资料来源：《新疆统计年鉴》。
② 资料来源：《新疆统计年鉴》。

非灌溉区的突破，形成了科技支撑产业、产业回馈科研的良性循环。2012 年新疆天业（集团）有限公司获得全部有效发明专利 120 项，其中授权的专利 73 项，迄今已获得 2 项国家科学技术进步奖，自治区、兵团科学技术进步奖 9 项，其他奖 11 项，登记科技成果 19 项，科技成果及获奖数共为 40 项；完成新产品新工艺等科技项目 40 项[18]。新疆现已被列为全国节水灌溉示范基地，其滴灌面积推广居世界前列，实施该技术的 7 000 万亩耕地保持连年增产增收，并成功走向世界。

四、农业科技协同创新的陕西实践

（一）陕西农业经济发展情况

陕西省总面积 20.56 万平方千米，地形复杂，高原与山地、平原与盆地并存，横跨陕北高原、关中平原、秦巴山地三个气候带和地貌区，全省年平均降水量 676 毫米，全省年平均气温 13.9℃，全省年平均日照时数 2 088.1 小时，全省年平均无霜期 242.4 天，水资源总量 271.48 亿立方米。2015 年小麦、稻谷、玉米、大豆等粮食作物主要农作物播种面积 427.685 万公顷；农林牧渔业总产值 2 683.6 亿元，全国占比 2.75%，其中农业产值 1 885.4 亿元、林业产值 75.8 亿元、牧业产值 698.8 亿元、渔业产值 23.6 亿元；农作物播种总面积由 1990 年的 485.98 万公顷，降低到 2015 年的 428.45 万公顷；农用化肥施用量 231.9 万吨，其中氮肥 93.5 万吨，磷肥 18.5 万吨；耕地灌溉面积 123.68 万公顷，乡村办水电站 680 个，装机容量 138.6 万千瓦，发电量 396 987 万千瓦时，农村用电量 110.2 亿千瓦时，农用柴油使用量 92.3 万吨，农药使用量 13 092 吨，农用塑料薄膜使用量 43 068 吨，地膜使用量 22 147 吨，地膜覆盖面积 454 135 公顷；农村固定资产投资 351.2 亿元，农村居民可支配收入 8 688.9 元，农业机械总动力 2 667.3 万千瓦；常住人口由 2010 年的 3 735 万人，增加到 2016 年的 3 813 万人，城镇人口比重由 2010 年的 45.70%，增加到 2016 年的 55.34%，城镇化程度不断加速；耕地面积 399.5 万公顷，园地面积 82.0 万公顷，人均耕地面积由 1978 年的 0.16 公顷，降低到 2016 年的 0.11 公顷，逐年减少，传统资源型农业产业亟待升级，迫切需要技术革新；生态地质环境脆弱及水土流失严重的陕北和陕南黄土高原及秦巴山区，农业发展的可持续性受到挑战；农业劳动生产率和土地生产率的双重错位及科技等各类资源要素集散度低，大力开展农业科技协同创新，提高农业产业支撑力，转型经营模式迫在眉睫①。

---

① 资料来源：《陕西统计年鉴》。

（二）陕西以“试验示范站”为载体、以研发推广适宜本土新品种重大生物技术为主攻方向的农业科技协同创新实践

陕西实践以“试验示范站”为载体、以研发推广适宜本土新品种重大生物技术为主攻方向、以农民需求和产业发展为中心，在政府的支持下，延伸大学社会服务职能，构建以大学为依托，政府、大学、科研机构、涉农企业、基层农户有效参与的“大学 + 试验示范站（基地）+ 科技示范户 + 农民”的农业科技协同创新机制。

西北农林科技大学是该践行的代表，其以推动产业发展为核心目标，在区域主导产业中心地带，以自然经济区域为单元，相继在陕西省白水县、眉县、山阳县、清涧县、西乡县、阎良区、安康市汉滨区等地，建立了苹果、猕猴桃、核桃及板栗、红枣、茶叶、甜瓜及蔬菜、水产等10余个农业试验示范站（基地）[19]。推行“农业科技示范入户工程”，通过确定示范镇、示范乡、示范户、中心示范园、示范区，形成辐射带动效应。政府制定产业发展规划、出台政策、提供建站用地和资金保障；大学提供专家和技术，建立示范基地，开展科技培训和科技咨询服务；龙头企业和农业合作社提供土地和人力资源，并建立由专家+县级技术干部+乡级技术人员组成的大学与地方一体化“1+4+4”农业技术团队，保证技术指导专业、规范和标准化，多方汇聚农业协同创新资源，形成优势互补格局，打通科研、推广和应用之间的壁垒。试验示范站不仅具有科技研发、技术示范、技术验证和农民培训等功能与作用，同时兼顾科研、教学和国际合作交流，是系统性、综合化和开放式的产学研紧密结合现代农业产业服务平台。实施以来成效显著，各试验站累计推广新品种和新技术超过 230 项，获国家授权专利 20 余件，建成各类示范样板 180 个，指导和建立科技示范户 2 500 多户，培训农村基层干部和农民技术员 30 000 多人次，培训农民 36 万多人次，取得社会经济效益达 300 多亿元[20]。

五、农业科技协同创新的广西实践

（一）广西农业经济发展情况

广西是农业大省，位居我国西南边境低纬度地区，丘陵山区广布，地貌特征“八山一水一分田”，是海上丝绸之路的枢纽，与 30 个国家 69 个城市缔结了友好关系，气候温和湿润多雨，水资源最丰富省份，亚热带季风气候，是 5 个少数民族自治区之一，形成了木薯、玉米、水稻、桑蚕、甘蔗、柑橘、葡萄、香蕉、油茶、奶水牛、罗非鱼等特色农业产业，打造了“大蚝之乡”“玉桂之乡”“罗汉果之乡”“三黄鸡之乡”“香蕉之乡”“月柿之乡”“杧果之乡”“沙田柚之

乡”“瑶鸡之乡”“毛葡萄之乡”“茉莉花之乡”“荔枝之乡”“板栗之乡”“香猪之乡”“肉桂之乡”“柑橘之乡”等农业产业格局和“一圈两带三区四基地”渔业整体空间格局，其中木薯、甘蔗、香蕉、桑蚕、柑橘、罗非鱼等产业在我国占优势地位[21]。

2015 年农林牧副渔总产值 4 030.4 亿元，全国占比 4.1%，其中农业产值 2 146.4 亿元，林业产值 313.9 亿元，牧业产值 1 084.3 亿元，渔业产值 429.8 亿元。农作物播种总面积由 1990 年的 514.13 万公顷，增加到 2015 年的 613.47 万公顷；2005 年，农用化肥施用量 259.9 万吨，其中氮肥 74.2 万吨，磷肥 31.1 万吨；耕地灌溉面积 161.88 万公顷，乡村办水电站 2 402 个，装机容量 441.2 万千瓦，发电量 1 437 663 万千瓦时，农村用电量 83.9 亿千瓦时，农用柴油使用量 64.8 万吨，农药使用量 74 916 吨，农用塑料薄膜使用量 46 276 吨，地膜使用量 35 207 吨，地膜覆盖面积 415 443 公顷；农村固定资产投资 572.8 亿元，农村居民可支配收入 9 466.6 元，农业机械总动力 3 803.2 万千瓦；耕地面积 4 402.3 万公顷，园地面积 1 084.7 万公顷，林地面积 13 309.5 万公顷，草地面积 5.2 万公顷①。

广西农业产业结构存在种植业比重偏大和畜牧业、水产业、林业比重偏小、发展不足的不协调发展瓶颈。农产品多以初级产品进入市场，科技含量低，导致附加值和品质不高，结构不合理，商品率低，市场竞争力弱。农业生产方式落后，以分散经营和家庭作坊为主，生产效率不高，产业化和农业机械化程度低。

（二）广西以“资源”为载体、以专业化生物能源种植产供销一体化技术为主攻方向的农业科技协同创新实践

广西实践以“资源”为载体、以专业化生物能源种植产供销一体化技术为主攻方向、以市场为导向，以龙头企业为依托，以农户为基础，以产品为龙头，以经济效益为中心，以社会化服务为手段，以“龙头企业+科研单位+农户+基地+政府”为主要形式[22]，协同农业产业链条各个环节上多元主体，实现农工商一体化、产供销一条龙的产业化经营农业科技协同创新。

广西是我国最大木薯主产区，其产量和种植面积占到全国 60%以上，并且木薯产业化、良种化等技术性条件处于领先地位。新一轮世界粮价危机使得木薯成为生产酒精的最佳原料，为促进木薯产业发展、推动广西区域经济发展及解决我国能源问题，广西大力开展产业化经营农业科技协同创新，发展木薯产业。政府从宏观管理层面，以市场需求为导向，引导农民动态调整种植结构，激励木薯种植大户扩大规模生产，提高木薯生产的规模效应和竞争力[23]。广西大学等科研单位每年派技术人员到企业实习了解企业需求，不断改良技术，保持技术先进性。

---

① 资料来源：《广西统计年鉴》。

企业派技术人员到生产基地指导技术生产，保证种植标准化和规范化，提高木薯种植技术、产量。龙头企业广西农垦集团有限责任公司以木薯产业为集团主导产业，进行产供销一体化发展。通过实施木薯产业化经营协同创新模式，不仅为广西农垦集团有限责任公司提高了木薯经营效益，实现了加工现代化，带来了巨大的经济收益，同时也提升了农民农业技术水平和综合素质，带动了农民致富，使薯农人均年收入达 5 280 元以上[24]。

六、农业科技协同创新的宁夏实践

（一）宁夏农业经济发展情况

宁夏回族自治区是“丝绸之路”经济带的重要节点，面积 6.64 万平方千米，地势南高北低，落差近 1 000 米，呈阶梯状下降，地形上分为北部引黄灌区、中部干旱带、南部山区。该自治区既是我国内陆的少数民族地区，也是经济欠发达、农业经济相对落后、自然生产条件相对严酷的地区，如宁夏中部干旱带属水资源严重紧缺和干旱严重地区，几乎“十年九旱”，面对日趋严重的“厄尔尼诺”现象，更是达到“十年十旱”，具有春多风沙、夏少酷暑、秋凉较早、冬寒较长、雪雨稀少、日照充足、蒸发强烈等特点，年平均降水量 300 毫米左右，是西北发展日光温室的理想区域，素有“塞上江南”的美誉。宁夏回族自治区作为国家重要的畜牧业和农产品生产基地，拥有国家级农业龙头企业 19 家、自治区级 220 家，产业涉及牛羊肉（清真）、马铃薯、枸杞、葡萄酒、药材等。其中，枸杞是“宁夏五宝”之首，被誉为“红宝”。宁夏作为枸杞的主要产地，拥有国家唯一认定的枸杞工程中心创新平台，并且尤以宁夏中宁县出产的枸杞质量最佳[25~27]。

2015 年农林牧副渔总产值 462.7 亿元，全国占比 0.5%，其中农业产值 300.0 亿元，林业产值 11.6 亿元，牧业产值 135.3 亿元，渔业产值 15.8 亿元。农作物播种总面积由 1990 年的 88.89 万公顷，增加到 2015 年的 126.46 万公顷；农用化肥施用量 40.1 万吨，其中氮肥 17.3 万吨，磷肥 4.5 万吨；耕地灌溉面积 50.65 万公顷，乡村办水电站 3 个，装机容量 0.5 万千瓦，发电量 460 万千瓦时，农村用电量 13.8 亿千瓦时，农用柴油使用量 22.2 万吨，农药使用量 2 593 吨，农用塑料薄膜使用量 15 642 吨，地膜使用量 11 265 吨，地膜覆盖面积 197 337 公顷；农村固定资产投资 79.0 亿元，农村居民可支配收入 9 118.7 元，农业机械总动力 831.3 万千瓦；耕地面积 1 290.1 万公顷，园地面积 50.4 万公顷，林地面积 766.9 万公顷，草地面积 1 494.0 万公顷①。

① 资料来源：《宁夏统计年鉴》。

（二）宁夏以“重大科技项目”为载体、以特色产业需求的重大关键技术为主攻方向、学科与技术融合集成的农业科技协同创新实践

宁夏实践以“重大科技项目”为载体、以特色产业需求的重大关键技术为主攻方向、以打造特色产业链为重点，在宁夏南部山区、中部干旱带、北部引黄灌区不同区域“布点”，以点带面、重点突破、院地结盟、学科建设、团队引领，搭建协同创新平台，协同攻关。在政府的支持下，延伸农业科研院所科技研发、成果转化、技术服务等社会服务职能，构建以科研院所为依托，形成政府、科研院所、涉农企业、基层农户有效参与的农业科技协同创新机制[28]。

宁夏农林科学院是该践行的代表，2003 年，院属 5 家研究所实现了企业注册登记、资产重组、市场开拓、产业培育等方面的企业化改制，以种业、枸杞、葡萄、肉羊等产业和相关产品开发为主营业务，由“事业单位”转变为“科技型企业”，由原来吃“皇粮”变成“自负盈亏”，企业技术人员占职工总数的30%~60%，研究开发经费占科技经费投入的 80%~90%，自主研发、技术引进、合作开发等是企业技术获得的主要途径，其中合作开发协同创新技术攻关是重要方式，如宁夏农林科学院枸杞研究所围绕枸杞产业关键技术，加强与植物保护研究所、农业经济与信息技术研究所、枸杞工程技术研究所、种质资源研究所和宁夏农产品质量标准与检测技术研究所等横向联合，开展枸杞等病虫害田间预测预报、枸杞物联网远程监控病虫害、枸杞新品种示范推广和食品安全检测等，推进了枸杞产业品牌优势的提升。中国农业科学院作物科学研究所与宁夏科泰种业有限公司探索建立了水稻优新品种繁育推广科企合作机制，联合申报品种审定，审定后宁夏科泰种业有限公司支付中国农业科学院作物科学研究所品种独家经营转让费，并按种子销售量反哺中国农业科学院作物科学研究所育种工作，且宁夏科泰种业有限公司已出资买断中国农业科学院作物科学研究所 4 个农作物新品种的使用权，并以农作物新品种示范基地建设为载体，协同种田大户、种子经销商共同推动原种、原种扩繁基地新品种的快速推广与转化[29]。

第三节　基于新时代乡村振兴战略的西部地区农业科技协同创新模式[30]

一、农业科技协同创新模式的含义

模式是协同创新活动的实现形式。农业科技协同创新模式是指，在一定地域

内相关经济主体发挥各自优势进行农业科技产业化研发及转化应用，提升农业产业的质和量的合作方式。本质上属于合作创新的实现形式。

二、西部地区农业科技协同创新的模式

西部地区农业发展条件的巨大差异性、地域的复杂性、农业科技发展的艰巨性，决定其农业科技协同创新实践丰富多彩、各具特色。从前文介绍的五种具有代表性的西部地区典型农业科技协同创新实践可见，各自的农业科技协同创新模式包含以下五个方面的元素：①具有一定的技术协同创新价值目标。例如，均有明显的农业增效、农民增收等价值目标。②将当地独特的农业技术难题作为主攻方向。例如，和林格尔实践，要攻克的技术难题是分散小农户的农牧业品种改良及配套技术难题；新疆实践要攻克的是农业发展受制于干旱少雨的技术难题；广西实践要攻克的是生物能源农作物种植技术老化的难题。③具有一定程度的技术、产业链融合。例如，金塔实践在攻克粮棉品种技术难题的同时，通过信息平台的构建形成了粮棉全产业链；广西实践在攻克生物能源木薯种植技术难题的基础上延伸了木薯产业链，形成了有效的创新技术产业化机制。④形成多创新主体共建共享的协同创新体系。例如，和林格尔形成了将龙头企业、农户、大学、研究机构、中介组织等主体整合到“小农户科技园”和国家农业示范园的协同创新体系；广西实践形成了“龙头企业+科研单位+农户+基地”的农工商、产供销一体化的协同创新体系；宁夏实践形成了以“农林科研院所”带动种田大户与农业龙头企业的学科与技术融合集成的协同创新体系。⑤具有一定的协同创新关联要素配套。表面上是农业关联技术的合作创新，实质上是农业科技协同创新关联要素系统相互作用协同保障的结果，是农业科技协同创新知识资源、研发资金、农业技术人才、企业家、生态环境及基础设施等关联要素在一定区域内集聚、配套、形成、完善的过程。

三、推动乡村振兴战略实施的西部地区农业科技协同创新模式

十九大报告提出了中国特色社会主义进入新时代的科学判断，并实施了创新驱动发展、乡村振兴等一系列宏大战略布局[①]。在此背景下，西部地区农业科技协同创新的作用和意义进一步凸显，意味着西部地区农业科技协同创新模式必须有新发展、新开拓、新转变。基于此，本课题提出新时代乡村振兴战略下西部地

---

① 习近平. 决胜全面建成小康社会　夺取新时代中国特色社会主义伟大胜利——在中国共产党第十九次全国代表大会上的报告. http://www.81.cn/sydbt/2017-10/27/content_7802497.htm?t=1509174250624，2017-10-28.

区“5+2”农业科技协同创新模式。

“5”为农业科技协同创新的五个元素变革：①协同创新价值目标转变。以乡村振兴战略为目标，不断提升西部地区农业自我发展能力、提高农民综合素质、改善农村发展环境，建成村民绿色幸福家园。②协同创新技术攻关转向。以西部地区农业发展共性关键技术、地域特色农林牧渔重大技术为主攻方向。③协同创新技术链与产业链深度融合。创新制度供给，实现探索性研究与需求导向研究及未来产业发展有机结合，拓宽西部农业科技协同创新技术链与产业链双向融合的广度和深度。④协同创新主体长期共建“命运共同体”。打造共同愿景，实现村集体、农业合作社、家庭农场、农户、龙头企业与农科院所、大学、农业技术推广机构、中介机构等主体共建“命运共同体”。⑤协同创新关联要素配套升级。重点培养接地气的农业科技人才、现代职业农民、农业企业家，同时提高农业科技研发应用平台和基础设施建设力度及信息化水平，打造智慧农村。

“2”为农业科技协同创新的两个维度（即空间维度和组织维度）的转变：①协同创新的区域聚散向纵深发展。打造西部地区农业科技协同创新增长极，并发挥扩散效应，以成熟的西部农业科技投入“一带一路”建设。②协同创新体系建设过程中政府和市场两手并用。立足西部地区农业发展实际，充分发挥政府和市场双重驱动、调节、资源配置作用，合力创建农业科技协同创新体系。

本 章 小 结

西部地区的环境与地理条件的限制，使得山区、半山区、平原、高原等不同的地区有着不同的农业科技协同创新模式，而每一种协同创新模式又会有不同的构建模式，是靠政策引导、政府扶持、市场激发、大学帮扶、农民自发、龙头企业带动还是靠品牌农业带动，西部地区需要立足自身资源禀赋和发展实际，依据乡村振兴战略目标，西部地区农业科技协同创新的模式必须要与时俱进有新发展、新开拓、新转变，从而推动西部地区乡村振兴战略。

本章研究了新时代乡村振兴战略下西部地区农业科技协同创新的重要意义。认为我国农业农村发展已进入“结构升级、方式转变、动力转换”的紧要“关口”。乡村战略的实施意味着我国全面进入提升农业自我发展能力、提高农民综合素质、改善农村发展环境的新时代。乡村振兴战略作为系统工程，其中“产业兴旺”是乡村振兴战略中最主要的政策实施要点；乡村振兴生态宜居的前提是加强农村资源环境保护、坚持人与自然和谐共生；乡村振兴的水平与质量最终取决于农民素质的高低；弘扬社会正气，提升农民精神面貌是乡村振兴农村治理有效的重要基石；大力发展农村生产力，实现农业增效、农民增收是乡村振兴农民生活富裕的根本保证。因此，西部地区农业科技协同创新对于实施乡村振兴战略的重要意义在于：对西部地区“产业兴旺”具有加速作用；对生态宜居、保全西部沿边国土具有保障作用；对提高农民综合素质、加快乡风文明建设具有推动作用；对弘扬社会正气、提升农民精神面貌、夯实农村有效治理基石具有促进作用；对大力提高农村生产力，保证农民生活富裕具有杠杆作用。

本章研究了西部地区农业科技协同创新六种典型实践。分别对以“小农户科技园”为载体的农业科技协同创新内蒙古和林格尔实践、以“信息平台”为载体的农业科技协同创新甘肃金塔实践、以“关键技术”为载体的农业科技协同创新新疆实践、以“试验示范站”为载体的农业科技协同创新陕西实践、以“资源”为载体的农业科技协同创新广西实践、以“重大科技项目”为载体的农业科技协同创新宁夏实践六种实践模式进行了分析，总结了各自成功实践的典型做法。

本章研究了新时代乡村振兴战略下西部地区农业科技协同创新模式。在界定农业科技协同创新模式含义的基础上，基于内蒙古和林格尔、甘肃金塔、新疆、陕西、广西、宁夏西部地区六种具有代表性的农业科技协同创新典型实践，从具有一定的技术协同创新价值目标、将当地独特的农业技术难题作为主攻方向、具有一定程度的技术及产业链融合、形成多创新主体共建共享的协同创新体系、具有一定的协同创新关联要素配套等方面，探讨了西部地区农业科技协同创新模式的五个元素，并以此为研究基点，提出了新时代乡村振兴战略下西部地区“5+2”农业科技协同创新模式。“5”为农业科技协同创新的五个元素变革：①协同创新价值目标转变。以乡村振兴战略为目标，不断提升西部地区农业自我发展能力、提高农民综合素质、改善农村发展环境，建成村民绿色幸福家园。②协同创新技术攻关转向。以西部地区农业发展共性关键技术、地域特色农林牧渔重大技术为主攻方向。③协同创新技术链与产业链深度融合。创新制度供给，实现探索性研究与需求导向研究及未来产业发展有机结合，拓宽西部农业科技协同创新技术链与产业链双向融合的广度和深度。④协同创新主体长期共建“命运共同体”。打造共同愿景，实现村集体、农业合作社、家庭农场、农户、龙头企业与农科院所、大学、农业技术推广机构、中介机构等主体共建“命运共同体”。⑤协同创新关联要素配套升级。重点培养接地气的农业科技人才、现代职业农民、农业企业家，同时提高农业科技研发应用平台和基础设施建设力度及信息化水平，打造智慧农村。“2”为农业科技协同创新的两个维度（空间维度和组织维度）的转变：①协同创新的区域聚散向纵深发展。打造西部地区农业科技协同创新增长极，并发挥扩散效应，以成熟的西部农业科技投入“一带一路”建设。②协同创新体系建设过程中政府和市场两手并用。立足西部地区农业发展实际，充分发挥政府和市场双重驱动、调节、资源配置作用，合力创建农业科技协同创新体系。

参考文献

[1] 周立，李彦岩，王彩虹，等. 乡村振兴战略中的产业融合和六次产业发展[J]. 新疆师范大学学报（哲学社会科学版），2018，（3）：1-9.

[2] 杨艳丽，李丽，李冰. 乡村振兴战略下新型职业农民从业素质提升研究[J]. 成人教育，2018，（2）：67-70.

[3] 韩长赋. 大力实施乡村振兴战略[N]. 人民日报，2017-12-11.

[4] 赵国锋，段禄峰. 城乡一体化视角下西部地区农业产业化发展路径[J]. 湖北农业科学，2013，52（24）：6191-6196.

[5] 韩俊. 二三产业和农民之间应建立协作式的供应链[J]. 农村工作通讯，2015，（11）：38，39.

[6] 马乃毅，罗珺仁. 中国西部地区农业经济增长与环境污染相关性研究[J]. 浙江农业学报，2015，27（9）：1631-1638.

[7] 舒尔茨 T W. 改造传统农业[M]. 梁小民译. 北京：商务印书馆，2006.

[8] 马静. 简论西部地区农业自我发展能力[J]. 农业经济，2017，（1）：50-52.

[9] 王燕，张宗益. 区域自主创新知识资源利用的机理及路径研究[J]. 财贸研究，2010，21（3）：39-44.

[10] 张慧敏，王征兵，赵志刚. 和林格尔县小农户科技园发展问题研究[J]. 中国农业信息，2016，（15）：35-37，78.

[11] 刘瑞明，樊国君. 创新技术建园区　发展畜牧抓特色——记内蒙古和林格尔县国家农业科技园区[J]. 中国农村科技，2012，（10）：66，67.

[12] 赵丹丹，钱金良，杨娜，等. 云南农业信息化服务“三农”新模式[J]. 中国农学通报，2011，27（29）：162-166.

[13] 杨毅，仵树大，马海生. 甘肃金塔：开创国内农业信息发展新模式[J]. 中国乡镇企业，2007，（1）：71-74.

[14] 任璋琦. 新疆农业竞争力评价及提升对策研究[D]. 石河子大学硕士学位论文，2017.

[15] 陈俊. 新疆天业实施膜下滴灌技术创新工程的历程和启示[J]. 新疆农垦经济，2014，（3）：70-72.

[16] 彭银春. 新疆天业节水产业发展对农机装备制造业发展的启示[J]. 兵团党校学报，2013，（1）：46-51.

[17] 陈小林. 新疆天业对推广滴灌节水技术的总结与思考[J]. 新疆农垦经济，2010，（6）：

59-61.

[18] 汪海霞，郑倩. 新疆天业公司节水灌溉技术创新能力的分析[J]. 新疆农垦经济，2013，（11）：68-73.

[19] 郭占锋. “试验站”：西部地区农业技术推广模式探索——基于西北农林科技大学的实践[J]. 农村经济，2012，（6）：101-104.

[20] 何得桂. “农林科大模式”：大学农业科技推广的典型经验[J]. 农业经济，2013，（9）：111-113.

[21] 陆道猛. 广西农业产业结构特征及其影响因素研究[D]. 广西大学硕士学位论文，2016.

[22] 徐大佑，万文倩. 我国西部农业产业化经营模式选择及构建路径研究——基于贵州省调研分析[J]. 中国农业资源与区划，2015，36（5）：166-171.

[23] 罗培敏. 我国木薯现状分析与发展研究[J]. 耕作与栽培，2002，（3）：51，52.

[24] 冯献，詹玲. 广西木薯产业化发展模式实证研究[J]. 中国农业资源与区划，2009，（4）：70-74.

[25] 马荣芳. 宁夏农业经济发展的思考[J]. 宏观经济管理，2009，（8）：69，70.

[26] 王惠方. 宁夏农业产业化水平与农村金融支持的关系研究[J]. 中小企业管理与科技，2017，（5）：49，50.

[27] 张自刚，陈剑秋. 宁夏地区农产品单产与农业经济值的关系分析[J]. 中国农业信息，2016，（22）：48-51.

[28] 黄亚玲，杨晓洁. 宁夏农业科研院所协同创新的角色与功能探析[J]. 宁夏农林科技，2016，57（2）：45，46，53.

[29] 杨晓洁，黄亚玲，路洁，等. 宁夏农林科学院科技型企业协同创新现状及对策建议[J]. 宁夏农林科技，2016，57（7）：55-58，62.

[30] 王燕，刘晗，赵连明，等. 乡村振兴战略下西部地区农业科技协同创新模式选择与实现路径[J]. 管理世界，2018，（6）：12-23.

第五章　新时代乡村振兴战略下西部地区农业科技协同创新机制

西部地区农业发展条件的巨大差异性、地域的复杂性、农业科技发展的艰巨性，决定其农业科技协同创新实践丰富多彩、各具特色。为适应新时代乡村振兴战略背景下西部地区农业科技协同创新发展要求，明确各创新主体主要行为边界，整合农业科技创新资源，形成农业科技协同创新竞争力，需要与时俱进从动力系统、条件系统、过程系统、调控系统等层面，合理构建推动乡村振兴战略发展的西部地区农业科技协同创新机制。

第一节　新时代乡村振兴战略下西部地区农业科技协同创新机制内涵及动力系统

一、新时代乡村振兴战略下西部地区农业科技协同创新机制的内涵

基于前文所提出的新时代推动乡村振兴战略实施的西部地区农业科技协同创新“5+2”模式，本书研究认为新时代乡村振兴战略下西部地区农业科技协同创新机制是指以推动乡村振兴战略实施为目标，西部地区成功实现农业科技协同创新的内在结构要素及其相互作用所形成的体系，主要包括西部地区农业科技协同创新的动力系统、条件系统、过程系统、调控系统。正是由于这些农业科技协同创新要素及系统之间相互影响、相互作用，从而提升西部地区农业自我发展能力、改善农村发展环境，实现西部地区“产业兴旺”、保障生态宜居和保全西部沿边国土、提高农民综合素质和加快乡风文明建设、弘扬社会正气和提升农民精神面貌、提高农村生产力和保证农民生活富裕。

因此，新时代乡村振兴战略下西部地区农业科技协同创新的实现需要以乡村振兴战略为推动力，以西部地区共性关键技术、地域特色农林牧渔重大技术为主攻方向，充分发挥政府和市场双重作用，形成明确的“提升西部地区农业自我发展能力、提高农民综合素质、改善农村发展环境”目标和共同愿景，对农业科技协同创新平台、知识资源、资金、制度、战略技术与产业等多种要素条件配套升级，辅以协同创新文化、战略、制度的调控，因地制宜构建农业科技协同创新“长期命运共同体”，通过动力系统、条件系统、过程系统、调控系统及其要素之间的相互作用与协同，达到农业产业开放式创新与系统创新的有机统一，实现产业链与技术链的双向融合，使农业产业呈现出协同创新持续发展、动态循环的必然趋势，从而推动西部地区乡村振兴战略成功实现（图 5-1）。

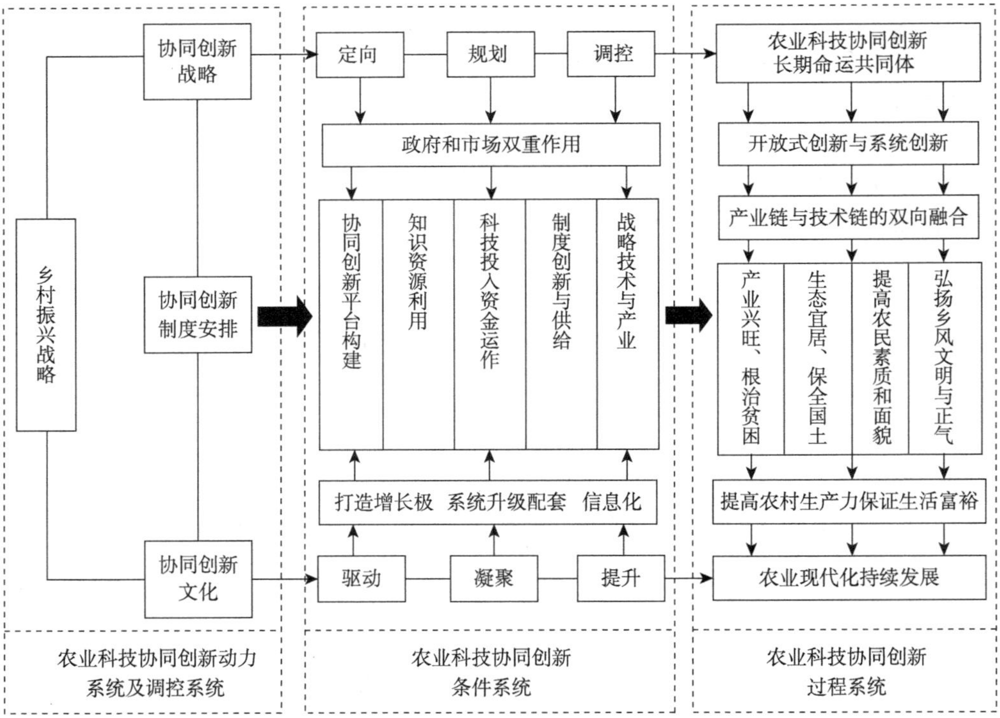

图 5-1 新时代乡村振兴战略下西部地区农业科技协同创新机制模型

二、新时代乡村振兴战略下西部地区农业科技协同创新机制动力系统

新时代乡村振兴战略下西部地区农业科技协同创新机制动力系统主要包括外

部动力系统和内部动力系统两个方面。外部动力系统主要包括提升西部地区农业自我发展能力、提高农民综合素质、改善农村发展环境。内部动力系统主要包括协同创新文化、协同创新战略（图 5-2）。

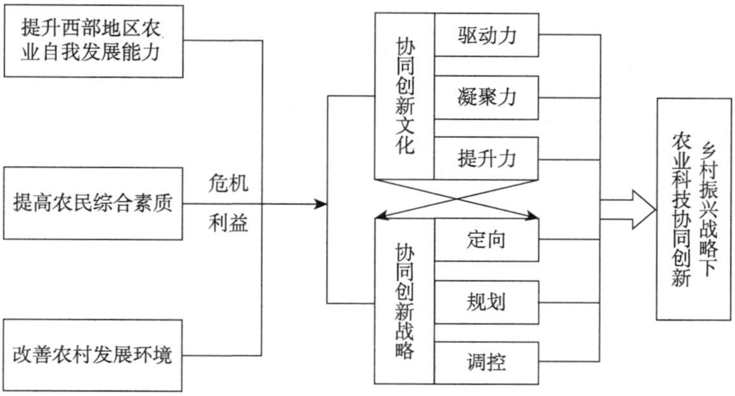

图 5-2　新时代乡村振兴战略下西部地区农业科技协同创新机制动力系统模型

（一）外部动力系统

1. 提升西部地区农业自我发展能力

世界工业经济的不断发展使得农业经济的支持力度和强度呈递减趋势，而区域农业的差异性及特殊性，所面对的复杂多样的问题与挑战，已不能仅依靠外部的政府财政支持和政策保护来解决，提高农业自我发展能力已成为区域农业发展的根本。西部地区农业经济及农业人口所占比重高于全国平均水平，属于我国“三农”问题典型区域，在乡村振兴战略背景下，不断提高农业自我发展能力，已成为西部地区农业科技协同创新的重要外部动力。

2. 提高农民综合素质

十九大报告提出的乡村振兴战略[①]，意味着在全面建成小康社会决胜阶段，基于农业现代化的要求、农村新产业新业态的发展及农业现代职业的属性，我们不仅要关注农村、农业经济效益，更要关注农民的全面发展。建设新农村的中坚力量来自培养现代新型职业农民，不仅要爱农业，关键还要懂技术、善经营，具有农业的职业价值观、职业能力及职业道德素养与素质，而这些能力和素质的获得，不是仅靠传统教育培训所能完成的，必须通过真正地融入和参与到具体的农

① 习近平. 决胜全面建成小康社会　夺取新时代中国特色社会主义伟大胜利——在中国共产党第十九次全国代表大会上的报告. http://www.81.cn/sydbt/2017-10/27/content_7802497.htm?t=1509174250624，2017-10-28.

业经济发展实践的"干中学"中才能获得，农业科技协同创新的学习效应对农民的综合素质提升具有极大的促进作用，因此，不断提高农民的综合素质，推动着农业科技协同创新全方位的开展。

3. 改善农村发展环境

中华民族永续发展千年大计在于坚定践行"绿水青山就是金山银山"的理念，而改善农村发展环境是建设美丽农村的重要组成部分。西部地区农业发展长期以来受制于恶劣的生态环境和复杂的地形地貌，农村发展环境的改善，往往需要土壤、作物品种、生物与非生物环境等多方面因素的综合调控及技术支撑，节约农业稀缺资源、保护生态环境、实现农业和农村可持续发展是西部地区农村发展环境改善的关键。西部地区农村发展环境每一方面的改善与突破均需要多方面因素的互动与协同，农业科学与技术融合的需要，势必推动高校、科研院所、涉农企业、农户等各主体之间的互动合作，催生农业科技协同创新。

（二）内部动力系统

1. 协同创新文化

协同创新文化是农业科技协同创新的动力源。在乡村振兴战略背景下，要将乡村振兴的价值观与协同创新文化价值观相融合，形成推动乡村振兴的协同创新价值观取向，内化为西部农业发展系统及个体的行为规范和内在意识形态，并通过制度、规则、规定等外在层面文化约定使各协同创新主体形成知识生产及创新制度规范，驱动各创新主体调节合作的深度、广度及松紧程度，形成利益共同体，赋予农业科技协同创新以活力和组织效能，推动西部地区农业科技协同创新。

2. 协同创新战略

协同创新战略对农业科技协同创新具有定位、规划、调控的作用，是应对挑战、把握机遇，根据农业发展的优势与条件及农业科技协同创新要求和发展目标所形成的高层次全局性宏观谋划。在乡村振兴战略背景下，要明确西部地区乡村振兴战略目标，以乡村振兴战略目标指导农业科技协同创新行动。政府、农业企业家、首席科学家等是农业科技协同创新战略制定的重要主体，是农业科技协同创新重要的推动力量。因此，基于乡村振兴的农业科技协同创新战略的设计与制定，通过定向和规划功能能够给予农业科技协同创新以巨大的动力作用。

第二节　新时代乡村振兴战略下西部地区农业科技协同创新机制条件系统

新时代乡村振兴战略下西部地区农业科技协同创新机制条件系统主要包括农业科技协同创新平台、知识资源、资金、制度、战略技术与产业五个方面（图 5-3）。

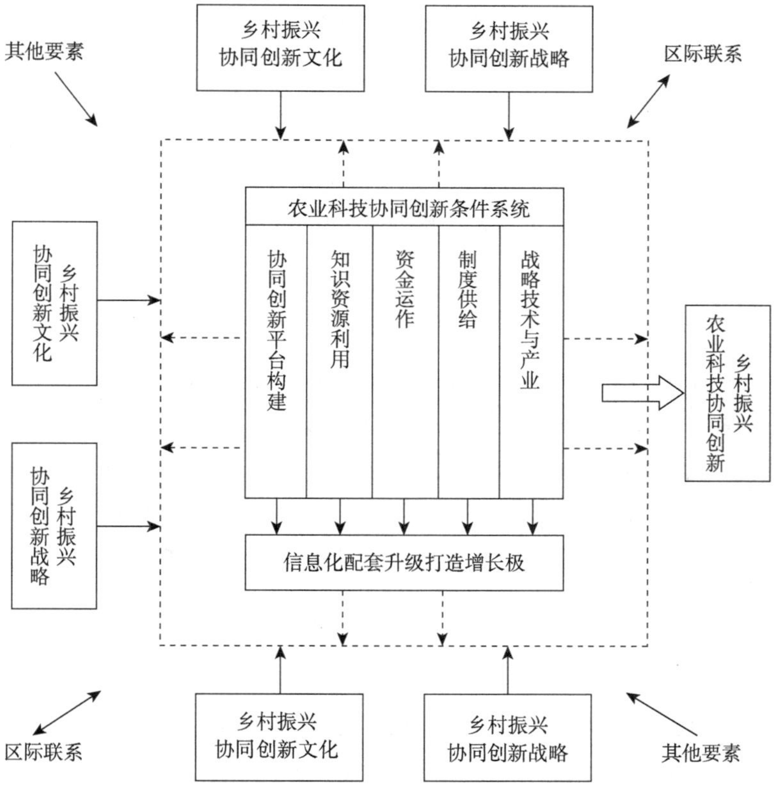

图 5-3　新时代乡村振兴战略下西部地区农业科技协同创新机制条件系统模型

一、农业科技协同创新平台

西部地区农业科技协同创新平台主要包括制定农业科技协同创新发展战略的西部地区农业科技协同创新专门管理机构、为农业科技协同创新提供物质保障的西部地区农业基础设施建设平台、作为农业科技协同创新源头的西部地区农业科技协同创新中心、实现农业科技协同创新成果向现实生产力转变的农业科技协同创新成果转化平台、整合农业科技人员队伍管理及综合水平的农业科技人才培训平台、高效对接农业产学研需求及提高成果转化率的农业科技信息化服务平台。通过构建农业科技协同创新平台，实现对西部地区农业科技协同创新的保障、支撑、催化和推动，提高农业科技协同创新效率。

二、知识资源

人才、技术及专利是知识资源的主要载体，提高农业科技协同创新知识资源利用效率，与农业科技协同创新所形成的知识资源利用的社会网络及利用途径息息相关。西部地区农业科技协同创新知识资源主要包括爱农业、懂技术、善经营，具有农业的职业价值观、职业能力及职业道德素养与素质的新型现代农民，能够提升农业发展微观基础效能的新型经营主体，持续实现农业科技协同创新的农业顶尖科技领军人才，勇于创新不断变革的现代农业企业家，等等。

三、资金

科技投入对于农业科技协同创新具有支撑、导向和促进作用，强大而坚实的科技投入支撑体系是农业科技协同创新的重要保证。西部地区农业科技协同创新资金主要包括西部地区农业科技协同创新专项资金、农业科技协同创新引导资金、扩大资本市场所吸引的外资及民间资本、涉农企业科技研发资金等，由政府、涉农企业、金融机构等组成的多元化农业科技协同创新资金投入体系。

四、制度

高效的制度安排是农业科技协同创新顺利实施的重要保障。西部地区农业科技协同创新制度主要包括保护各农业科技协同创新主体合法权益的知识产权保障制度、降低涉农企业开展农业科技协同创新进入市场风险的政府采购制度、推动西部地区农业公益类科研机构分类改革的科研机构体制改革制度、为农业科技协同创新提供人才保障的人才培养制度、激活农业科技协同创新微观主体的涉农企业发展制度、全面激活西部地区各级政府农业科技协同创新资源的政绩考核评价等，从而提高西部地区农业科技协同创新资源配置效率、强化激励、降低交易费用和减少风险、优化交易行为。

五、战略技术与产业

战略技术与产业的选择是农业科技协同创新的方向。西部地区农业科技协同创新战略技术主要包括省域层面跨地州共性关键技术、地州市县本地特色农业重大技术及镇乡本土农业个性技术，如有利于生态修复的农业生产技术、高效利用技术、耕地保护与替代技术、精确施用技术、重大农业生物灾害防控技术、生态农业与环境工程技术、劳动节约型技术及基因育种、生物农药、数字农业、生态农业、农业资源保护和利用等西部地区共性关键技术和地域特色农林牧渔重大技术。西部地区农业科技协同创新战略产业主要包括内蒙古及长城沿线区的畜牧业、甘新区的绿洲农业及节水农业和“两高一优”农业、青藏区的畜牧产业及特色种植业、黄土高原区的经济林果业等，从而确定西部地区农业科技协同创新的领域和方向，建立自己独特的技术轨道，形成重点攻关、分工协作、优势互补、具有特色优势的农业科技协同创新产业基础，推动农业科技协同创新成功发展。

第三节　新时代乡村振兴战略下西部地区农业科技协同创新机制过程系统及调控系统

一、新时代乡村振兴战略下西部地区农业科技协同创新的过程系统

新时代乡村振兴战略下西部地区农业科技协同创新是以提升西部地区农业自我发展能力、提高农民综合素质、改善农村发展环境为外部动力，以乡村振兴农业科技协同创新文化、协同创新战略为内部动力，予以农业科技协同创新以定向、规划、调控及驱动、凝聚和推动。以西部地区共性关键技术、地域特色农林牧渔重大技术为主攻方向，形成明确的目标和共同愿景，充分发挥政府和市场双重作用。对农业科技协同创新平台、知识资源、资金、制度、战略技术与产业等多种要素条件配套升级，打造增长极，辅以协同创新文化、战略、制度的调控，因地制宜构建农业科技协同创新“长期命运共同体”。通过动力系统、条件系统、过程系统、调控系统及其要素之间的相互作用与协同，达到农业产业开放式创新与系统创新的有机统一，实现产业链与技术链的双向融合，加速西部地区“产业兴旺”，保障生态宜居及保全西部沿边国土，提高农民综合素质及加快乡风文明建设，弘扬社会正气及提升农民精神面貌，大力提高农村生产力并保证农民生活富裕，使农业产业呈现出协同创新持续发展、动态循环的必然趋势，从而推动西部地区乡村振兴战略成功实现。

二、新时代乡村振兴战略下西部地区农业科技协同创新的调控系统

基于乡村振兴战略的西部地区农业科技协同创新方向的良性运行，需要对农业科技协同创新行为及过程进行调控。西部地区农业科技协同创新的调控系统主要包括协同创新文化、协同创新战略及协同创新制度安排。因此，乡村振兴战略下协同创新文化与协同创新战略既是西部地区农业科技协同创新实现机制的动力系统组成部分，同时又是调控系统的构成要素，而制度既是西部地区农业科技协同创新机制的条件系统构成部分，又是农业科技协同创新调控系统构成要素。

一方面，树立和宣传农业科技协同创新典型及“能人”和“乡贤”的正能量，充分发挥协同创新文化在农业经济发展中的扩散与渗透作用，营造农业科技协同创新社会环境，整合文化价值观，使其对协同创新行动各相关主体心理定势、思维方式和价值取向产生影响，从而使各创新主体在协同创新行动的选择和决策时，能够依从协同创新文化规范价值，谋求社会认同，力求农业科技协同创新的开启、展开和实现，实现对农业科技协同创新行为的调控。另一方面，基于乡村振兴战略，根据技术环境、市场环境、制度和体制环境、社会和文化环境的不断变化，与时俱进制定乡村振兴农业科技协同创新战略，对农业科技协同创新的方向、模式、重点发展目标和实现途径等方面进行调控，并根据乡村振兴农业科技协同创新制度需求，通过制度供给，不断进行制度创新，以具体的正式制度安排调控农业科技协同创新行为及全过程。

本章小结

本章构建了新时代乡村振兴战略下西部地区农业科技协同创新机制模型。本书研究认为新时代乡村振兴战略下西部地区农业科技协同创新机制是指以推动乡村振兴战略实施为目标，西部地区成功实现农业科技协同创新的内在结构要素及其相互作用所形成的体系，主要包括西部地区农业科技协同创新的动力系统、条件系统、过程系统、调控系统。正是由于这些农业科技协同创新要素及系统之间相互影响、相互作用，从而提升西部地区农业自我发展能力、改善农村发展环境，实现西部地区“产业兴旺”、保障生态宜居和保全西部沿边国土、提高农民综合素质和加快乡风文明建设、弘扬社会正气和提升农民精神面貌、提高农村生产力和保证农民生活富裕。

本章研究了新时代乡村振兴战略下西部地区农业科技协同创新机制动力系统，认为新时代乡村振兴战略下西部地区农业科技协同创新动力系统主要包括外

部动力系统和内部动力系统两个方面。外部动力系统主要包括提升西部地区农业自我发展能力、提高农民综合素质、改善农村发展环境。内部动力系统主要包括协同创新文化、协同创新战略。

本章研究了新时代乡村振兴战略下西部地区农业科技协同创新机制条件系统，认为新时代乡村振兴战略下西部地区农业科技协同创新机制条件系统主要包括农业科技协同创新平台、知识资源、资金、制度、战略技术与产业五个方面。其中西部地区农业科技协同创新平台主要包括制定农业科技协同创新发展战略的西部地区农业科技协同创新专门管理机构、为农业科技协同创新提供物质保障的西部地区农业基础设施建设平台、作为农业科技协同创新源头的西部地区农业科技协同创新中心、实现农业科技协同创新成果向现实生产力转变的农业科技协同创新成果转化平台、整合农业科技人员队伍管理及综合水平的农业科技人才培训平台、高效对接农业产学研需求及提高成果转化率的农业科技信息化服务平台。通过构建农业科技协同创新平台，实现对西部地区农业科技协同创新的保障、支撑、催化和推动，提高农业科技协同创新效率。西部地区农业科技协同创新知识资源主要包括爱农业、懂技术、善经营，具有农业的职业价值观、职业能力及职业道德素养与素质的新型现代农民，能够提升农业发展微观基础效能的新型经营主体，持续实现农业科技协同创新的农业顶尖科技领军人才，勇于创新不断变革的现代农业企业家，等等。西部地区农业科技协同创新资金主要包括西部地区农业科技协同创新专项资金、农业科技协同创新引导资金、扩大资本市场所吸引的外资及民间资本、涉农企业科技研发资金等，由政府、涉农企业、金融机构等组成的多元化农业科技协同创新资金投入体系。西部地区农业科技协同创新制度主要包括保护各农业科技协同创新主体合法权益的知识产权保障制度、降低涉农企业开展农业科技协同创新进入市场风险的政府采购制度、推动西部地区农业公益类科研机构分类改革的科研机构体制改革制度、为农业科技协同创新提供人才保障的人才培养制度、激活农业科技协同创新微观主体的涉农企业发展制度、全面激活西部地区各级政府农业科技协同创新资源的政绩考核评价等。西部地区农业科技协同创新战略技术主要包括省域层面跨地州共性关键技术、地州市县本地特色农业重大技术及镇乡本土农业个性技术，如有利于生态修复的农业生产技术、高效利用技术、耕地保护与替代技术、精确施用技术、重大农业生物灾害防控技术、生态农业与环境工程技术、劳动节约型技术及基因育种、生物农药、数字农业、生态农业、农业资源保护和利用等西部地区共性关键技术和地域特色农林牧渔重大技术。西部地区农业科技协同创新战略产业主要包括内蒙古及长城沿线区的畜牧业、甘新区的绿洲农业及节水农业和“两高一优”农业、青藏区的畜牧产业及特色种植业、黄土高原区的经济林果业等，从而确定西部地区农业科技协同创新的领域和方向，建立自己独特的技术轨道，形成重点攻关、分工协作、优势互补、具有特色优势的农业科技协同创新产业基础，推动农业科技协同创新成功发展。

本章研究了新时代乡村振兴战略下西部地区农业科技协同创新的过程系统，认为新时代乡村振兴战略下西部地区农业科技协同创新是以提升西部地区农业自我发展能力、提高农民综合素质、改善农村发展环境为外部动力，以乡村振兴农业科技协同创新文化、协同创新战略为内部动力，予以农业科技协同创新以定向、规划、调控及驱动、凝聚和推动。以西部地区共性关键技术、地域特色农林牧渔重大技术为主攻方向，形成明确的目标和共同愿景，充分发挥政府和市场双重作用。对农业科技协同创新平台、知识资源、资金、制度、战略技术与产业等多种要素条件配套升级，打造增长极，辅以协同创新文化、战略、制度的调控，因地制宜构建农业科技协同创新“长期命运共同体”。通过动力系统、条件系统、过程系统、调控系统及其要素之间的相互作用与协同，达到农业产业开放式创新与系统创新的有机统一，实现产业链与技术链的双向融合，加速西部地区“产业兴旺”，保障生态宜居及保全西部沿边国土，提高农民综合素质及加快乡风文明建设，弘扬社会正气及提升农民精神面貌，大力提高农村生产力并保证农民生活富裕，使农业产业呈现出协同创新持续发展、动态循环的必然趋势，从而推动西部地区乡村振兴战略成功实现。

本章研究了新时代乡村振兴战略下西部地区农业科技协同创新的调控系统，认为西部地区农业科技协同创新的调控系统主要包括协同创新文化、协同创新战略及协同创新制度安排。一方面，树立和宣传农业科技协同创新典型及“能人”和“乡贤”的正能量，充分发挥协同创新文化在农业经济发展中的扩散与渗透作用，营造农业科技协同创新社会环境，整合文化价值观，使其对协同创新行动各相关主体心理定势、思维方式和价值取向产生影响，从而使各创新主体在协同创新行动的选择和决策时，能够依从协同创新文化规范价值，谋求社会认同，力求农业科技协同创新的开启、展开和实现，实现对农业科技协同创新行为的调控。另一方面，基于乡村振兴战略，根据技术环境、市场环境、制度和体制环境、社会和文化环境的不断变化，与时俱进制定乡村振兴农业科技协同创新战略，对农业科技协同创新的方向、模式、重点发展目标和实现途径等方面进行调控，并根据乡村振兴农业科技协同创新制度需求，通过制度供给，不断进行制度创新，以具体的正式制度安排调控农业科技协同创新行为及全过程。

第六章　新时代乡村振兴战略下西部地区农业科技协同创新的政策研究

科技资源与科技创新资源具有不对等性，只有在一定的条件下，将其整合、转化、利用，它才表现出“第一生产力”的特征[1]。因此，为适应西部地区乡村振兴战略农业科技协同创新的要求、明确各创新主体的主要行为边界，在前文研究的基础上，依据新时代乡村振兴战略下西部地区农业科技协同创新模式的五个元素和两个维度，借鉴Freitas和Tunzelmann的政策目标、政策工具、政策执行的三维度模型[2]，本章将对新时代乡村振兴战略下西部地区农业科技协同创新的政策目标、政策工具、政策执行加以研究，并基于战略、知识和组织的协同，兼顾文化、技术、经济、制度、战略等层面因素，从科技计划制订、新型农民和新型经营主体培育、战略联盟构建、农业战略技术与产业选择、农业科技基础设施信息化建设及各种公共服务平台构建、打造农业科技协同创新增长极、发挥政府和市场两手作用等层面，提出新时代乡村振兴战略下西部地区农业科技协同创新实现路径的政策建议。

第一节　新时代乡村振兴战略下西部地区农业科技协同创新的政策目标

实施创新政策所要达到的最终效果是创新政策的目标，新时代乡村振兴战略下西部地区农业科技协同创新的政策目标是提高西部地区农业科技协同创新能力，优化西部地区农业科技协同创新的系统环境，提高西部地区农业科技协同创新绩效。

一、提高西部地区农业科技协同创新能力

西部地区农业科技协同创新绩效取决于创新主体（企业、高校、研究机构、中介组织等）之间的交互作用所引起的系统耦合效应。通过实证研究得知，高校知识转移能力和企业知识吸收能力是提高协同创新绩效的中间因素。因此，协同创新政策只有以提高国家创新系统中各参与主体的创新能力为主要目标，才能达到提高协同创新绩效的最终目标。

二、优化西部地区农业科技协同创新的系统环境

农业科技协同创新，受需求不足和供给不足的双重约束，不仅因其所具有的地域性、公共性、长期性、风险性，还由于其所处的区域经济结构、制度类型、资源禀赋、技术条件、文化要素、生态环境的不同，使其对系统环境优化的要求更加迫切和急需。从条件要素来说，不仅要具备农业科技协同创新平台，实现对西部地区农业科技协同创新的保障、支撑、催化和推动，提高农业科技协同创新效率；还要有爱农业、懂技术、善经营，具有农业的职业价值观、职业能力及职业道德素养与素质的新型现代农民，能够提升农业发展微观基础效能的新型经营主体，持续实现农业科技协同创新的农业顶尖科技领军人才，勇于创新不断变革的现代农业企业家等知识资源；包括西部地区农业科技协同创新专项资金、农业科技协同创新引导资金、扩大资本市场所吸引的外资及民间资本、涉农企业科技研发资金等在内的，由政府、涉农企业、金融机构等组成的多元化农业科技协同创新资金投入体系；并要确定包括省域层面跨地州共性关键技术、地州市县本地特色农业重大技术及镇乡本土农业个性技术和特色优势的农业科技协同创新战略产业基础。

因此，西部地区农业科技协同创新政策的本质目标是克服农业科技协同创新的系统缺陷，更好地促进西部地区农业科技协同创新在深度和广度上拓展，通过构建保护各农业科技协同创新主体合法权益的知识产权保障制度、降低涉农企业开展农业科技协同创新进入市场风险的政府采购制度、推动西部地区农业公益类科研机构分类改革的科研机构体制改革制度、为农业科技协同创新提供人才保障的人才培养制度、激活农业科技协同创新微观主体的涉农企业发展制度、全面激活西部地区各级政府农业科技协同创新资源的政绩考核评价等西部地区农业科技协同创新制度，大力弘扬农业科技协同创新文化，加强西部地区协同创新的外在环境建设，努力建设一种公平、公正的农业科技协同创新合作环境，引导西部地区实现农业科技创新的大协同。

三、提高西部地区农业科技协同创新绩效

农业科技协同创新绩效用来衡量农业科技协同创新活动的实施结果。新时代乡村振兴战略下西部地区农业科技协同创新过程，是以提升西部地区农业自我发展能力、提高农民综合素质、改善农村发展环境为外部动力，以乡村振兴农业科技协同创新文化、协同创新战略为内部动力，予以农业科技协同创新以定向、规划、调控及驱动、凝聚和推动，以西部地区共性关键技术、地域特色农林牧渔重大技术为主攻方向，形成明确的目标和共同愿景，充分发挥政府和市场双重作用，对农业科技协同创新平台、知识资源、资金、制度、战略技术与产业等多种要素条件配套升级，打造增长极，辅以协同创新文化、战略、制度的调控，因地制宜构建农业科技协同创新"长期命运共同体"，通过动力系统、条件系统、过程系统、调控系统及其要素之间的相互作用与协同，达到农业产业开放式创新与系统创新的有机统一，实现产业链与技术链的双向融合，加速西部地区"产业兴旺"，保障生态宜居及保全西部沿边国土，提高农民综合素质及加快乡风文明建设，弘扬社会正气及提升农民精神面貌，大力提高农村生产力并保证农民生活富裕，使农业产业呈现出协同创新持续发展、动态循环的必然趋势，从而推动西部地区乡村振兴战略成功实现。

因此，西部地区农业科技协同创新政策的目标是通过相关政策的引导和扶持，为西部地区农业科技不同的协同创新参与主体搭建接触、沟通、合作的平台，化解、协调竞争冲突，促进、推动涉农企业、农业大学及院校、政府、各类中介服务机构和农户、农场、农业合作社、村集体等各参与主体的合作与协同，推动农业科技创新资源的整合与创新主体的互动，发挥参与主体各自优势，共同开展和推动西部地区农业科技协同创新。

第二节　新时代乡村振兴战略下促进西部地区农业科技协同创新的政策建议[3]

一、科学制订科技计划，形成重点攻关、分工协作、特色优势的农业科技协同创新产业基础

立足西部地区农业农村发展的战略需求，围绕现代农业发展中的共性关键科技问题，凝练重大农业科技选题，科学规划、顶层设计，制订科技计划，确定西

部地区农业科技协同创新战略技术与产业，大力发展农业信息技术和生物技术，明确协同创新的领域和方向，在基因育种、生物农药、数字农业、生态农业、农业资源保护和利用、气象灾害防控等领域努力取得突破[4]，避免盲目发展、重复发展，形成重点攻关、分工协作、优势互补，特色优势的农业科技协同创新产业基础。例如，内蒙古及长城沿线区应坚持以畜牧业为重点，强化农牧结合；甘新区发展集约化绿洲农业、牧区畜牧业、节水农业，提高水资源的利用率，减少抛荒耕地，发展两高一优农业，着力打造享有国内外盛誉的番茄、枸杞、葡萄、香梨、啤酒花等特色农产品品牌；青藏区加强人工草场建设，确保草地天然生态系统良性发展，努力提升畜产品品质，打造河谷地区油菜等特色种植业；黄土高原区夯实高标准基本农田建设，大力发展经济林果业；西北、西南平原地区，加强农田水利基础设施建设，推进土地合理流转和规模经营，提高农业机械化水平；西南山区、丘陵地区以劳动力资源优势，大力采用特色农机、小型机械，以精耕细作为主，提高土地产出率[5]。

二、构建农业科技协同创新机制，为西部地区农业科技协同创新注入活力和动力

一是要重塑政绩考核评价体系，通过法律、法规将农业科技协同创新能力指标作为政绩考核的重要内容并形成制度化，全面激活西部地区各级政府农业科技协同创新资源，提高和发挥政府主导作用。

二是完善农业相关企业发展的政策制度，激活农业科技协同创新微观主体的积极性。通过建立农业科技协同创新的科技信息政策、金融政策、财税政策、教育培训政策，给予涉农企业农业科技协同创新的智力支持、金融服务、税收优惠、人力资源支撑。

三是深化科研机构体制改革，加强农业科技协同创新知识源头建设。加大农业科研机构改革力度，推动农业公益类科研机构的分类改革，按照现代企业制度重点对组织结构、人员结构和专业结构调整，实行股份分配办法，进行产权制度改革，建立“开放、流动、竞争、协作”农业科技运行机制，促进、激励农业科研工作市场化、企业化和专业化发展。

四是构建人才培养机制，为农业科技协同创新提供人才保障。首先，充分发挥科研院所和涉农高校资源优势，联合培养高水平农业科技创新人才，形成一批现代农业产业技术体系的创新团队。其次，对各类涉农高端人才给予合理的激励和分配政策，培育农业科技领军人才。再次，加强对农户和涉农企业人员的农业科技培训，普遍提升劳动人员的整体素质。最后，以企业、社区为单位开展相关技能培训和知识宣传，并着重培养农户获取和接受新技术、新成果的能力，增强

其辨别和应用能力，使整个协同创新链条上的各个主体科研素质都有所提升，提高协同创新过程的效率，为农业科技协同创新提供人才保障。

五是完善农业科技投融资机制，为农业科技协同创新提供资金保证。建立政府农业科技投入机制，通过立法方式保证农业科技协同创新引导资金3%的增长比例。通过经济杠杆和政策手段，鼓励涉农企业以技术产权等方式入股，激励企业增加投入。通过采取中央与西部地区按不同比例匹配共投方式，建立西部地区农业科技协同创新专项资金。通过扩大资本市场、积极吸引外资、激活和鼓励民间资本参与，建立多元化农业科技协同创新资金投入体系。

六是完善知识产权保障制度，促进农业科技协同创新。一方面通过转变观念，增强知识产权保护战略意识。另一方面通过设立各级财政专利工作专项资金、提供知识产权管理服务、完善农业科技协同创新过程中相关知识产权保护法律制度等途径，保护各农业科技协同创新主体合法权益。

七是建立政府采购制度安排，激励涉农企业农业科技协同创新活力。通过建立健全西部地区各地（市）、县各级政府采购的相关法律和制度，明确规定各级政府以政府采购手段扶持本地农业科技协同创新的任务、比例、财政专款资助额度，降低农业企业开展农业科技协同创新进入市场的风险。

三、加快农业科技协同创新基础设施建设，提高西部地区农业科技协同创新平台的支撑力度

一是基于战略、知识和组织的协同，以政府为统筹规划方成立西部农业科技协同创新专门管理机构，打破各自为政、各行其是的分散模式，统筹、协调、制定统一的农业科技协同创新发展战略，整合协同创新资源，形成系统性协同组织体制，并以制度法规的形式予以保障，以确保科学性、合理性。

二是根据西部地区经济发展水平、水土资源条件和农业基础设施现状，加强西部地区农业基础设施建设，因地制宜制定建设规划，明确目标、突出重点、优化顺序，从内容和进度层面合理进行建设安排，夯实农业基础设施条件，大幅增加农业基础设施建设投入[6]，为农业科技协同创新提供物质保障。

三是以西北农林科技大学、四川大学、四川农业大学、各省农业科学院及畜牧科学院、林业科学研究院、中国科学院生物物理研究所等省级及中央在西部地区重点农业科研机构为依托，建设西部地区农业科技协同创新中心，使其成为农业科技协同创新源头[7]。

四是打造西部地区农业科技协同创新体系。根据西部地区农业结构和特色农业的战略性调整和发展要求，逐步形成与农业产业区域相适应的、跨行政区域的专业农业科技协同创新技术研发组织、农业科技协同创新技术推广和服务组织。

五是建设农业科技协同创新成果转化平台。建设一批以大学及科研机构为依托的“试验示范站”、省级区域性农业科技园区、科技型龙头企业，实现农业科技协同创新成果向现实生产力的转变。

六是建设农业科技人才培训平台。加强农业技术职业教育、农民继续教育、农业高等教育，造就一批农业科技企业家、技术专家和农民专业技术人才，提高整个农业科技人员队伍的管理及综合水平。

七是建设农业科技信息服务平台。政府要建设市、县、乡（镇）信息服务平台和网络，以互联网大数据技术为纽带，建设覆盖“农业产业化龙头企业+农产品批发市场+农业中介组织+农业经营大户”的农村市场信息服务体系、农产品质量预警体系和农业市场风险分析体系，提档升级农业科技协同创新基础设施信息化水平，并对西部地区的科学仪器、科技文献、实验室和试验场等农业科技资源进行清查和登记。建立“西部地区农业科技数据库”，完善农业科技协同创新活动全过程的数据库和资料库，建立促进平台开放的激励引导机制，实现重点实验室、试验示范基地、技术转移和成果转化推广等平台的共建、共享、共用，并依托西部地区目前已建成的西部农业网、西部农机网、中国生态农业网等几个门户网站，将科研、商业、政策等集中在一起，提高互联网普及率，高效对接农业产学研需求，提高成果转化率。

四、打造农业科技协同创新战略联盟，推动西部地区农业科技协同创新产业链与技术链双向融合

一是大力弘扬协同创新文化，构建西部地区农业科技协同创新外部环境。一方面，发挥政府主导作用，通过不断完善农业科技协同创新的政策机制和法制环境，为农业科技协同创新提供物质保证；另一方面，发挥政府舆论作用，树立和宣传农业科技协同创新典型，激励创新主体建立协同创新价值观，积极开展协同创新。此外，加强涉农企业协同创新文化建设，实现协同创新文化在农业经济发展中的扩散与渗透，努力形成鼓励协同创新的教育体系，营造尊重农业科学技术知识、尊重农业人才的农业科技协同创新社会环境。

二是培养新型农民，提高农民综合素质。农民是农业技术的最终需求者，直接劳动于农业生产前沿和农业技术应用终端，具有完全独立的生产经营自主权和采用农业新技术的选择权[8]，是农业科技协同创新实现的关键要素。因此，首先，集聚优秀教育资源、健全农村教育体系，关注和加强新生代农民基础教育，从小抓起。其次，设立新型农民课堂，聘请资深的政府、大学、中介组织农业专业人员，课堂讲授和实地培训相结合，为新型农民开设农业课程，解读新时期农业相关政策、传播科技文化知识、解决生产经营中困惑、深入田间指导新技术应

用与推广，拓展新型农民的新思维、新视野、新理念。再次，树立致富榜样，以“能人”和“乡贤”的正能量，带动农民致富，激发有志青年奋发拼搏，树立良好的社会风气，使农民、农村、农业的面貌焕然一新。最后，充分借助互联网和电商平台，加强农民农业现代信息化技术培训，使种植到生产再到销售全过程逐步与互联网相融合，并建立健全政府扶持力度，给予参加培训的新型农民一定补贴[7]，激发新型农民学习热情，拓宽新型农民知识范围、提高专业技术水平，全面提升综合素质和生产积极性。

三是培育新型经营主体，提升农业发展微观基础效能。首先，立足西部地区农业发展实际，因地适宜制定法规和细则，明确专业合作社、家庭农场和产业化企业等新型经营主体的权益、要求及法律地位[9]。其次，做大做强优势特色产业，整合力量推进全产业链发展，为新型经营主体营造发展空间。再次，以适度规模经营为方向，通过加强技能培训、强化品牌培育、打造产业集群等途径，提升新型经营主体发展层次，助力新型经营主体加快发展。最后，完善政府服务体系，加大扶持力度，激发发展动力，健全土地经营权流转市场，逐步提高农业保险保费补贴标准，积极扩展有效担保抵押物范围，探索将土地经营权、农民住房、土地附属设施、大型农机具等纳入担保抵押物范围，为新型经营主体的发展营造良好的发展环境，促进做大做强做优，提升农业发展微观基础效能。

四是打造农业科技协同创新战略联盟，推动产业链与技术链双向融合。基于西部地形地貌的复杂性，针对高原、盆地、山区、草原、丘陵等区域适用农产品及共性和关键技术，依据市场需求，组建农业科技协同创新战略联盟，以需求决定创新、创新决定质量、质量决定供给、供给决定市场效益为目标，有重点、有侧重开展农业科技协同创新，促进产业链条与技术链条双向融合。

五、加强区域及国际农业科技合作与交流，丰富西部地区农业科技协同创新的内涵与深度

西部地区具有重要的战略地位和明显的区位优势，在国际经济环境中发挥着不可替代的作用。因此，西部地区农业科技协同创新不仅是区域内的农业科技协同创新，更是一个动态的区域间及国际农业科技合作与交流。因此，一是西部地区要以粮食基地、商品棉基地、特色水果基地和畜产品基地为载体，实现大联合、大协作、大创新，促进知识、技术、人才、资金等各类农业科技协同创新资源要素向各大优势基地集聚，充分依托西部地区农业产业优势、农业技术优势，打造西部地区农业科技协同创新增长极。二是充分利用已形成的、具有品牌和国际知名度的农产品、技术、优势资源，如甘肃的沙地香瓜、黄河哈密瓜、景泰和皋兰的马铃薯及苜蓿草，云南、贵州的烤烟、茶叶、中药材、花卉等，广西的蔗

糖、亚热带水果和中草药等，四川、重庆的土猪、桑蚕和杂粮等，内蒙古、新疆、西藏独具优势的农牧业，以成熟的农业科技切入参与“一带一路”建设，通过共建研发中心及示范基地，加强与中亚及阿拉伯国家农业科技协同创新，推广一批新品种、新技术，取其精华，将适合西部各省区自然条件和人文条件的先进经验与技术引进、消化、再创新，并通过技术、知识、项目、人才培训等不同层面和领域的合作，加强与发达地区及国际农业科技协同创新体系中各主体交流互动、互通与联系，丰富西部地区农业科技协同创新的内涵与深度。

本章小结

科技资源与科技创新资源具有不对等性，只有在一定的条件下，将其整合、转化、利用，它才表现出“第一生产力”的特征。因此，为适应西部地区乡村振兴战略农业科技协同创新的要求、明确各创新主体的主要行为边界，在前文研究的基础上，依据新时代乡村振兴战略下西部地区农业科技协同创新模式的五个元素和两个维度，借鉴Freitas和Tunzelmann的政策目标、政策工具、政策执行的三维度模型，本章对新时代乡村振兴战略下西部地区农业科技协同创新的政策目标、政策工具、政策执行加以研究，并基于战略、知识和组织的协同，兼顾文化、技术、经济、制度、战略等层面因素，从科技计划制订、新型农民和新型经营主体培育、战略联盟构建、农业战略技术与产业选择、农业科技基础设施信息化建设及各种公共服务平台构建、打造农业科技协同创新增长极、发挥政府和市场两手作用等层面，提出新时代乡村振兴战略下西部地区农业科技协同创新实现路径的政策建议。

实施创新政策所要达到的最终效果是创新政策的目标，新时代乡村振兴战略下西部地区农业科技协同创新的政策目标是提高西部地区农业科技协同创新能力、优化西部地区农业科技协同创新的系统环境、提高西部地区农业科技协同创新绩效。

新时代乡村振兴战略下促进西部地区农业科技协同创新的政策建议主要包括：一是科学制订科技计划，形成重点攻关、分工协作、特色优势的农业科技协同创新产业基础。二是构建农业科技协同创新机制，为西部地区农业科技协同创新注入活力和动力。三是加快农业科技协同创新基础设施建设，提高西部地区农业科技协同创新平台的支撑力度。四是打造农业科技协同创新战略联盟，推动西部地区农业科技协同创新产业链与技术链双向融合。五是加强区域及国际农业科技合作与交流，丰富西部地区农业科技协同创新的内涵与深度。

参 考 文 献

[1] 王燕. 自主创新进程中西部地区开放式科技创新体系构建研究[J]. 中国科技论坛，2007，（7）：23-25，121.

[2] 王翠霞. 国家创新系统产学协同创新机制研究——基于复杂系统理论视角[D]. 浙江大学博士学位论文，2014.

[3] 王燕，刘晗，赵连明，等. 乡村振兴战略下西部地区农业科技协同创新模式选择与实现路径[J]. 管理世界，2018，（6）：12-23.

[4] 国务院发展研究中心农村经济研究部课题组. 中国特色农业现代化道路研究[M]. 北京：中国发展出版社，2012.

[5] 张红宇，李冠佑，杨洁梅. 加快推进农业基础设施建设的重点领域与政策思路[J]. 农村经济，2011，（6）：6-8.

[6] 郭晓鸣，蒋永穆. 四川农业科技平台战略研究[J]. 农村经济，2006，（9）：3-8.

[7] 庞柏林. 中国农业技术创新驱动模式研究[J]. 学习与探索，2008，（1）：171-173.

[8] 王龙. 供给侧改革契机下新型农民培育策略探索[J]. 中国成人教育，2017，（24）：159，160.

[9] 王晓云. 加快培育新型经营主体，促进规模经济发展[J]. 现代经济信息，2017，（14）：340.

后　　记

人生没有捷径，唯有脚踏实地艰苦地努力，才能梦想成真。2013 年我获批了我的第一个国家社会科学基金项目“西部地区农业科技协同创新机制研究”（编号：13BJY117），历经 5 年，于 2018 年 11 月 26 日，一次性通过专家匿名评审，顺利结题。本书是在国家社会科学基金最终成果的基础上，经过反复修改、补充完善，成文定稿。

回想往事，2013 年，是非常值得铭记和收获的一年，不仅获得了国家社会科学基金项目资助，还获评了教授职称，并于 2014 年喜获了宝贵的女儿。教授职称的评定、国家社会科学基金的立项、初为人母的各种适应与不适应、日常行政管理工作的繁重与压力、教学和导师任务的双重兼顾，一度深感自己的时间和精力高度饱和，无从顾及科研工作，并且从内心似曾有“职称大业已完，可刀枪入库，马放南山”的念头。随着国家社会科学基金结题的期限越来越临近，内心充满了惶恐和焦虑，一方面，深感完成国家社会科学基金任务艰巨，对于如何调研采集数据、如何梳理文献谋篇布局，无从下手。另一方面，深知完成国家社会科学基金的重要性，不愿也不敢轻易放弃。常常去幻想有何捷径可以完成国家社会科学基金，但事实证明，把理想寄托在别人身上是行不通的，人生没有捷径，唯有“撸起袖子加油干”、脚踏实地、艰苦努力，才能梦想成真。

所以，对于我自己来讲，国家社会科学基金能够一次性通过专家匿名评审、顺利结题、形成专著，与其说是我艰苦努力的结果，不如说是我从“职称功利科研”向“内心深爱科研”的学术信念与人生成长的蜕变与转变，里面承载了我的焦虑、彷徨、恐惧、泪水、汗水、勇气、毅力与信念；交织了我的春与夏、秋与冬、黎明与夜晚的坚守与坚持；给予了我坚强与勇敢、平和与臣服、欣喜与喜悦、斗志与奋斗、感恩与幸福！完成国家社会科学基金的过程，是我人生的一段心路历程，让我重新宁静内心、重新审视自己、重新自我归零、重新面对自己、重新激发自己的潜能、重新发现未知的自己、重新整理行装，二次“创业”、再出发！

每一个困难与挑战，都是上天给予的礼物，只要能够顶住压力，勇敢地面对并付出艰苦的努力，就会惊喜不断。在完成国家社会科学基金的过程中，逐渐从恐慌到平和、从无从到有序、从不适到习惯、从痛苦到享受，随着每一个字的完成，再次体会了学习的快乐，收获了一个自信的自我。2017年12月，组建科研创新团队，成为教育部人文社会科学重点研究基地长江上游经济研究中心“创新型国家建设与‘一带一路’绿色发展”创新团队负责人；2017年12月，作为第一负责人完成的《地方本科院校商贸类专业创新创业人才培养模式研究与实践》，获得重庆市教学成果奖；2018年6月，独撰完成的《区域自主创新论》，获得重庆市第九次社会科学优秀成果奖；2018年6月，以国家社会科学基金项目“西部地区农业科技协同创新机制研究”（编号：13BJY117）为项目支持，以第一作者在《管理世界》发表2万余字长篇论文《乡村振兴战略下西部地区农业科技协同创新模式选择与实现路径》，并被中国人民大学报刊复印资料《农业经济研究》全文转载（2018年9月），且被收入“2018年度中国十大学术热点”热点五：“乡村振兴战略研究”的重要文献，并列热点五重要文献第一位；2018年12月，获批重庆市“创新型国家建设与‘一带一路’绿色发展”研究生导师团队项目（编号：2018102）；2019年6月，获批第六批重庆市研究生教育优质课程“中国区域经济问题专题”（编号：2019069）；2019年7月，获得国家社会科学基金项目一般项目“西部农村贫困地区脱贫攻坚后高质量发展的创新驱动机制研究”（编号：19BJY131）；2020年7月，获得重庆市研究生教育教学改革重大项目；等等。

本书的出版得到了教育部人文社会科学重点研究基地长江上游经济研究中心的资助，得到了教育部人文社会科学重点研究基地重庆工商大学长江上游经济研究中心“三峡库区百万移民安稳致富国家战略”服务国家特殊需求博士人才培养项目的资助，得到了国家社会科学基金项目“西部地区农业科技协同创新机制研究”（编号：13BJY117）的资助，得到了重庆工商大学“创新型国家建设与‘一带一路’绿色发展”创新团队项目（编号：CJSYTD201705）的资助，以及重庆工商大学研究生院、科研处、财务处、长江上游经济研究中心等部门和同事的大力支持及科学出版社的有力帮助。

在完成国家社会科学基金、形成本书的过程中，离不开学校、领导、导师、团队成员和学生们的指导、支持和帮助，在此一并表示衷心感谢。得到了学校领导和老师们的关心、支持、帮助和鼓励，他们让研究的深入进行有了前行的动力；得到了导师张宗益教授的榜样引领，他让研究完成的信念得到坚定和增强；得到了黄大勇教授、曾庆均教授、骆东奇教授完成国家社会科学基金项目的经验分享，他们让研究持续进行有了方向和目标；得到了黄志亮教授的悉心指导和帮助，他让研究的理论层次得到了升华和提升；得到了廖元和教授的专家咨询建议，他让研究的规范性得到指导；得到了创新团队及成员黎毅博士、刘晗博士的大力支持，他们让研究的内容和数据得以完善。此外，专著的文字校对工作得到了赵可霖、龚燕秋、王乙钧、周程敏 4 位研究生的大力支持，他们为本书的完成贡献了力量。

最后，要特别感谢我的家人，是你们无私的支持给了我学习的动力和拼搏的勇气，尤其是我五岁的女儿赵婧雯，是我人生再次奋斗、扬帆起航的动力源泉。感谢已经离开我的姥姥和母亲，是你们的爱给了我在这个世界上最好的礼物。感谢我的父亲，您虽不善言语，却父爱无边，让我温暖。感谢我所有的亲人和朋友，是你们给了我人生旅途坚实的后盾和不竭的动力。

我永远爱你们！永远，永远，永远……

人生没有捷径，唯有脚踏实地艰苦地努力，才能梦想成真！永远铭记于心！

王燕

2020 年 12 月于重庆